“十二五”职业教育国家规划教材
经全国职业教育教材审定委员会审定
全国职业教育规划教材·财经商贸系列

现代人力资源管理

（第二版）

主　编　刘翠芳
副主编　邢　妍
参　编　刘立云　杨川川　于淑娟
　　　　陈和文　张文清　王树亮

北京大学出版社
PEKING UNIVERSITY PRESS

图书在版编目(CIP)数据

现代人力资源管理/刘翠芳主编. —2版. —北京:北京大学出版社,2016. 7
(全国职业教育规划教材·财经商贸系列)
ISBN 978-7-301-26831-5

Ⅰ. ① 现…　Ⅱ. ① 刘…　Ⅲ. ① 人力资源管理—高等职业教育—教材　Ⅳ. ① F241

中国版本图书馆CIP数据核字(2016)第025090号

书　　名	现代人力资源管理(第二版)
著作责任者	刘翠芳　主编
责任编辑	吴坤娟
标准书号	ISBN 978-7-301-26831-5
出版发行	北京大学出版社
地　　址	北京市海淀区成府路205号　100871
网　　址	http://www.pup.cn　新浪微博: @ 北京大学出版社
电信信箱	zyjy@ pup. cn
电　　话	邮购部62752015　发行部62750672　编辑部62756923
印 刷 者	北京虎彩文化传播有限公司
经 销 者	新华书店
	787毫米×1092毫米　16开本　20.25印张　480千字
	2006年8月第1版
	2016年7月第2版　2021年7月第2次印刷　总第6次印刷
定　　价	45.00元

第二版前言

一个企业的健康发展与其员工素质的高低是正相关关系。如果说科技是第一生产力，那么人才就是生产力诸要素中的特殊要素。人才不仅是企业的再生型资源、可持续资源，而且是资本性资源。在现代企业和经济发展中，人才是一种能给企业带来巨大效益且无法估量的资本。企业只有依靠人才智力因素的创新与变革，依靠科技进步，持续进行有计划的人力资源开发，把人的智慧和能力作为一种巨大的资源进行开发和利用，才能真正实现科技进步和效益增长。因此，企业管理者要树立真正的战略性人力资源管理意识，将人力资源管理理念融入经营管理、生产管理、项目管理中，创造一个吸引人才、培养人才的良好环境，建立凭德才上岗、凭业绩取酬、按需要培训的人力资源开发机制，吸引人才，留住人才，满足企业发展和竞争对人才的需要，从而实现企业经济的快速发展。

《中华人民共和国职业教育法》明确提出："职业教育是国家教育事业的重要组成部分，是促进经济社会发展和劳动就业的重要途径。"它的"培养目标应以培养社会大量需要的具有一定专业技能的熟练劳动者和各种实用人才为主"。所以说，职业教育的根本目的是为社会培养和造就具有良好职业道德并拥有职业能力和职业发展潜能的人才。职业教育比较明显的特色主要体现在地方性与行业性、技术技能性、市场导向性等方面。

教材是实现职业教育目的与特点的重要手段之一。为了实现职业教育为地方和行业（企业）提供人才服务、技术服务和社会服务，需要不断调整与完善职业教育教材，这也正是我们这次修订教材的初衷。

本教材具有如下特点：教材从形式到内容更符合职业教育特点；更适于人力资源管理专业课程改革与建设；更能体现终身学习的教育观、建构主义教学观、多元智能的学生观；更便于企业培训使用；按照现代学徒制，更贴合企业实际。

本教材体系分为三篇，共十个项目。三篇分别为：组织的人员配备，员工培训、开发与职业发展，员工激励。十个项目分别为：人力资源管理，工作分析，人力资源规划，员工招聘与甄选，员工培训与开发，员工职业生涯，员工绩效评估，员工薪酬管理，员工福利，员工劳动关系。

参与本教材编写的人员有：刘翠芳（唐山职业技术学院）、邢妍（唐山职业技术学院）、刘立云（石家庄职业技术学院）、杨川川（唐山职业技术学院）、于淑娟（唐山工业职业技术学院）、陈和文（国大36524便利店处长）、张文清（津乐园饼业有限公司区域人力资源负责人）、王树亮（唐山市北方物流有限公司）。

由于时间仓促、编写能力有限，书中难免存在不足，恳请读者指正！

编　者

2016.6

目　录

第一篇　组织的人员配备 …… 1

项目一　人力资源管理 …… 2

任务一　认知人力资源管理 …… 3

任务二　我国企业人力资源管理现状分析 …… 18

项目二　工作分析 …… 24

任务一　工作分析概述 …… 25

任务二　工作分析的程序 …… 32

任务三　工作分析的基本方法与工具 …… 38

任务四　工作说明书的编写 …… 48

项目三　人力资源规划 …… 61

任务一　企业人力资源规划 …… 62

任务二　企业人力资源的供求预测 …… 68

任务三　人力资源规划的控制与评价 …… 79

项目四　员工招聘与甄选 …… 86

任务一　员工招聘与甄选概述 …… 87

任务二　企业员工招聘的渠道类别与选择 …… 90

任务三　员工测试与甄选 …… 96

任务四　员工录用和招聘评价 …… 105

第二篇　员工培训、开发与职业发展 …… 117

项目五　员工培训与开发 …… 118

任务一　员工培训与开发概述 …… 119

任务二　培训与开发的组织管理 …… 134

项目六　员工职业生涯 …… 151

任务一　员工职业生涯概述 …… 152

任务二　员工职业生涯规划 …… 156

任务三　员工职业生涯管理 …… 160

第三篇　员工激励 …… 171
项目七　员工绩效评估 …… 172
任务一　绩效评估概述 …… 173
任务二　绩效评估的方法与程序 …… 178
任务三　绩效评估的常见问题与防范 …… 189
项目八　员工薪酬管理 …… 195
任务一　薪酬管理 …… 196
任务二　工资制度设计 …… 204
任务三　工资结构设计 …… 214
任务四　工资表的编制、工资的计算及相关台账 …… 225
项目九　员工福利 …… 233
任务一　法定福利与企业福利 …… 234
任务二　企业福利的设计与管理 …… 243
项目十　员工劳动关系 …… 256
任务一　认知劳动关系 …… 257
任务二　工会及员工参与 …… 262
任务三　劳动合同 …… 266
任务四　劳动争议及处理 …… 271
任务五　劳动保护与社会保障 …… 275
附录 A　职业资格考试练习题一 …… 283
附录 B　职业资格考试练习题二 …… 299
参考文献 …… 315

第一篇

组织的人员配备

项目一　人力资源管理

学习指南

1. 岗位要求

根据企业的规模与特点合理安排人员；能够分析企业或行业人力资源管理现状。

2. 素质能力标准

能清晰描述人力资源的概念和涉及范围，尤其是企业人力资源的研究对象、人力资源管理的概念和基本职能、我国人力资源管理的整体特点，以及中小企业和国有企业人力管理现状。具有作为人力资源管理人员需要具备的基本能力和技巧。

3. 学习任务

任务一　认知人力资源管理

任务二　我国企业人力资源管理现状分析

4. 知识点

人力资源、人力资源管理、就业人口、人力资源数量、人力资源质量、人力资源管理的职能、人力资源部门。

5. 技能点

制定人力资源部门职责。

6. 学习重点、难点

重点：人力资源管理的内容。

难点：人力资源管理的职能。

任务一 认知人力资源管理

任务描述

小王是今年刚毕业的大学生，通过参加人才市场的人才交流会，初步与某物流公司达成合作意向，应聘该物流公司的人力资源主管职位，今天，小王到该物流公司面试。企业负责招聘的人员向小王提出一个问题：“你对人力资源主管工作有什么看法？”小王应如何回答呢？

知识支撑

市场经济条件下，企业成为市场经济的主体。在激烈的市场竞争中，企业逐渐认识到人才的重要性，并且随着我国经济的持续快速发展，企业的经营观念已经由对物质资本的追逐转向对人力资源的重视。人是企业最重要、最关键、最活跃的构成要素。纵观企业发展的历史，诸多因素都可能成为企业衰亡的原因。而企业由于不能合理地选才、用才、育才和留才，亦不能实施科学有效的人力资源管理，势必导致企业衰败，这一结论的正确性不仅体现在当今社会，也必然体现在未来的社会。

人力资源管理是企业管理员工关系的一种战略方法，它强调员工潜能的开发对组织获取持续竞争优势的重要性，而这种竞争优势的获得，可以通过将组织的雇佣政策、计划和活动等方面综合起来加以实现。

伴随竞争的全球化、科学技术的国际化，加强和提高劳动生产率对于任何一个组织而言，都是至关重要的。而提高劳动生产率的关键之一，就在于科学地实施人力资源管理，因此，人力资源管理作为企业管理的一个重要问题，日益引起人们的关注和重视。为了更好地学习和应用人力资源管理，我们首先需要回顾一下人力资源管理演变的历史。

思考：你是否认同“竞争优势来源于如何管理员工”？

1.1 人力资源管理的历史

案例欣赏

联合公司中的人事管理

1963年，查尔斯·比肖夫来到联合公司。现在他已成为这家从事纤维、塑料生产及能源开发的联合公司的人事经理。当有人问起他这些年当人事经理都干了些什么，他微笑着并用带着嘲弄的口吻答到：“保证每人在生日那天得到一张生日卡，在感恩节得到一只火鸡。”

确实，退回去许多年看，人事工作除了雇佣工人就再没有别的内容了。

不过如今，比肖夫再也不谈什么生日卡、火鸡之类的事了。“电话铃随时都会嘟嘟地响”，比肖夫在办公桌旁挥了一下手说道，“嘿，那准是董事会主席又叫我去他办公室了。”

资料来源：http：//www. decin. com/P－595034378. html（有改动）.

案例启示：

在企业惯用语中，“人事”这一称呼已逐渐被另一种很有影响力的称呼——“人力资源管理”取而代之。

20世纪下半叶，由于经济的发展与科技的进步，导致企业人员的管理观念发生了较大的转变。人力资源概念就是在这个时期形成并被提出的。人力资源概念最早是由美国管理学大师彼得·德鲁克在20世纪50年代提出来的。从此，企业开始重视“人”这个重要资源，并开始关注员工个人绩效的管理。同时，专门的人力资源部门也在企业出现，由此引起并导致一个新的管理分支——人力资源管理出现。

企业管理的演变过程，大致经历了经验管理、科学管理、现代管理三个阶段，如表1－1所示。总的发展趋势是管理在不断柔性化，正确认识这一点，将有助于企业管理意识与管理水平的提高和企业自身的管理现代化进程的加快。

表1－1　经验管理、科学管理和现代管理

特征	模式		
	经验管理	科学管理	现代管理
管理特点	人治、非理性	法治、纯理性	柔性化
领导特征	师傅型	指挥型	民主型
控制方式	外部控制	外部控制为主	自我控制为主
组织结构	直线式	职能型	学习型
管理中心	物	物	人
人性假设	经济人	经济人	社会人
激励方式	外激为主	外激为主	内激为主
管理重点	行为	行为	心理

与经验管理、科学管理、现代管理相对应的人力资源管理，经历了劳动人事管理、人力资源管理和现代人力资源管理（战略人力资源管理）三个阶段。

1.1.1 劳动人事管理阶段

从严格意义上讲，劳动人事管理是劳动管理和人事管理两个阶段的结合。这一阶段，企业管理的重点放在劳动效率的提高上。企业的人事管理职能主要是执行企业制定的有关劳动人事的制度，人事部门基本上没有对制度制定的参与权与调整权，也就难以根据实际情况对管理政策和制度进行及时调整。人事部门在企业中的地位也不突出，其管理更多地关注事务性的管理，人事部门管理的形式和目的并不关注个人的绩效，人在企业不被看作是可待开发的资源。而挑选和招募一流的员工、培训员工以提高劳动生产率、建立员工档案、更科学地调配和使用员工、正确进行考核和给付酬金、妥善处理劳资纠纷、维护劳动力以维持再生产等，则成为这一时期重要的人事管理内容。

1.1.2 人力资源管理阶段

自20世纪50年代人力资源概念被提出，此后数十年间，人被视为企业的一种重要资源，而专门的人力资源部门也在企业出现，标志着人力资源管理阶段的到来。在这一时期，人力资源部门能够将其他部门视为本部门的客户，并能不断提供诸如招聘、培训、考核等具有一定技术含量与标准作业流程的人力资源服务，而且开始关注员工个人绩效的管理。

1.1.3 现代人力资源管理（战略人力资源管理）阶段

现代人力资源管理（战略人力资源管理）是指为企业能够实现目标所进行和采取的一系列有计划、具有战略性意义的人力资源部署和管理行为。其基本内涵包括：人力资源的战略性；人力资源管理的系统性；人力资源管理的战略性；人力资源管理的目标导向性。

现代人力资源管理（战略人力资源管理）是为了提高组织绩效而将人力资源管理的职能同组织的战略目标联系起来的过程。战略管理是一种持续的活动，这种活动需要对相互依赖的三个主要纬度进行持续地调整：高层管理的价值观、环境以及可以利用的资源。

现代人力资源管理（战略人力资源管理）产生于20世纪80年代中后期。战略人力资源管理的理念，首先由美国人提出。但在20世纪80年代以前，日本的企业实际上扮演着战略人力资源管理先驱者的角色。日本人力资源管理实践的精髓在于人本主义理念，在这一理念指导下，日本企业将其管理重心放在对“人的管理”之上，实行了一系列充分体现人本主义思想的人力资源管理制度，如终身雇佣制、年功序列制、教育培训制及保障制等。这些制度的战略基础包括能力、品质、技能、教育程度、完成任务的适应性和岗位工作绩效等。相对于传统人力资源管理，现代人力资源管理定位于支持企业战略中的人力资源管理的作用和职能。

战略管理过程一般由确定组织的使命和目标、环境分析、战略形成、战略实施及战略评估等几个步骤构成，如图 1－1 所示。

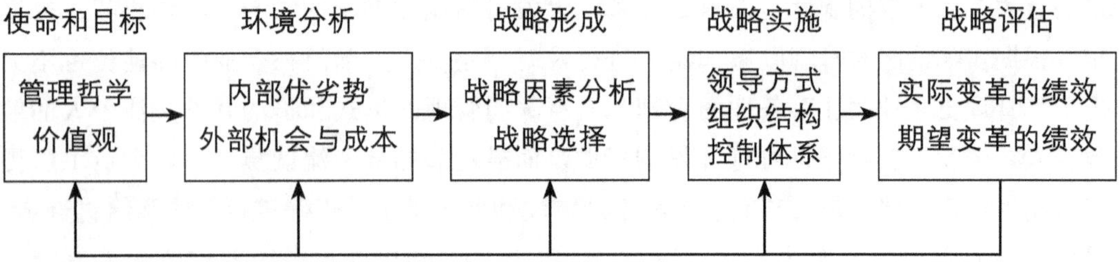

图 1－1　战略管理过程及内容

战略管理过程是一个标准的理性和直线过程，因此，在实际应用过程中，要注意处理好理论与企业现实之间潜在的差距。

思考： 人力资源管理产生的原因是什么？

1.2　人力资源与人力资源管理

1.2.1　人力资源的定义

对人力资源概念的界定，各国不尽一致，主要是因为经济活动人口中涉及的两个时限不尽一致。一个是起点工作年龄，如 16 岁或 18 岁；二是退休年龄，如 55 岁或 60 岁甚至是 65 岁或 70 岁等。当然，从更广义的角度上说，只要有工作能力或将会有工作能力的人都可以视为人力资源。这样，可以充分表明人力资源具有潜在的效应和可开发性。

1. 人力资源的含义

人力资源是指能够推动社会经济发展的、具有智力劳动能力和体力劳动能力的人们的总和。它是包含在人体内的一种生产能力，是表现在劳动者身上的并以其数量和质量表示的资源。人力资源在宏观意义上的概念是以国家或地区为单位进行划分和计量的，在微观意义上的概念则是以部门和企事业单位进行划分和计量的。

2. 人力资源的构成

（1）数量方面。人力资源在数量方面是由 8 部分人口组成的，如图 1－2 所示。

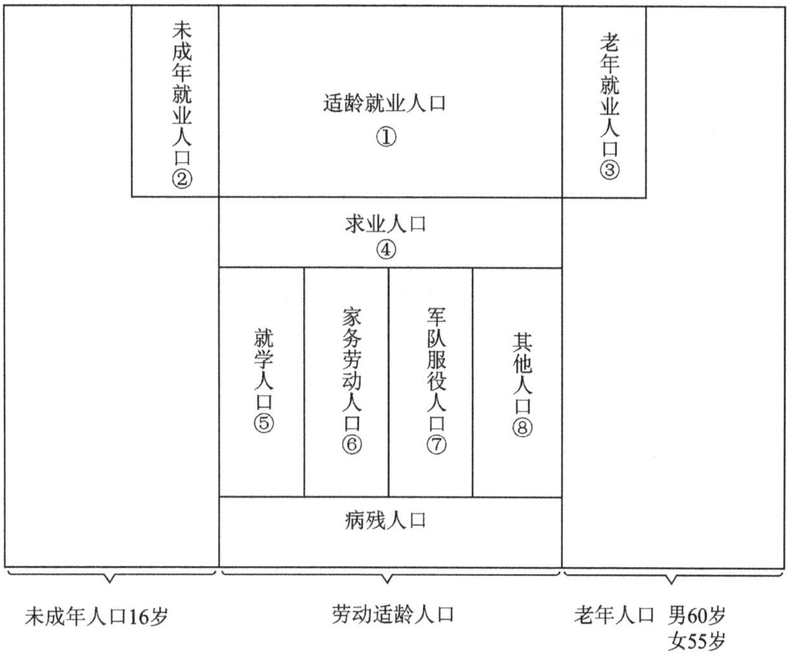

图 1－2　人力资源数量构成

具体划分为：

①适龄就业人口：是指处于劳动年龄之内的，但正在从事社会劳动的人口（构成人力资源数量的主要部分）。

②未成年就业人口：是指尚未达到劳动年龄的，但已从事社会劳动的人口（法律规定禁止的除外）。

③老年就业人口：是指已经超过劳动年龄的，仍继续从事社会劳动的人口。

④求业人口：是指处于劳动年龄之内的，具有劳动能力并希望参加社会劳动的人口。

⑤就学人口：是指处于劳动年龄之内的，正在从事学习的人口。

⑥家务劳动人口：是指处于劳动年龄之内的，正在从事家务劳动的人口。

⑦军队服役人口：是指处于劳动年龄之内的，正在军队服役的人口。

⑧处于劳动年龄之内的其他人口。

其中，第一、二、三这三部分人口构成社会就业人口，即现实的人力资源；其他为潜在人力资源。

小资料

人力资源的绝对量与相对量

人力资源的绝对量指在一个国家或一个地区法定年龄人口中具有劳动能力和在法定年龄以上仍在进行劳动的人口。

人力资源的相对量即人力资源率，是指一个国家或一个地区人力资源的绝对量在其总人口中所占的比例。

（2）质量方面。人力资源质量方面的构成包括人的生理和心理、品德、知识、智力以及技能等方面。

①劳动者的生理和心理素质标准：身心健康。具体表现为人的生理和心理处于良好状态。

②劳动者的品德素质标准：良好的行为。具体表现为劳动者应具有社会责任感、敬业精神、良好的工作态度与合作精神、创新意识、公正与正直、遵纪守法。

③劳动者的知识素质标准：具有工作岗位所需要的知识以及从事岗位工作所需要的思路、方法和手段。

④劳动者的智力素质标准：具有从事工作需要的观察力、注意力、记忆力、想象力和思维力。

⑤劳动者的技能素质标准：具有完成某一工作或任务所必需的各种技术及运用能力。

1.2.2 人力资源的特性

1. 能动性

人因为具有思想、感情，而表现为具有主观能动性，所以不同于自然界的其他生物。人正是因为具有了主观能动性，才能够有目的地从事各种活动，并在活动中能动地改造客观世界。

2. 时效性

人作为生物有机体，有其生命周期。人的一生中，能从事劳动的自然时间被限定在生命周期的特定时段，因而表现为人力资源的时间限定性。人力资源的时效性提示企业应注重做好人力资源的科学使用与合理配备工作。

3. 再生性

经济资源一般分为再生性资源和非再生性资源两类。人力资源的再生性，源于人口的再生产和劳动力的再生产，通过自我补偿、自我更新、丰富并发展人力资源。

但是，人力资源的再生性又有别于一般生物资源的再生性，因为人力资源除了遵守一般生物学规律外，还要受人类意识的支配和人自身活动的影响。

4. 资本积累性

人力资源是经济与社会发展的活资本，是最现实的生产力。这种资本靠不断地培养、教育、维护而形成，是投资长期积累的结果。这种积累的结果表明：投资伴随人的一生，资本积累也伴随人的一生；由投资形成的这种活资本具有反复利用的特点；滚动式的资源（资本）运用形式，必然造成人力资源的无限增值。

5. 载体性

载体性是指人力资源具备装载、运输、传递的能力。人力资源的载体性取决于以下条件：(1) 确实有承载能力；(2) 确实承载了有用资源；(3) 确实能输出承载资源。人力资源的承载性为人才交流提供了前提条件。

人力资源除了具有上述特点之外，还有智力性、社会性、无法储存等特点。

小资料

在美国，人力资源的特点是“契约人”，相应地，在人力资源管理上，实行的是自由雇佣制，属于一种人与人之间高度竞争的“压力型”劳动制度。

在日本，人力资源的特点是“家族人”，“忠于企业大家庭”是日本人的行为准则。相应地，在人力资源管理上，实行的是终身雇佣制，属于一种人与人之间密切合作的“吸力型”劳动制度。

1.2.3 人力资源管理的定义

1. 人力资源管理

人力资源管理是指运用现代化的科学方法，对员工进行合理的培训、组织和调配，使人力与物力经常保持最佳比例，同时充分发挥人的主观能动性，使人事相宜，实现组织目标的过程。简言之，人力资源管理就是一个人力资源获取、整合、保持激励、控制调整及开发的过程。

依据定义，我们可以从两个方面来理解和把握人力资源管理。

(1) 人力资源量的管理。社会化大生产要求人力与物力按比例合理配置。在生产过程中，人力与物力在价值量上的比例是客观存在的。

对人力资源进行量的管理，首先要分析影响人力资源数量的因素。影响人力资源数量的主要因素是人口总量及其再生产情况、人口的年龄构成、人口迁移及其他社会因素。其次，就是根据人力与物力现有状况及其发展变化，对人力资源进行相应的培训、组织和协调，以达到人力与物力有机结合并经常保持最佳比例，使企业人力资源与物力资源发挥最佳效应。

(2) 人力资源质的管理。对人力资源进行质的管理，应注意分析影响人力资源质量的因素。这些因素包括遗传和其他先天因素、心理因素、营养及教育等。人力资源管理主要是通过采用现代化的科学方法，对人的思想、心理、行为及能力等实施有效的管理（主要包括协调、控制和管理），以充分发挥人的主观能动性，实现组织目标。

小资料

员工关系

员工关系包含了经济关系——“按劳付酬”、法律关系、社会关系和心理契约。

2. 人力资源管理与传统人事管理的区别

人力资源管理关心的是“人的问题”，其核心是认识人性、尊重人性、体现人性化管理。人力资源管理作为近二十年来出现的一个崭新的和重要的管理科学领域，源于传统人事管理，但又远远超出了传统人事管理的范畴，在诸多方面存在着区别，如表1-2所示。

(1) 人力资源管理与传统人事管理最根本的区别在于前者较后者更具有战略性、整体性和未来性。人力资源管理将人事管理的职能予以扩大，从行政的事务性的员工控制工作转变为实现组织的目标，建立一个人力资源规划、开发、利用与管理的系统，以提高组织的竞争力。

(2) 人力资源管理与传统人事管理的第二个重要区别是管理理念上的区别。前者将人力视为组织的第一资源，这种资源是生产过程中唯一能动的资源，通过有效的开发，可以增加产出。因此，对员工的管理更要注重对其进行开发，以较多地体现出人本化，组织的首要目标是满足员工自我发展的需要，因而更具有主动性。

(3) 人力资源管理与传统人事管理的第三个区别是部门性质的不同。相对于传统人事管理，人力资源管理的组织体系更具有系统性、完整性和全面性。人力资源管理部门成为组织的生产效益部门。人力资源管理功能的根本任务是通过职务分析和人力资源规划，确定组织所需要的最少的人员数量和最低的人员标准，通过招聘和录用规范，控制招募成本，为组织创造效益。

(4) 人力资源管理与传统人事管理的第四个区别是管理原则与方法的不同。现代企业人力资源管理充分运用了当代社会学、心理学、管理学、经济学、系统学等学科的最新研究成果，提出了一系列新的管理原则和方法，如全面完整地看待人；公正待人、尊重人；与员工进行有效沟通等。同时，现代人力资源管理与传统人事管理相比，在管理方法上更加强调了管理的系统化、规范化以及管理手段的现代化。

（5）人力资源管理与传统人事管理的第五个区别是基本职能有所不同。人力资源管理的职能是一项较为复杂的社会系统工程，既有战略性的管理职能（如规划、控制、预测、协调、长期开发与培训策略等），又有技术性的具体管理职能（如选拔使用、考核评价、工资报酬、奖惩管理等）。

视野

表 1－2　人力资源管理与传统人事管理的区别

阶段 指标	传统人事管理	人力资源管理
心理契约	每天公平地工作获得公平的报酬	相互努力工作
控制点	外部	内部
员工关系	身兼数职 集体工作 较低的信任程度	单一工作 个人 较高的信任程度
组织原则	机械的 正式的明确的职责 从上到下进行沟通	有机的 灵活的 从下到上进行沟通
政策目标	管理效率 标准绩效水平 成本最小化	适应的劳动力 不断改进绩效 最大化地利用各种资源

小资料

劳动力多样性的挑战与机遇

劳动力的多样性主要指由于劳动力的性别、年龄和区域的不同而形成的特点。

劳动力多样性带来的挑战：企业文化的融合问题；沟通问题；组织派性增长问题。

劳动力多样性带来的机遇：有助于创造一种更能兼容不同行为方式和视野更开阔的组织文化；更多的商业决策；更加多样化的客户群。

1.3　人力资源管理的职能

1.3.1　人力资源管理职能的含义

人力资源管理职能，是指在各种规模的组织中，用以提供和协调人力资源管理的任务和责任。人力资源管理职能包括对组织的所有领域具有重大影响的各种活动。

1.3.2 人力资源管理职能的构成

1. 人力资源战略与规划职能

人力资源的战略与规划是企业人力资源管理的基础。人力资源战略是在企业总体战略指导下制定的企业人力资源发展的战略，包括企业人力资源的使命和价值观，人力资源发展的目标、方向、方针与政策等。人力资源规划是在人力资源战略的基础上，依据组织所处的环境、组织的使命、组织战略以及内部的优劣势（包括组织的结构、文化、拥有的技术以及领导方式），对企业未来的人力资源需求进行科学、系统的预测和规划。

2. 岗位管理职能

岗位管理包括岗位分析、岗位设计和岗位评价三个部分。岗位管理是对企业员工成长的舞台的设计和管理。岗位分析必须在对企业现有的岗位和流程进行优化的基础上进行，岗位分析的结果形成岗位说明书。岗位评价能够评价各岗位在组织中的作用和价值。岗位评价的结果形成企业岗位层级体系和任职者职业资格体系。

3. 绩效管理职能

绩效管理是一个包括计划、组织实施、控制与绩效改进的全过程的管理。绩效管理既是人力资源管理的职能，更是企业战略管理的组成部分。

4. 薪酬管理职能

薪酬管理即设计和实施针对所有员工的报酬和福利制度，并确保报酬和福利的公平、一致。

5. 人力资源开发职能

人力资源管理能够通过分析工作需求，确保员工具有相关的知识和技能，圆满地完成工作或者促进组织的进步。

6. 激励职能

设计和管理奖励体系，包括工作评价、绩效评估、工资和福利等。

7. 员工安置职能

通过人力资源规划、工作分析、员工招募与选择，使具有相关技能、能力、知识和经验的人完成组织相应的工作。

8. 管理变革职能

人力资源管理通过实施员工职业生涯管理，能够帮助组织成员设计未来的前景、进行相应的沟通、设定清晰的绩效目标，并进行开发以达到重新安置人力以及其他资源的能力。

1.3.3 人力资源部门

1. 人力资源部门的地位与作用

人力资源管理的职能主要通过人力资源部门来实现。绝大多数人力资源部门起一种传统的参谋作用，为企业高层决策人员提供人力资源信息是人力资源部门最基本的职能。除此之外，人力资源部门通常组织与协调雇佣和培训，保管人事档案，并在企业、政府之间进行联络，以及对劳动安全等事宜进行协调，如图 1－3 所示。

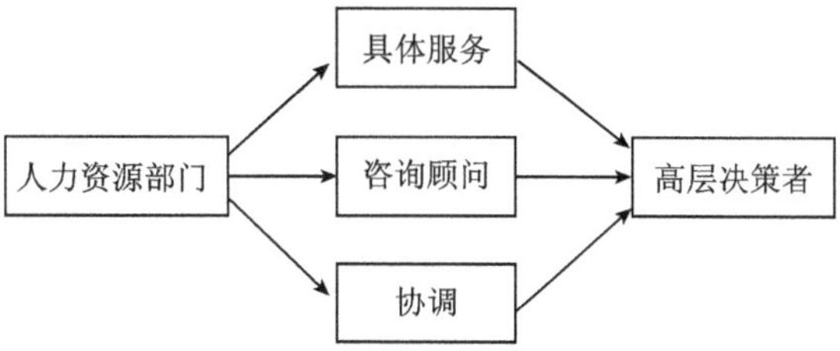

图 1－3　人力资源部门提供的辅助性工作简略示意

思考：企业如何有效地利用人力资源部门？

2. 人力资源部门的特点

（1）人力资源管理是一种系统管理行为，需要组织的每个部门、每个员工都参与其中，因此，人力资源管理不只是人力资源部门的工作，还是存在于企业任何部门的一项管理工作。事实上，企业的每一个部门都存在着人力资源管理的问题。但是，人力资源部门与部门人力资源管理在职能上却存在着较大的差别。相对于部门人力资源管理，人力资源部门有其自身独到的特点。

（2）人力资源部门的主要任务是建立人力资源管理制度。人力资源部门主要依据工作职位、任务、员工等因素建立招聘录用、培训开发、绩效管理、薪酬福利管理及劳动关系管理等操作系统。

（3）人力资源部门的主要职责是辅助并监督其他部门实施人力资源管理。人力资源部门作为企业的专门人力资源部门，在建立人力资源管理制度的同时，还要履行相应的为其他部门人力资源管理工作提供辅助、监督的职责，以确保人力资源管理工作的规范化，确保人力资源管理工作的有效性，确保企业员工得到公正对待。

总之，人力资源部门与部门人力资源管理之间在人力资源管理方面是指导与被指导的关系。

思考：人力资源部门如何才能成为组织的培训专家？

小资料

人力资源经理的职责

(1) 规划各部门的组织架构、岗位架构和职能架构，通过制定《部门职责明细表》《职务说明书》和《职务权限表》来规避可能出现的因职责不明或授权不当而导致的上下级之间、岗位与岗位之间、部门与部门之间的摩擦和内耗。

(2) 建立并疏通良好的组织沟通渠道，以协调组织与成员之间、劳资双方的关系。

1.4 人力资源管理的内容、任务和意义

1.4.1 人力资源管理的内容

人力资源管理是以人为中心进行的管理，主要是关心人本身、人与人的关系、人与工作的关系、人与环境的关系及组织的关系。其核心是认识人性、尊重人性。人力资源管理强调“以人为本”，突出人力资源管理的柔性化。

一般认为，人力资源管理主要包括以下内容。

1. 人力资源战略规划、决策

根据组织的发展战略和经营计划，通过对组织人力资源现状及发展趋势的评估，收集、分析、整理与之相关的人力资源供给与需求的信息和资料，预测人力资源的供给与需求趋势，对人力资源进行总体的规划，制订行之有效的人力资源方案，实现系统管理。

2. 岗位分析与工作设计

人力资源管理的重要内容之一就是进行岗位分析和工作设计。通过对组织中的每一项具体工作和各个岗位进行分析，确定不同的工作、不同的岗位对每一员工的具体工作要求，在此基础上制定较为详尽、便于操作的工作岗位职责说明书，作为对员工招聘、培训、考核、调配、晋升的依据和标准。

3. 人力资源的招聘、选拔、录用

建立科学、规范、适宜的人员招聘、选拔及录用程序，依据工作岗位职责说明书及组织内工作岗位的实际需求，遵循平等就业、双向选择、择优录用的原则，当人力资源计划表明有新的员工需求时，利用各种方法和手段，为组织提供合格的劳动者，弥补职位的空缺，保证企业的正常运转。

4. 人力资源的教育培训及开发

通过相关的人力资源教育培训及开发，提高员工个人、员工群体及整个组织

的知识、技能、观念、工作态度和工作绩效，不断挖掘出员工潜在的智力和能力。

5. 人力资源的绩效考评

制定便于操作的、有效的人力资源考评体系，通过对员工工作绩效进行考核，便于及时做出信息反馈，以实施有效奖惩，同时有助于进一步改善和提高员工的工作效率与工作质量。

6. 人力资源的薪酬福利管理与激励

参照国家、地区薪酬福利的相关政策与规定，结合组织实际情况，根据员工工作绩效及劳动贡献的大小和优劣，制定相应的、富有弹性的工资报酬和福利标准。对于员工给予不同的报酬、待遇和激励，有助于进一步调动员工的工作积极性、主动性和创造性，进一步增强组织的凝聚力和向心力。

7. 人力资源的安全与健康

设立安全保障措施，以减少事故发生，防止职业性毒害，预防职业病，保障员工的安全与身心健康，充分体现组织的人本管理理念。

8. 人力资源中的劳企关系

依据《中华人民共和国劳动法》及相关法律法规，在组织与员工之间，就员工工资、福利、工作条件和环境签订劳动合同，并对出现的问题与矛盾进行谈判，协调劳资关系。

1.4.2 人力资源管理的任务与目标

人力资源管理的基本任务，就是依据现实的社会经济管理发展实际及其他客观环境，根据组织发展战略和组织目标的要求，通过有计划地实施系统的人力资源管理活动，对组织的人力资源进行合理配置，做好人力资源的培训、开发和利用工作，使员工以饱满的工作热情和积极的工作态度，参与到组织的各项活动中，做到人尽其才、才尽其用，最终实现提高员工素质和能力，提高组织的经济效益、社会效益的目的。

1. 实现人力资源使用价值的最大化

人力资源管理既是系统工程，又是价值工程。依据价值工程理论，在人力资源管理上，通过合理的开发和管理，使组织达到人力资源投入成本不断降低，而人力资源效能不断提高，即实现人的最大使用价值——人的有效技能的最大限度发挥。

小资料

价值工程理论

$$V（价值）=\frac{F（功能）}{C（成本）}$$

V最大的四种办法：①功能提高，成本不变；②功能不变，成本降低；③成本提高，功能提得更高；④成本降低，功能提高。

2. 实现柔性化管理

柔性化管理是以培养高素质员工为核心的现代人力资源管理模式，以企业内部组织的柔性化和企业间的动态联盟为组织特征。其最主要的特征是在人力资源管理过程中突出“以人为本”，最大限度地发挥人的主观能动性。随着知识经济时代的到来，组织中物质资本地位的相对下降和人力资本地位的相对上升，以人为本的管理理念备受重视，以人为本的管理是与以物为中心的管理相对应的，它要求将理解人、尊重人、充分发挥人的主动性和积极性置于管理的核心。柔性化管理大体上可分为情感管理、民主管理、自主管理、人才管理和文化管理等层次。通过人力资源管理，建立健全信任、任用、工资、奖励与处罚、晋升、福利等制度，激励员工积极参与组织活动，充分体现以人为本的现代管理理念，使员工的行为变被动为主动，为组织的发展做出更大的贡献。

3. 实现人才的全面发展

“造物之前先造人”是日本松下公司的座右铭。美国学者布雷德福和科恩在《追求卓越的管理》一书中指出，组织的目标有两个：第一，完成工作任务；第二，使部属不断进步，提高素质。因此，伴随着科技的发展、社会的进步，企业间的竞争会越来越激烈，对企业及企业成员也提出了更高的要求。通过人力资源管理，借助员工教育、培训、开发及其他相关手段，实现培养德才兼备的、高素质的、全面发展的人才，以满足企业发展的需要。

1.4.3 人力资源管理的意义

人是人类社会政治、经济、文化等诸多方面最为重要的因素。因此，在人类所拥有的一切资源中，人力资源就是最为宝贵的。实践证明，重视并加强人力资源管理，对于促进社会和组织发展、提高劳动生产率、获取最大的社会效益和经济效益具有重要意义。

1. 有利于充分发挥员工的积极性、创造性

人既是经济人又是社会人。因此，任何企业的员工既受企业自身的影响，同时也

将受到社会的影响。相关调查发现：按时计酬的员工每天只要发挥自己20%～30%的能力，就足以保住个人的饭碗。企业通过重视和加强人力资源管理，为劳动者创造并提供适宜的工作环境和工作制度，妥善处理物质奖励、行为激励和思想教育工作之间的关系，可以充分挖掘员工的潜力，最大限度地发挥员工的积极性、主动性和创造性。

2. 有利于促进企业和社会的发展

企业通过人力资源管理，可以使各生产要素之间不论是在质的方面，还是在量的方面，不断地得以协调，达到资源的最佳配置，不仅可以保证正常的生产经营秩序，保证人力资源管理活动的各环节互相协调、相互衔接，保证人力资源管理活动与企业的战略方向和目标一致，而且由此保证了企业和社会发展目标的实现。

3. 有利于管理者及被管理者的共同发展

通过实施人力资源管理，使企业的每一个员工能够正确认识人本身，更加彼此尊重，关系更加和谐，同时通过人力资源培训教育与开发，使得员工的理论知识和各种技能不断提高，增强了员工对企业和社会的适应能力。

视野

国外人力资源管理方法

一、"抽屉式"管理

"抽屉式"管理是一种通俗形象的管理术语，它形容在每个管理人员办公桌的抽屉里，都有一个明确的职务工作规范，在管理工作中，既不能有职无权，又不能有责无权，更不能有权无责，必须职、责、权、利相互结合。

二、"危机式"管理

经营者在员工中广泛宣传某些企业由于忽视产品质量、成本上升导致失去用户的危机，要全体员工知道，如果公司不把产品质量、生产成本及用户时刻放在突出位置，公司的末日就会来临。

三、"一分钟"管理

所谓一分钟目标，就是企业中的每个人都将自己的主要目标和职责明确地记在一张纸上。每一个目标及其检验标准，应该在250个字内表达清楚，一个人在一分钟内能读完。

一分钟惩罚，是指某件事应该做好，但却没有做好，对有关的人员首先进行及时批评，指出其错误，然后提醒他，表达出对他工作的不满意。

四、"破格式"管理

"破格式"管理就是根据工作能力和成果决定升降员工职务的"破格式"的新人

事制度，具有明显成效。

五、“和拢式”管理

“和拢”表示管理必须强调个人和整体的配合，创造整体和个体的高度和谐。

六、“走动式”管理

“走动式”管理是指企业主管体察民意，了解实情，与部属打成一片，共创业绩。

资料来源：www.233.com（有改动）

任务二 我国企业人力资源管理现状分析

任务描述

青岛DH公司是由归国研发团队创办的国家级高新技术企业，面对越来越激烈的市场竞争，公司认识到人力资源管理的重要性，加强人力资源管理已成为公司关注的课题。该公司通过调研发现自身正处在传统的人事管理向现代企业人力资源管理的过渡时期，许多基础性的工作有待于完善和系统化、规范化。

根据我国企业人力资源管理发展现状，结合国外先进经验，该企业人力资源管理改革应该何去何从？

知识支撑

人力资源管理体系基础平台是企业制定完善、规范、系统的人力资源管理政策、体系、制度的坚实基础和可靠依据。制定完善、规范、系统的人力资源管理政策、体系、制度是企业人力资源管理工作实现规范化与高效运作的保障。

1.5 国有企业的发展现状

国有企业的人力资源部即过去的人事部。从人事管理到人力资源管理，不仅是一个名称的变化，而且是从以监督和控制为主的模式转向了以激励为主的模式。人力资源管理就是要对人这一企业资源，最大限度地加以利用和开发，让每一个人都能产生工作动力，发挥最大能动性，进而使企业因为充分调动了人的主观能动性而充满活力，永远保持发展后劲。

进入知识经济时代的今天，人才的竞争已成为企业间竞争的最重要的部分，人力资源管理对于组织的生存和发展越发显得重要。我国企业的人力资源管理水平在不断提升的同时，还存在以下问题。

1.5.1 人事权过于集中，领导干部事实上的职务终身制

现在的国有企业仍或多或少的留有计划经济的影子。集权管理，缺乏灵活性，特别是在人事管理中尤为突出。而人事权是否具有灵活性，直接关系到组织能否根据自身需要调配人力资源，实现资源的合理配置。人事管理中的领导干部的职务终身制现象的存在，不利于人力资源的培养、开发和利用。

1.5.2 缺乏对人力资源的战略规划

当前许多国有企业的人事管理仍停留在考勤、档案、合同管理等方面。许多国有企业往往侧重于对员工的使用，而缺乏培养、开发员工的意识，人力资本投入较少，缺乏系统的人力资源管理与开发体系。

1.5.3 缺乏合格的管理人才

我国目前管理人才的特征一般表现为两极化，要么是经验型，要么是外国学派型。这种两极分化既不利于企业现代经营理念的确立，又不利于解决我国企业中的实际问题。

1.5.4 缺乏优秀的技术人才和熟练的骨干技术工人

现在大多数企业，一般技术水平的员工占企业总人数的比重较大，拥有一技之长或较高技术熟练程度的技术人才和技术工人相对缺乏，不利于新技术新产品的开发和利用，造成竞争的失利，形成更多的经营管理危机。

1.5.5 缺乏有效的激励约束机制

企业中执行的多为原有制度，这些制度大多缺乏应有的科学性、可行性和适用性，不能形成有效的激励与约束，因此，制约了人的积极性、主动性和创造性的发挥，不利于企业创新发展。

1.5.6 企业中人员的总量过剩与结构性短缺并存

企业中较为普遍地存在着人浮于事的现象，同时，又确有一些岗位缺乏合格的人选。这将从总体上制约企业，制约整个国家经济快速、健康的发展。

1.6 民营企业人力资源管理现状

当前我国经济高速发展，市场竞争日益激烈，人的因素越来越成为企业实现自己战略目标的关键因素，人力资源管理已成为企业管理工作的核心。新的形势下，我国的中小企业面临着前所未有的挑战，加强人力资源管理是其得以生存并长期稳定发展的必要措施。

1.6.1 缺乏科学的人力资源战略

随着经济的发展、技术的进步，中小型民营企业管理层人员素质不断提高，他们对企业人力资源也有了较全面的理解。越来越多的企业逐渐认识到人力资源管理对企业发展具有重要的战略意义，并着手制定本企业的人力资源规划，也取得了一些成绩。但由于认识与实际操作过程中存在差异，人力资源管理理念与人力资源投资理念往往不一致，导致企业战略规划与人力资源战略并不协调。科学制定与企业相适应的人力资源战略，成为当前中小企业人力资源管理的一大难题，约束了企业发展，亟待解决。

1.6.2 缺乏完善的激励机制

一些中小企业的管理层认为，企业人员太少，不必建立什么机制。错误的认识导致员工缺乏积极性，缺乏归属感，往往不能专心工作，降低了企业的生产效率。

1.6.3 忽视人力资本投入

大多数民营企业在人才培养上或多或少都存在一些短期行为，没有形成与企业发展战略相匹配的系统性、持续性的培训机制，只使用不培养已成为中小企业人力资源管理普遍的现象。

总之，民营企业在人力资源管理方面还存在较多问题。但是，中小型民营企业由于组织层次少，对市场反应灵敏，机制灵活，有利于吸引优秀人才等，又使其具有相当的人力资源管理优势。如果能够重视并合理解决上述问题，将会极大地改善中小企业的人力资源管理现状，从而增强中小企业的竞争力。

课程回顾

本章讲述了人力资源与人力资源管理的概念、特征及区别；说明了人力资源管理的职能、内容、任务与意义；强调了人力资源部门的特点及辅助作用；介绍了人力资源管理演变的过程及我国人力资源现状。

温故知新

一、单项选择题

1. 下列选项属于人力资源的时效性特点的是（   ）。

A. 人力资源存在于人体之中，与人的自然生理特征相联系

B. 人力资源的形成、开发、使用都受到时间方面的制约和限制

C. 人力资源是一种可以再生的资源

D. 人力资源是一种能动的资源

2. 下列选项属于人力资源的生物性特点的是（   ）。

A. 人力资源存在于人体之中，与人的自然生理特征相联系

B. 人力资源的形成、开发、使用都受到时间方面的制约和限制

C. 人力资源是一种可以再生的资源

D. 人力资源是一种能动的资源

二、多项选择（每题有两个以上正确答案）

1. 以下属于人力资源特点的是（   ）。

A. 时效性　　B. 智能性　　C. 个体差异性　　D. 高增值性

2. 下列关于现代人力资源管理的表述正确的有（   ）。

A. 现代人力资源管理把人作为资本和资源来进行管理

B. 现代人力资源管理是以事为中心的管理

C. 现代人力资源管理地位已提升到组织的战略层面

D. 现代人力资源管理在心理层面上强调服从

3. 下列关于传统人力资源管理的表述正确的有（   ）。

A. 传统人力资源管理把人当作成本来进行管理

B. 传统人力资源管理与现代人力资源管理没有本质区别

C. 传统人力资源管理采用刚性的手段对人进行管理

D. 传统人力资源管理强调从外部对人进行控制

4. 人力资源管理面临的现实挑战包括（   ）。

A. 经济一体化冲击　　B. 多元文化的融合与冲突

C. 信息技术的全面渗透　　D. 人才的激烈争夺

三、简答题

1. 企业为什么实施人力资源管理？

2. 试述人力资源管理与人事管理的区别。

3. 人力资源管理的职能是什么？

四、讨论题

1. 人力资源管理是不是一个“不能做其他任何事情的人”的领域?

2. 你认为在十年以后，人力资源将会发生哪些变化?

五、案例分析题

曹操的“人力资源观”

《三国演义》中曹操是一位具有鲜明个性的枭雄人物，集政治家、军事家、诗人于一身，其雄才大略、胸襟气度、治国之道、用兵之神无不给人留下栩栩如生的形象。

曹操在选人方面也有精辟见解和独到眼光，可以概括为“唯才是举、不拘一格”。曹操具体实践了他对人才的重视和爱惜，将人无完人、慎无苛求的思想，才重一技、用其所长的思想和只用人才、不用庸才的思想推向了顶峰，而且对于人才的选拔，注重公开、公平。有一次在庆贺铜雀台落成的宴会上，曹操考试部下的文臣武将。他以西川红锦战袍一领作为奖品，让武将射箭争夺。整个武官分为两队：曹氏宗族俱穿红，其余将士俱穿绿。大家你争我夺，最后绿袍队中的许褚和徐晃获胜，接着曹操又令文官以纪念铜雀台落成为题目，进献诗章，以显示其才学和见识。曹操这里运用的考试有两个特点：一是公开；二是公平。家族人员与外聘将士一视同仁。

曹操对于人才的聘用同样有高超的艺术，经常使用实地考察和面谈识别方法。汜水关前，关羽要求出战华雄。曹操见“其人身长九尺，髯长三尺，丹凤眼，卧蚕眉，面如重枣，声如巨钟，立于帐前。”这形象，这气势，俨如天神一般。曹操评价“此人仪表不俗”，心中暗喜，于是让关羽出战，关羽果然斩了华雄。这说明曹操之所以取胜是因为他能打破常规，不因此时的关羽名不见经传而歧视，大胆任用。因此，实地考察和面谈识别方法能够帮助企业解决员工聘用问题。

曹操在知人善任方面也有出色表现，郭嘉在分析曹操十胜、袁绍十败时曾经指出：绍外宽内忌，所任唯亲戚，公外简内明，用人唯才，此度胜也。比如曹操并不因为外人忠于旧主或对自己谄媚而模糊选才用才的标准。蔡瑁、张允卖主求荣，曹操虽一时利用，但心中却早有处置。而对忠贞前主的张辽、文聘归附后，曹操慧眼识才，不仅由衷赞赏，而且加官晋爵，委以重任。特别是晚年，重用与自己意见相左而非常有才华的司马懿，最终实现统一中原的愿望，把唯才是举的思想运用到极致。

曹操任用人才的高超艺术。曹操远征汉中，有三位“素皆不睦”的将军张辽、李典、乐进，其中张辽坚决执行曹操以攻为守的指令，表示自己亲自出击，和敌人“决一死战”，展示了广阔的胸怀和豪迈的气概；李典“素与张辽不睦”，对于张辽提出的建议，起初“默然不答”，后为张辽的行为所感动，立即表示“愿听指挥”；乐进是个中间人物，态度模棱两可，对张、李二人都不敢得罪，并有些怯战。曹操对其三人了如指掌，一开始就匠心独运，巧用张、李、乐三人性格的差异，甚至有意利用他们的不和，防止一人说话大家通过、贸然决策而导致失败。到了危急时刻，曹操以一道指令，促成他们精诚团结，形成一个最佳的指挥结构。于是三人齐心协力，把不可一世的吴军打得七零八乱，一战令“江南人人害怕，闻张辽大名，小儿也不敢夜啼”。由此战例中可以看到曹操择人任势的高超艺术。

资料来源：阿Q范文网（有改动）

问题：

1. 分析并说明曹操的人才策略。

2. 曹操使用了哪些人力资源管理艺术？这对我们今天的人力资源管理有何现实指导意义？

六、实训训练

1. 调查报告

选择任一企业，调查该企业人力资源管理现状，并说明其优势与不足。

2. 模拟训练

假如你是某市一管理咨询公司的一名高级管理人员，公司派你担任另一地区分支机构的负责人，该分支机构自成立以来，业务一直很好。但在最近一段时间，许多年轻的职员先后离开了公司，而董事长确信问题不是出在薪水上。在你到达之后，你的最初计划之一是约见其高层负责人，以便分析查找离职原因。在被约见人员中，有的认为其离职原因是职员缺乏奉献精神和没有意识到公司提供的职业机会；也有的人抱怨对他们的绩效缺乏有意义的反馈，并且许多年轻人提到他们希望在组织中有支持者，且支持者对其发展给予帮助；还有的人认为，问题的根本原因是因为缺乏人力资源管理部门。

训练问题：

1. 你如何看待人力资源部门作为一个专门部门的观点？

2. 你将如何向公司董事长建议建立人力资源部门的问题？

3. 你会建议采用哪种组织结构？

收获与建议

学生能够对人力资源管理有较为全面的认识，对自己未来的就业方向有基本的认识，建议学生要对后续课程做一些了解，广泛涉猎人力资源管理课程外的相关知识。

项目二　工作分析

学习指南

1. 岗位要求

分析工作岗位信息，制定职务说明书。

2. 素质能力标准

能清晰描述工作分析的概念和作用，熟悉工作分析的内容和程序，掌握工作分析的方法。

3. 学习任务

任务一　工作分析概述

任务二　工作分析的程序

任务三　工作分析的基本方法与工具

任务四　工作说明书的编写

4. 知识点

工作分析，工作说明书，工作规范，工作设计。

5. 技能点

能够分析处理岗位调查的结果，编制职务说明书。

6. 学习重点、难点

重点：工作分析的基本方法、程序及工作说明书的编写流程。

难点：工作分析方法的应用、编写职务说明书。

任务一　工作分析概述

任务描述

在人力资源管理的历史上，工作分析一直被认为是人事管理的基石。每一项主要的人事职能都暗含着工作分析的潜在作用。工作分析不仅是人力资源管理工作的核心，同时也是人本管理的基础。人力资源部负责人在公司人力资源管理工作中首先应做好工作分析工作，深刻理解工作分析的内涵，明确工作分析的程序，会制定工作说明书。

知识支撑

工作分析是一种在组织内执行的管理活动，专注于收集、分析、整合工作相关信息，是组织规划与设计、人力资源管理及其他管理机能的基础。通过工作分析，可以将企业中各项工作的内容、责任、性质与员工所应具备的基本条件，包括知识、能力等加以研究分析，从而达到人尽其才、才尽其用的目的。

2.1　工作分析的概念、内容和作用

案例欣赏

玛丽到底要什么样的工人

"玛丽（Mary），我一直想象不出你究竟需要什么样的操作工人，"海湾机械公司人力资源负责人约翰·安德森（John Anderson）说，"我已经给你提供了四位面试人选，他们好像都还满足工作说明中规定的要求，但你一个也没有录用。"

"什么工作说明？"玛丽答道，"我所关心的是找到一个能胜任那项工作的人。但是你给我派来的人都无法胜任，而且，我从来就没有见过什么工作说明。"

约翰递给玛丽一份工作说明，并逐条解释给她听。他们发现，要么是工作说明与实际工作不相符，要么是实际工作又有了很大变化。例如，工作说明中说明了有关老式钻床的使用经验，但实际工作中所使用的是一种新型数字式机床。为了有效地使用这种新机器，工人们必须掌握更多的数学知识。

听了玛丽对操作工人必须具备的条件及应当履行职责的描述后，约翰说：“我想我们现在可以写一份准确的工作说明，以它为指导，我们就能找到适合这项工作的人。让我们今后加强工作联系，这种状况就再也不会发生了。”

资料来源：哈佛模式经典案例（有改动）。

案例启示：

上述情况反映了人事管理中一个普遍存在的问题：工作说明对完成工作所需职责和技能的说明不恰当。因此，人力资源负责人约翰·安德森无法为新的岗位确定合适的人选。工作分析是解决这个问题的关键所在。

2.1.1 工作分析的概念

工作分析又称职务分析，是指对企业各个职务的设置目的、任务、职责、权力和隶属关系、工作条件和环境以及员工为承担该职务任务所需的资格条件等进行系统分析和研究，并制定出工作（职务）规范、工作说明等人事文件的过程。

2.1.2 工作分析中常见的术语

1. 工作要素

工作要素是指工作中不能继续再分解的最小动作单位。例如，酒店里负责接待客人的服务员在客人刚刚来到酒店时要帮助客人运送行李，运送行李这项工作就包含将行李搬运到行李推车上、推动行李推车、打开客房的行李架、将行李搬运到行李架上 4 个工作要素。

2. 任务

任务是指工作中为了达到某种目的而进行的一系列活动。任务可以由一个或多个工作要素组成。例如，生产线上的工作人员给电脑贴标签这一任务就只有一个工作要素。

3. 职责

职责是指任职者为实现一定的组织职能或完成工作使命而进行的一个或一系列工作。例如，营销部的经理要实现新产品推广的职责就需要完成一系列工作，包括制定新产品推广策略、组织新产品推广活动和培训新产品推广人员等。

4. 职位

职位也叫岗位，承担一项或多项责任的一个任职者所对应的位置就是一个岗位。一般来说，有多少个职位就有多少个岗位。例如，董事长、办公室主任、招聘主管、财务总监等。应该注意的是，职位是以“事”为中心确定的，强调的是人所担任的职位，而不是担任这个职位的人。在企业中，要重视职位分类，因为它是人力资源管理科学化的基础工作，同时它与工作分析也紧密相连。

小资料

什么是职位分类

职位分类起源于美国，后被广泛采用。《职位名称词典》（*Dictionary of Occupational Title*，DOT）由美国劳工部汇编，它包含了大约 2 万种工作标准及其综合性描述。

所谓职位分类，是指将所有的工作岗位（职位），按其业务性质分为若干职组、职系（从横向上分）；然后按责任的大小、工作难易的程度、所需教育程度及技术高低分为若干职级、职等（从纵向上分），对每一职位给予准确的定义和描述，制成职务说明书，以此作为管理聘用人员的依据。

我国现有 27 个职组，43 个职系，而美国有 23 个职组，524 个职系。表 2－1 通过我国部分技术人员专业技术职务来说明职组、职系、职级和职等之间的关系与区别。

表 2－1　职组、职系、职级和职等之间的关系与区别

职组	职系 \ 职等	V	Ⅳ	Ⅲ	Ⅱ	Ⅰ
	职级	员级	助级	中级	副高级	正高级
高等教育	教师		助教	讲师	副教授	教授
	科研人员		助理工程师	工程师	高级工程师	
	实验人员	实验员	助理实验师	实验师	高级实验师	
	图书、资料、档案	管理员	助理馆员	馆员	副研究馆员	研究馆员
科学研究	研究人员		研究实习员	助理研究员	副研究员	研究员
医疗卫生	医疗、保健、预防	医士	医师	主治医师	副主任医师	主任医师
	护理	护士	护师	主管护师	副主任护师	主任护师
	药剂	药士	药师	主管药师	副主任药师	主任药师
	其他	技士	技师	主管技师	副主任技师	主任技师

续表

职组 \ 职系 \ 职级 \ 职等		V	Ⅳ	Ⅲ	Ⅱ	I
		员级	助级	中级	副高级	正高级
企业	工程技术	技术员	助理工程师	工程师	高级工程师	正高级工程师
	会计	会计员	助理会计师	会计师	高级会计师	
	统计	统计员	助理统计师	统计师	高级统计师	
	管理	经济员	助理经济师	经济师	高级经济师	

5. 职务

职务是由组织上主要责任相似的一组职位组成的，也称工作。在组织规模大小不同的组织中，根据不同的工作性质，一种职务可以有一个职位，也可以有多个职位。例如营销人员的职务中可能有从事各种不同营销工作的人，但他们的主要工作责任是相似的，因此可以归于同样的职务中。

6. 职业

职业是一个更为广泛的概念，它是指在不同的组织中从事相似活动的一系列职务。职业的概念有着较大的时间跨度，处在不同时期，从事相似工作活动的人都可以被认为是具有同样的职业。例如医生、工程师、律师、公务员等都属于职业。

7. 职权

职权指依法赋予的完成特定任务时需要的权力，职责与职权紧密相关。特定的职责要赋予特定的职权，甚至特定的职责等同于特定的职权。比如，质量检查员对产品质量的检验即是质量检查员的职责，又是他的职权。

2.1.3 工作分析的内容

通常情况下，工作分析主要包括两个方面的内容：一是对工作所包含的任务、职责、责任以及其他特征的确定，即工作描述或职务描述；二是对完成工作的任职人所具备的知识、技能及其他特征的说明，即工作规范或职务要求。

1. 工作描述

工作描述是与工作有关的内容，如工作内容与特征、责任与权力、目的与结果、标准与要求、时间与地点、岗位与条件、流程与规范等。工作描述一般包括如下内容。

（1）基本信息。包括工作名称、职务编号、所属部门、工作等级、制定日期等。

（2）工作概要。包括职务的特征及主要工作范围。一般用一句话对职务的工作内容进行简明扼要的描述。对于企业人力资源部负责人的工作概要，可以描述为“为企业吸引、开发和管理人力资源”。工作概要恰当与否，决定着一份工作说明书的质量。

（3）工作职责与任务。即有义务完成的工作内容，其目的主要是告诉员工该做什么、如何去做、为何去做。主要是从两个方面入手：一是通过行为分析，描述这一职位做什么，是一种实质性的界定；二是通过任务分析，确定组织设立这一职位的原因及其具体要求，是一种规范性的界定。

（4）权限关系，权限事项。包括所监督的部下的职务和人员。

（5）工作关系。说明此工作与哪些职位发生联系。指出此工作可晋升的职位，可转换的职位以及可升迁至此的职位。

（6）工作环境。包括工作场地的温度、光线、湿度、噪音、安全条件、地理位置、室内或室外等。

（7）机器、设备及工具。列出工作中用到的所有机器、设备及辅助性工具等。

（8）聘用条件。主要描述工作人员在正式组织中的有关工作安置等情况。它包括工作时数、工资结构、支付工资的方法、福利待遇、在组织中的正式位置、晋升的机会、工作的季节性、进修的机会等。

2. 工作规范

工作规范又称岗位规范或任职资格。工作规范主要指明了任职者要成功完成某项工作所应具备的资格标准，如知识储备、专业技能、身心素质、个性特点、工作经验等。工作规范一般包括如下内容。

（1）一般要求。主要包括年龄、性别、学历、工作经历及工作经验、成就、专业技能等。

（2）体力要求。主要包括健康状况、力量与体力、运动的灵活性、身体各部分协调程度、感觉器官的灵敏度、视力、听力及身高要求等。体力要求通常以健康程度、年龄范围和特殊体能要求来刻画。

（3）心理要求。主要包括观察能力、注意能力、记忆能力、理解能力、言语表达能力、创造性思维能力、分析解决能力、数学计算能力、决策能力、交际能力以及性格、气质、兴趣爱好、态度、事业心、合作性、组织领导能力及某些特殊能力。

（4）技能水平。是指工作人员从事特殊职务工作的专门技术，是一般能力与职务工作要求相结合的产物，通常体现为职业技能。

(5) 工作经验。是指从事类似工作的实践体验。某些职务对工作经验的要求特别严。如那些工作技能难以通过理论和语言传递的职务。

小资料

何时做工作分析?

一般在下列情况下，组织最需要进行工作分析。

1. 建立一个新的组织。新的组织由于目标的分解、组织的设计与人员招聘需要进行工作分析。

2. 由于战略的调整、业务的发展，使工作内容、工作性质发生变化，需进行工作分析。

3. 企业由于技术创新，劳动生产率提高，需重新进行定岗、定员。

4. 企业建立人力资源管理制度的需要，如在建立招聘、绩效考核、晋升或培训制度前，需要先对岗位进行工作分析。

2.1.4 工作分析的作用

工作分析对于人事研究和人事管理具有非常重要的作用。全面而深入地进行工作分析，可以使组织充分了解工作的具体特点和对工作人员的行为要求，为做出人事决策奠定坚实的基础。

在人力资源管理中，几乎每一个方面都涉及工作分析所取得的成果。表 2－2 列出了工作分析的结果在各方面的应用。总的来说，这些作用可以分为四个部分：组织决策、人力资源管理、工作和设备设计和其他用途。

表 2－2　工作分析的作用

组织决策	人力资源管理	工作和设备设计	其他用途
组织结构 组织计划 组织政策	人员的聘用、选拔与安置 培训和人员开发 绩效测量与评定 职务分类系统 工资管理 劳动关系	工作设计 方法设计 职务设计 安全	制订教育课程计划 职业咨询

具体地说，工作分析有以下八个方面的作用。

(1) 选拔和任用合格的人员。通过工作分析，能够明确地规定工作职务的近期和长期目标；掌握工作任务的静态和动态特点；提出有关人员的心理、生理、技能、文化和思想等方面的要求，选择工作的具体程序和方法。在此基础上，确定选人用人的标准。有了明确而有效的标准，就可以通过心理测评和工作考核，选拔和任用符合工作需要和职务要求的合格人员。

（2）制订有效的人事预测方案和人事计划。一个单位有多少种工作岗位，这些岗位目前的人员配备能否达到工作和职务的要求，今后几年内职务和工作将发生哪些变化，单位的人员结构应做什么相应的调整，几年甚至几十年内，人员增减的趋势如何，后备人员的素质应达到什么水平等问题，都可以依据工作分析的结果做出适当的处理和安排。

（3）设计积极的人员培训和开发方案。通过工作分析，可以明确从事的工作所应具备的技能、知识和各种心理条件。按照工作分析的结果，设计和制订培训方案，根据实际工作要求和聘用人员的不同情况，有区别、有针对性地安排培训内容和方案，以培训促进其工作技能的发展，提高其工作效率。

（4）提供考核、升职和作业的标准。工作分析可以为工作考核和升职提供标准和依据。工作的考核、评定和职务的提升如果缺乏科学依据，将影响干部、职工的积极性，使工作和生产受到损失。根据工作分析的结果，可以制定各项工作的客观标准和考核依据，也可以作为职务提升和工作调配的条件和要求。同时，还可以确定合理的作业标准，提高生产的计划性和管理水平。

（5）提高工作和生产效率。一方面，通过职位分析可以明确工作任务要求，可建立起规范化的工作程序和结构，使工作职责明确，目标清楚；另一方面，可以明确关键的工作环节和作业要领，便于充分地利用和安排工作时间，使领导和员工能更合理地运用技能，增强他们的工作满意度，从而提高工作效率。

（6）建立先进、合理的工作定额和报酬制度。进行工作分析，可以为各种类型的任务确定先进、合理的工作定额。工资奖励制度是与工资定额和技术等级标准密切相关的，把工作定额和技术等级标准的评定建立在工作分析的基础上，就能够制定出比较合理公平的报酬制度。

（7）改善工作设计和环境。通过工作分析，不仅可以确定职务的任务特征和要求，建立工作规范，而且可以检查工作中不利于发挥员工积极性和能力的原因，并发现工作环境中不利于安全、加重工作负荷、造成工作疲劳与紧张以及影响社会心理气氛的各种不合理因素，有利于改善工作设计和整个工作环境，从而最大限度地调动员工的工作积极性，最大限度地发挥员工的技能水平。

（8）工作分析可以为职业咨询和职业指导提供可靠和有效的信息。职业咨询和指导是劳动人事管理的一项重要内容。

思考：工作分析的目的是什么？

任务二　工作分析的程序

任务描述

之前提到过工作分析是人力资源管理其他工作的前提和基础，非常重要，可是只有少数的企业做工作分析，或者即使做了也很难推行下去，因为很多领导认为这是一件费力不讨好的工作，所以并不支持，而且很多员工认为工作分析的结果并不符合实际，不愿意接受。总之问题很多。其原因在于很多领导甚至人力资源管理的工作人员并不清楚该如何去做工作分析，这个工作到底有哪些流程和注意事项。如果你要做工作分析，你会遵循什么样的流程和原则?

知识支撑

工作分析的过程是一个系统的、动态的发展过程，包括计划、实施和控制反馈三个基本阶段。计划的实施与控制需要依靠人来进行，因此，人员的选择和培训就显得十分重要。工作分析的每一个阶段又可以分解为若干活动，每项具体活动的分析，也是一个包含计划、实施和控制反馈的过程。所以，在进行工作分析过程时，需要对每一个活动细节确定详细的方案。

2.2　工作分析的计划和方案

2.2.1　工作分析的原则

1. 客观性

工作分析是人事决策的基础，因此在工作分析的各个阶段，都必须以认真细致的调查、研究为基础，绝对不能空穴来风，凭想象做出决定。

2. 科学性

工作分析是一个系统工程，它的每一个阶段都有自己的独特要求，所以必须以科学的原则和方法来对待它。

3. 实用性

工作分析的结果将应用于人力资源管理的各个方面，因此工作分析产生的信息必须有实用性。这就要求从实际出发，注重结果的可操作性。

4. 变动性

由于组织环境、社会环境的变化，一项工作的内容及要求是会变化的。引起变化的原因有很多，例如环境因素、技术因素及组织战略变化等。所以在实施工作分析的时候，应考虑到引起工作变化的各种潜在因素的影响，并对已变化的工作及时进行再分析，以便与实际情况相适应。

2.2.2 工作分析的具体方案

1. 选择信息源

通常工作分析所需的资料信息有以下两大类来源。

（1）人员：包括工作执行者、管理监督者、同事、下属、客户等。

（2）书面资料：包括组织图、工作流程图、操作说明书、各类作业表单等。

选择信息源时应注意：不同层次的信息提供者所提供的信息会存在不同程度的差异；工作分析人员应站在公正的角度分析不同信息，避免先入为主；使用各种书面信息资料时，要结合组织与工作的实际，切不可照搬照抄。

2. 选择需要分析的工作

当需要分析的工作有很多，但它们彼此比较相似时，例如对流水线上工人进行工作分析时，如果对他们所做的工作一个一个地进行分析，必然非常耗费时间。在这种情况下，可以选择典型的、有代表性的工作进行分析。

3. 选择分析方法

工作分析的方法很多，应根据工作分析的目的和各方面的条件要求与限制，选择合适的方法或方法组合。

2.2.3 工作分析的组织、范围和进度

1. 工作分析的组织

一般对于一个较大规模的工作分析，应设立一个相对独立的工作分析专案小组或委员会，并任命企业的一位高层领导作为工作分析小组的负责人，以表明对此项工作的重视与支持。同时还应选定具体执行工作分析的人员，他们可以是人力资源管理部门的专职人员，也可以是各相关部门的员工代表。必要时，还可以聘请外界的工作分析专家与顾问进行协助指导。

2. 工作分析的范围与进度

根据工作分析的目的，确定工作分析信息收集的种类、范围以及分析的层次与程

度。同时还应该根据工作分析的过程，将工作分析细分为各个具体的更小的阶段，并安排好各个阶段的时间进度。

2.2.4 工作分析的费用预算

工作分析不可避免地会发生费用，因此，在工作分析的前期即计划时就应该做好费用预算。费用预算是进行工作分析与控制的约束性的条件与指标。在这个约束条件下力求最大限度地做好分析工作。费用预算的确定应该以企业可用的财力为依据，以工作分析计划的组织、范围及时间进度为基础，并要准确估算各细分阶段或特殊项目可能需要投入的人力、物力与资金。从提高经济效益的角度，需要比较总的预算费用与工作分析的期望效果，进行投入产出评估。必要时，还需对工作分析各细分阶段的项目进行价值功能分析，这样就可以保证工作分析在一定的约束条件下的投入产出比最大。

2.2.5 选择和培训工作分析人员

工作分析人员的素质、能力与工作技巧的高低，关系到工作分析活动的成败。因此，在工作分析实施前，应根据有关要求和条件，严格挑选可能参加工作分析的人员，对所选人员进行系统而有针对性的培训。

1. 工作分析的人员选择

参加工作分析的人员通常有三种类型。

（1）专职分析人员。专职分析人员是指经过专业训练，拥有系统收集、分析和处理工作信息的能力和专业技术的人力资源管理人员。分析人员可以来自组织内部，通常来自于组织的人力资源部门或业务流程部门；也可以来自于组织外部的专业机构。有些企业从成本的角度考虑，不设专职的工作分析人员。这是因为工作分析有一定的周期性和时间性，在无须进行分析的时候，拥有专职分析人员可能是一种浪费。在这种情况下，可以聘请外部的专业人员来进行工作分析。

（2）工作任职者。工作任职者是指直接从事某项工作的人员。一般来说，工作任职者最了解工作的内容，他们能够提供真实、可靠的信息。

（3）任职者的直接上司。任职者的直接上司监控任职者从事工作，他们有机会观察任职者的工作，能够客观地提供工作信息，收集工作信息的速度也比较快。一般情况下，任职者的直接上司并不作为主要的工作信息收集者，但是往往需要他们对收集的信息进行检查和核实。

应该指出的是，选择以上某类人员参加工作分析往往既有优点又有缺点，各类人员在工作分析中的作用也不尽相同。因此，这几类人员可以进行合作，取长补短，以共同完成工作分析。

2. 工作分析人员的培训

对工作分析人员的培训应包括两个方面：一方面是提高工作分析人员的能力；另一方面是熟悉和掌握有关的操作。要做好分析工作，需要兼顾这两方面的工作培训，具体细分为以下几点。

（1）培训的目的。提高有关的素质和能力；学会对自己所从事的工作进行分析；学会指导协助其他人进行工作分析。

（2）有关能力要求的培训内容。包括人力资源管理与心理学的一般知识；工作责任与合作精神；观察、面谈、记录、分析等技术技巧；理解与文字表达。

（3）有关专业要求的培训内容。根据工作计划，拟订工作分析方案；收集和分析各种有关工作分析的资料和信息；根据分析结果，编写工作描述与工作规范。

2.2.6 工作分析的实施

工作分析是对组织内部各项工作系统分析的过程，一般分为四个阶段：准备阶段、调查阶段、分析阶段和完成阶段。这四个阶段相互联系，相互影响，形成一个动态过程。工作分析的流程如图 2－1 所示。

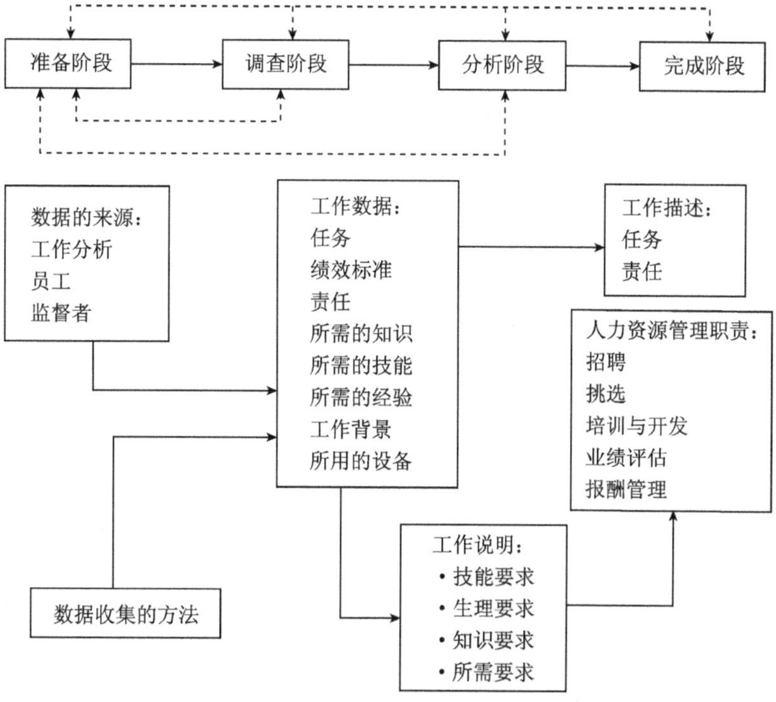

图 2－1 工作分析流程

1. 准备阶段

准备阶段是工作分析的第一阶段，主要的任务是对工作分析进行全面的设计，包括确定工作分析的组织、样本及规范，以及建立关系等工作。具体工作如下：

（1）成立由工作分析专家或顾问、人力资源部门工作人员、各部门负责人、岗位在职人员参加的工作分析小组或委员会；

（2）确定工作小组开展工作分析的原则与要求；

（3）明确工作分析的目的、范围、时间、费用和执行者，并明确各相关人员的职责和权限；

（4）确定所需信息的来源，选择工作分析的方法，建立工作分析的程序；

（5）在组织内向有关人员进行工作分析的宣传，与有关员工建立良好的人际关系并使他们做好心理准备；

（6）确定调查与分析的样本，并保证样本具有代表性；

（7）把各项工作分解成若干个工作元素和环节，确定工作的基本难度。

2. 调查阶段

调查阶段是工作分析的第二阶段，主要任务是对整个工作的工作流程、工作环境、工作内容和任职资格等主要方面进行全面的调查的过程。具体任务如下：

（1）设计各种调查问卷和调查提纲；

（2）针对不同的目的、不同的调查对象灵活运用不同的调查方法，如问卷法、访谈法、观察法、关键事件法等；

（3）广泛收集有关工作的特征及需要的各种数据，一方面是提出原有工作描述书和工作规范书的主要条款中需要改进的问题；另一方面是对新工作的所有信息进行收集；

（4）收集工作任职者必需的特征信息；

（5）对收集来的有关工作特征、工作人员特征信息的重要性及其发生的频率进行等级评定。

3. 分析阶段

分析阶段是工作分析的第三阶段，主要任务是对调查收集的整个工作的特征与任职者的特征结果进行认真分析。具体任务如下：

（1）仔细审核已收集到的各种信息；

（2）运用科学的方法创造性地发现有关工作的关键点；

（3）归纳、总结出工作分析所需要的材料和要素。

在分析阶段，运用科学的统计技术是关键。

视野

美国劳动部规定的16项基本分析项目

1. 工作内容	2. 工作职责	3. 有关工作的知识	4. 精神方面的机能
5. 灵巧程度	6. 经验	7. 年龄	8. 教育
9. 技能培训	10. 见习制度	11. 和其他工作的联系	12. 身体动作
13. 工作环境	14. 身体状况	15. 工作对身体的影响	16. 所需体质

思考： 上面16项基本分析项目中哪些是工作描述的内容？哪些是工作规范的内容？

4. 完成阶段

这个阶段是工作分析的最后阶段，主要任务是根据规范和信息编制工作描述书和工作规范书，并就内容和形式再一次征求意见后定稿。具体包括以下工作：

（1）根据收集的有关的工作信息，草拟出工作描述书和工作规范书；

（2）将草拟的工作描述书和工作规范书与实际工作进行对比；

（3）修正工作描述书和工作规范书；

（4）经过多次反馈、修改，形成最终的工作描述书和工作规范书；

（5）将工作分析的成果运用到实践中，注重实际工作中反馈的信息，不断完善工作描述书和工作规范书；

（6）对工作分析进行总结评估，并将工作描述书和工作规范书进行归档保存，建立工作成果的管理制度，为以后的工作分析提供信息。

小资料

完成工作分析后的后续工作

完成工作分析之后应针对每项工作活动进行检查，以改善或重新设计最有效的工作分析表。常用的方法是定期对每项工作的组成进行如下核查：

可以删除吗？	E（Eliminate）
可以简化吗？	S（Simplify）
可以合并吗？	C（Combine）
可以改良吗？	I（Improvement）
可以创新吗？	I（Innovation）

通过以上ESCII式的询问模式之后，你一定会发觉现有的工作概念、内容、方法或者已经不尽合理，或者需要做部分更换，或是发现原有的一套已经完全过时，必须淘汰，需要用全新的方法代替。

总之，工作分析是人力资源管理的基础工作，分析的结果可以应用到各项人力资源职能管理活动的决策、实施和研究中，并且在各项应用中又可以发现工作分析的不足之处及新的工作分析需求，以利于下一轮工作分析活动实施改进。通过分析——应用——再分析——再应用，工作分析成为一个动态的、周而复始的过程。

思考： 工作分析的结果具体来说可运用到人力资源管理活动的哪些方面？

任务三　工作分析的基本方法与工具

任务描述

某公司在做了详细的工作分析策划方案后，开始进行调查工作，问卷调查结束后，人力资源部的几位主管负责对经理级以下的人员进行访谈，但在访谈中，出现的情况却出乎意料。大部分时间都是被访谈人在发牢骚，指责公司的治理问题，抱怨自己的待遇不公等，而在分析相关的内容时，被访谈人往往又言辞闪烁，顾左右而言他，似乎对人力资源部的这次访谈不太信任。访谈结束后，访谈人都反映对该职位的熟悉程度还是停留在模糊的阶段。这样持续了两个星期，访谈了大概1/3的职位。

作为访谈人员，应运用哪些工作分析方法与技巧做好工作分析呢？

知识支撑

在进行工作分析时，选择正确的方法是至关重要的。如上所述，工作分析的目的和内容不同，工作分析的方法也不同。工作分析的内容取决于工作分析的目的和用途，不同的组织所进行的调查分析的侧重点会有所不同。因此，在工作分析内容确定后选择适当的分析方法就十分重要了。工作分析的方法，依据不同的标准有不同的形式。

2.3　工作分析的方法

2.3.1　工作实践法

工作实践法也称参与法，它是指工作分析人员通过直接参与某项工作，细致而深入地体验、了解、分析工作的特点与要求。工作实践法同面谈询问、书面调查等方法相似，能获得更真实可靠的数据资料，能更准确地了解工作的实际任务和体力、环境、社会方面的要求。但是实践法也存在不足，对于许多高度专业化的工作，或需要经过大量培训才能胜任的工作，由于分析者不具备某项工作的知识和技能，因而就无法参与。因此，实践法只适用于一些比较简单的工作分析，或者适用于在短期内就可掌握其方法的工作分析，而不适用于需进行大量的训练或有危险性工作的分析。

2.3.2 观察法

1. 观察法

观察法是指在工作现场运用感觉器官或其他工具观察员工的实际工作过程、行为、内容、特点、性质、工具、环境等，并用文字或图表形式记录下来以收集工作信息的一种方法。观察法主要用来收集强调人工技能的工作信息，如搬运工、操作员、文秘等工作。它也可以帮助工作分析人员确定体力与脑力任务之间的相互关系。

2. 观察法分类

由于不同的观察对象的工作周期和工作突发性有所不同，所以，观察法具体又可分为直接观察法、阶段性观察法和工作表演法。

（1）直接观察法。工作分析人员直接对员工工作的全过程进行观察。它主要适用于工作周期很短的工作。如保洁工，其工作基本上是以一天为一个周期，工作分析人员可以一整天跟随保洁员进行观察。

（2）阶段观察法。有些工作具有较长的周期性，为了能完整地观察到员工的所有工作，必须分阶段进行观察。比如文职人员，其有一项工作是在每年年终时筹备、组织总结表彰大会，工作分析人员就必须在年终再对该工作进行观察。有时由于时间跨度太大，工作分析无法拖延太长时间，这时采用“工作表演法”更为合适。

（3）工作表演法。对于工作周期很长和突发性事件较多的工作比较合适。如保安工作，除了有正常的工作程序外，还有很多突发事件需要处理，如盘问可疑的人等，工作分析人员可以让保安人员表演盘问的过程来进行该工作的观察。

3. 观察法的优缺点及需要注意的问题

观察法的优点：

分析人员能够全面和比较深入地了解工作要求，适用于那些工作内容主要是由身体活动来完成的工作。而且采用这种方法收集到的资料多为第一手资料，排除了主观因素的影响，比较客观和准确。

观察法的缺点：

不适用于工作周期长和主要是脑力劳动者（如律师、工程师等）的工作；不宜观察紧急而非常重要的工作（如从事急救工作的护士）；其工作量太大，要消耗大量的人力和财力，时间也过长。

为了使观察更加有效和准确，需要注意：

工作分析人员应事先准备好观察表格，以便随时进行记录（如表 2 - 3 所示）；不能只观察一名任职者的工作，应尽量多观察几名，然后综合工作信息。这样，可以保证观察不只是针对某一特定个体操作；要注意工作行为样本的代表性；观察人员尽可能不要引起被观察对象的注意，至少应不干预被观察者的工作。

表 2 - 3　工作分析观察提纲（部分）

被观察者姓名：	日期：
观察者姓名：	观察时间：
观察类型：	工作部分：
观察内容：	
1. 什么时候开始正式工作？________	
2. 上午工作多少小时？________	
3. 上午休息几次？________	
4. 第一次休息时间从________到________	
5. 第二次休息时间从________到________	
6. 上午完成产品多少件？________	
7. 平均多长时间完成一件产品？________	
8. 与同事交谈几次？________	
9. 每次交谈有多长时间？________	
10. 室内温度多少度？________	
11. 上午抽了几支香烟？________	
12. 上午喝了几次水？________	
13. 什么时候开始午休？________	
14. 出了多少次品？________	
15. 搬了多少次原料？________	
16. 工作地噪音是多少分贝？________	

2.3.3　访谈法

1. *访谈法*

访谈法是由分析人员分别访问工作人员本人或其主管人员，以了解职务说明中原来填写各项目的正确性，或对原填写事项有所疑问，以面谈方式加以澄清的方法。这是收集工作分析信息的一种有效方法。很多工作是不可能由工作分析人员实际体会的，比如营销策划工作；或是不可能通过观察来了解的，如胸外科手术专家的工作。在这种情况下，就需要通过与工作者面谈来了解工作的内容、原因与做法。因此，它有问卷调查法无法替代的作用。访谈法适用于脑力劳动者，如开发人员、设计人员、高层管理人员等。

2. 访谈法的种类

访谈的种类分为个人访谈、群体访谈和主管人员访谈三种（访谈的提问方式如表2-4所示）。

（1）个人访谈是指对每个员工进行个人访谈。

（2）群体访谈通常适用于大量员工做相同或相近工作的情况。在进行群体访谈时应遵循的一项基本原则就是这些工作承担者的上级主管人员要在场。

（3）主管访谈法是指同一个或多个主管面谈，了解所要分析职务的情况。主管对于工作内容一般都有比较充分的了解，与主管面谈可以节省工作分析的时间。

3. 访谈法的优缺点

访谈法的主要优点：

（1）可以对工作者的工作态度与工作动机等较深层次的内容有比较详细的了解；

（2）运用面广，能够简单而迅速地收集多方面的工作分析资料；

（3）由任职者亲口讲出工作内容，具体而准确；

（4）可以了解到短期内直接观察法不容易发现的情况，有助于管理者发现问题；

（5）为任职者解释工作分析的必要性及功能，有助于访谈人员与员工的沟通，缓解员工的工作压力。

访谈法的主要缺点：

（1）比较费时费力，工作成本较高；

（2）收集到的信息往往已经扭曲或失真；

（3）访谈法容易被员工认为是对其工作业绩考核或薪酬调整的依据，所以导致员工会故意夸大或弱化某些职责。

表2-4 访谈的典型提问方式

1. 你所做的是一种什么样的工作？
2. 你所在职位的主要工作是什么？你又是如何做的？
3. 你的工作环境与别人的有什么不同？
4. 做这项工作需具备什么教育、工作经历和技能？它要求你必须具有什么样的文凭或工作许可证？
5. 你都参与了什么活动？
6. 这种工作的职责和任务是什么？
7. 你所从事的工作的基本职责是什么？你的工作标准有哪些？
8. 你真正参与的活动都包括哪些？
9. 你的职责是什么？你的工作环境和工作条件如何？
10. 工作对身体的要求是怎样的？工作对情绪和脑力的要求又是怎样的？
11. 工作对安全和健康的影响如何？
12. 在工作中你的身体可能会受到伤害吗？你在工作时会处于非正常的工作条件之下吗？

2.3.4 问卷法

1. 问卷法

问卷法是工作分析中最常用的一种方法。就是采用问卷来获取工作分析所需的信息，实现工作分析的目的。问卷法适用于脑力工作者、管理工作者或工作不确定因素很大的员工，如软件设计工作者、行政经理等。问卷法比观察法更便于统计和分析。

2. 问卷法的形式与特点

问卷通常包括结构化的问卷和开放式问卷两种。

结构化的问卷由分析人员事先准备好的有关项目组成，代表了分析人员希望了解的工作信息。使用时，问卷回答者只需要在问卷项目后填空、选择。回答结构化的问题简单、明确，不占用任职者太多的时间。但是，回答方式较呆板，不允许回答者有发挥的余地。如果问卷中有的项目表达不清或不切合实际情况，回答者也只能勉强做答或空着不回答。

开放式问卷让回答者用一段话表达自己的意见，这就给他们提供了发表不同看法的机会，如“请叙述工作的主要职责”。最好的问卷介于两者之间，既有结构化问题，又有开放式问题。

在工作分析中，常用的问卷法一般有以下两种形式：

（1）一般工作分析问卷法。这种方法适用于各种工作，问卷内容具有普遍性（如表2－5所示）。

表2－5　一般工作分析问卷

1. 职务名：________				
2. 比较适合任此职的性别是________				
A. 男性		B. 女性		C. 男女均可
3. 最适合任此职的年龄是________				
A. 20岁以下	B. 21～30岁	C. 31～40岁	D. 41～50岁	E. 51岁以上
4. 能胜任此职的文化程度是________				
A. 初中以下	B. 高中及中专	C. 大专	D. 本科	E. 研究生以上
5. 此职的主要工作地点在________				
A. 本地市区	B. 本地郊区	C. 外地市区	D. 外地郊区	E. 其他
6. 此职的主要工作在________				
A. 室内	B. 室外	C. 室内室外各一半		

续表

7. 此职工作信息主要来源是________________
A. 书面材料（文件、报告、书刊杂志、各种材料等）
B. 数字材料（包含各种数据、图表、财务数据的材料等）
C. 图片材料（设计草图、照片、光照片、地图等）
D. 模型装置（模型、模式、模版等）
E. 视觉显示（数字显示、信号灯、仪器等）
F. 测量装置（气压表、气温表等各种表具）
G. 人员（消费者、客户、顾客等）

（2）特定工作分析问卷表。这种方法适用于每一种特定的工作，问卷内容具有特殊性，一张问卷只适合于一种工作（如表 2 -6 所示）。

表 2 -6　推销员工作分析问卷（部分）

说明以下工作在你工作中的重要性（最重要的打 10 分，最不重要的打 0 分，标在右侧的横线上）
1. 和客户保持联系________________
2. 接待好每一位客户________________
3. 详细介绍产品的性能________________
4. 正确记住各种产品的价格________________
5. 拒绝客户不正当的送礼________________
6. 掌握必要的销售知识________________
7. 善于微笑________________
8. 送货上门________________
9. 参加在职培训________________
10. 把客户有关质量问题反馈给有关部门________________
11. 准备好各种推销工具________________
12. 每天拜访预定的客户________________
13. 在各种场合推销本企业产品________________
14. 讲话口齿清楚________________
15. 思路清晰________________
16. 向经理汇报工作________________
17. 每天总结自己的工作________________
18. 每天锻炼身体________________
19. 和同事保持良好的关系________________
20. 自己设计一些小型促销活动________________
21. 不怕吃苦________________

3. 问卷法的优缺点

问卷法的优点：

(1) 费用低，速度快，节省时间和人力；

(2) 问卷还能在业余时间让任职者回答，既不影响正常工作的进行，也不会耽误太多的业余时间；

(3) 可以使分析的样本量很大，因此适用于需要对很多职务进行分析的情况；

(4) 分析的资料可以数量化，由计算机进行数据处理。

问卷法的缺点：

(1) 设计理想的问卷要花费大量的时间、人力、物力和费用，成本较高；

(2) 问卷缺乏面对面的交流所带来的轻松、合作的气氛，缺乏对任职者回答问题的鼓励或支持等肯定性的反馈，不利于获得准确而可靠的信息。

2.3.5 关键事件法

1. 关键事件法

关键事件法（CIT）又称关键事件技术（Critical Incident Technique），是指工作分析的调查人员、本岗位员工或与本岗位员工有关的员工，将劳动过程中的“关键事件”加以记录，在大量收集信息之后，对岗位的特征和要求进行分析研究的方法。这里的关键事件主要是指在劳动过程中，给工作造成显著影响的事件，通常关键事件对工作的结果有决定性的影响，关键事件决定了工作的成功与失败、盈利与亏损、高效与低能。

2. 关键事件的识别

运用关键事件法进行工作分析，其重点是对岗位关键事件的识别，这给工作分析人员提出了非常高的要求。和其他工作分析方法相比，这种工作分析方法的最大特点是简单并能获得非常真实可靠的资料，但由于工作分析人员本身对行业的熟悉程度不够，加上专业知识和技术方面的局限性，从而使关键事件法运用起来比较困难。

关键事件法需要技术专家型的工作分析人员，一般非本行业及对本行业专业技术了解不深的工作分析人员很难在短时间内识别清楚该岗位的关键事件是什么，如果在识别关键事件时出现偏差，将会对工作分析的整个结果带来巨大的影响。

3. 信息资料的分类

将上述各项信息资料详细记录后，可以对这些信息资料做出分类，归纳总结出岗位的主要特征和具体要求。

4. 采用关键事件法时应注意的问题

（1）关键事件应具有岗位代表性。

（2）关键事件的数量不能强求，识别清楚后是多少就是多少；关键事件的表述言简意赅、清晰、准确。

（3）对关键事件的调查次数不宜太少，而且正反两方面的事件要兼顾，不得偏向一方。

5. 关键事件法的优缺点

关键事件法的优点：

（1）能被广泛用于人力资源管理的许多方面。如识别挑选标准及培训的确定，尤其应用于绩效评估的行为锚定和行为观察中；

（2）由于在行为进行时观察与测量，所以描述职务行为、建立行为标准更加准确；

（3）能更好地确定每一行为的利益和作用。

关键事件法的缺点：

（1）需要花大量时间去收集那些“关键事件”并加以概括和分类；

（2）关键事件法并不对工作提供一种完整的描述，例如，它无法描述工作职责、工作背景、工作任务和最低任职资格的轮廓；

（3）对中等绩效的员工难以涉及，遗漏了平均绩效水平。

2.3.6 工作日志法

工作日志法又称工作写实法，是由员工本人自行进行的一种工作分析的方法，为了解员工的实际工作内容、人际关系及工作负荷，可以要求员工每天坚持按时间顺序、详细记录自己的工作内容和工作过程，然后经过归纳、分析，从而收集工作信息。如纽约一家公共关系公司有几十名业务员，他们每天管理某一方面的顾客业务，工作分析时面谈及其他调查结果经常高估其主要工作，人事部门建议搞工作日志。一开始大多数业务员拒绝执行，后经说明同意试行一个月，结果不仅人事部门获得了所需信息，业务员们也了解到所需的时间是怎么花费的，从而指出了改进工作的方法。

小资料

销售工作的15种关键行为

1. 善于把握客户订货的信息和市场信息。
2. 密切注意市场需求的瞬息变化。
3. 善于和销售部门的管理人员交流信息。
4. 善于同生产部门的管理人员和执行人员交流信息。
5. 对上级和客户都忠诚老实、讲信用。
6. 能够说到做到。
7. 坚持为用户服务，了解和满足用户的要求。
8. 积极收集产品的售后反馈信息。
9. 向用户宣传企业的其他产品。
10. 积极扩大企业销售额及市场占有率。
11. 不断掌握新的销售技术和方法。
12. 在新的销售途径方面有创新精神。
13. 维护公司形象，树立企业良好声誉。
14. 结清账目。
15. 工作态度积极主动。

1. 工作日志法的依据

这种方法的基本依据是：工作者本人对所从事的某项具体工作的情况与要求最为了解。

2. 工作日志法的优缺点

工作日志法的优点：

(1) 信息可靠性很高，适于确定有关工作职责、工作内容、工作关系和劳动强度等方面的信息；

(2) 所需费用较少；

(3) 对分析高水平和复杂的工作，显得比较经济有效。

工作日志法的缺点：

(1) 它主要的缺点是将注意力集中于活动过程，而不是结果；

(2) 适用范围较小，只适用于工作循环周期较短，工作状态稳定且无大起伏的职位；

(3) 整理信息的工作量大，归纳工作烦琐；

(4) 每日程式化日志记录活动对任职者来说缺乏长久的动力，难免马虎和敷衍，员工可能会夸大某些活动，同时也可能会对某些活动低调处理，存在一些误差；

（5）要求时刻对记录和分析结果进行必要的检查，检查工作一般由工作者的直接上级来承担。

3. 工作日志法实例

根据不同的工作分析目的，需要设计不同的“工作日志”格式，这种格式常常以特定的表格体现。通过填写表格提供有关工作的内容、程序和方法，工作的职责和权限，工作关系以及所需时间等信息（如表2－7和表2－8所示）。

表2－7　工作日志的实例

（封面）

工作日志 姓名： 年龄： 岗位名称： 所属部门： 直接上级： 从事本业务工龄： 填写日期自______月______日 至______月______日

（封二）

工作日志填写说明

（1）请在每天工作开始前将工作日志放在手边，按工作活动发生的顺序及时填写，切忌在一天工作活动结束后一并填写。

（2）要严格按照表格要求进行填写，不要遗漏那些细小的工作活动，以保证信息的完整性。

（3）请提供真实的信息，以免损害您的利益。

（4）请注意保留，以免遗失。

感谢您的真诚合作！

表2－8　工作日志填写实例（正文）

5月29日　工作开始时间：8时30分　工作结束时间：17时30分

序号	工作活动名称	工作活动内容	工作活动结果	时间消耗	备注
1	复印	协议文件	4页	6分	存档
2	起草公文	贸易代理委托书	8页	1小时15分	报上级审批
3	贸易洽谈	玩具出口	1次	40分	承办
4	布置工作	对日出口业务	1次	20分	指示
5	会议	讨论东欧贸易	1次	1小时30分	参与
……	……	……	……	……	……
16	请示	贷款数额	1次	20分	报批
17	计算机录入	经营数据	2屏	1小时	承办
18	接待	参观	3人	35分	承办

任务四　工作说明书的编写

任务描述

“小王，我真不知道你到底需要什么样的机械操作工?”高尔夫机械制造有限公司人力资源部经理老陈说到，“我已经送去了4个人给你面试，这4个人都基本符合所需工作说明书的要求，可是，你却将他们全部拒之门外。”“符合工作说明书的要求?”小王颇为惊讶地回答道，“我要找的是那种一录用就能够直接上手做事的人；而你送给我的人，都不能够胜任实际操作工作，并不是我所要找的人。再者，我根本就没有看见你所说的什么工作说明书。”闻听此言，老陈二话没说，为小王拿来工作说明书。当他们将工作说明书与现实岗位逐条加以对照时，才发现问题之所在：原来这些工作说明书已经严重地脱离实际，也就是说，工作说明书没有将实际工作中的变动写进去。例如，工作说明书要求从业人员具备旧式钻探机的工作经验，而实际工作却已经采用了应用最新技术的数控机床。因此，工人们为了更有效地使用新机器，必须具备更多的数学和计算机知识。

在听完小王描述机械操作工作所需的技能以及从业人员需要履行的职责后，老陈欣喜地说道：“我想我们现在能够写出一份准确描述该项工作的岗位说明书了，并且用这岗位说明书作为指导，一定能够找到你所需要的合适人选。我坚信，只要我们的工作更加紧密地配合，上述那种不愉快的事情，绝不会再发生了。”

为了避免上述招聘问题的再次发生，小王和陈经理应如何编制工作说明书?

知识支撑

工作分析的直接结果之一是形成工作说明书（包括工作描述和工作规范）。如果我们把企业中的岗位当作一种逻辑上的产品，那么工作描述就是这个产品的说明书，而工作规范是在说明书（工作描述）的基础上编写的，说明工作任职人应该具备的知识、技能。

2.4 工作说明书的编写内容和程序

2.4.1 工作描述的编写

1. 工作描述的功能

工作描述的主要功能为：（1）让员工了解工作概要；（2）建立工作程序和工作标准；（3）阐明工作任务、责任和职权；（4）为员工聘用、考核、培训等提供依据。

2. 工作描述的编写

一份成功的工作描述，能向一位新上任的员工翔实而准确地展示该岗位的工作职责及岗位对他的期望，通过工作描述，他很清楚企业需要什么样的员工以及自己与企业期望之间的差距，当员工阅读完工作描述后，他应该知道立即着手去干什么。

3. 不同岗位的工作描述范例

范例一　总经理

总经理是全公司的最高领导，负责制定和实施公司总体战略与年度经营计划，建立和健全公司的管理体系和组织结构；全面负责公司的生产、经营及日常管理工作，组建、培养高效的管理和业务团队，实现公司经营管理目标与发展目标。

一、决策者

第一条　严格遵守国家政策法规，遵守公司章程的规定，不做有悖国家政策法规与公司章程的项目与事情。

第二条　根据总公司提出的战略目标和计划，制定公司战略与审批采购计划。

第三条　根据财务部提供的预算方案，进行审批与组织实施公司年度工作计划，并根据财务决算报告制订利润分配方案。

第四条　审批投资、营销、人力资源、财务、工程等各项经营决策和费用预算方案。

第五条　审批年度计划内的经营、投资、改造、基建项目和流动资金贷款、使用、担保的可行性报告。

第六条　组织工程部和市场部讨论新的工程与煤炭购销项目。

二、管理层

第七条　组织指挥公司日常经营管理工作，代表公司签署有关协议、合同、合约和处理相关事宜。

第八条　决定公司组织体制和人事编制，决定副总经理、各职能部门部长级人员的任免、报酬、奖惩，建立统一、高效的组织体系和工作体系。

第九条　根据经营需要，可聘请专职或兼职法律、经营管理、技术顾问并决定其报酬。

第十条　对成绩显著员工给予奖励、调资和晋级，对违纪员工给予处分与辞退。

第十一条　定期审阅公司的财务报表和其他重要报表、全盘监控公司财务状况。

第十二条　定期召集、主持公司员工会议，检查、督促和协调各部门的工作进展，总结工作，听取汇报。

第十三条　处理公司重大突发事件。

范例二 主管会计工作描述

直接上级：财务部部长　　其他上级：经理　　工作地点：办公室

一、预算管理

第一条 判定公司年度总预算、季度预算、月度预算，并交财务部长审核。

第二条 按照年度预算、季度预算、月度预算，制定控制考评办法，进行内部预算控制，分析预算执行情况。

第三条 审核各部门的预算支出申请，批准签字后执行。

第四条 通报各个部门在预算执行过程中存在的问题，及时纠正预算偏离。

二、票据管理

第五条 制定发票管理制度，汇总登记已开发票，开具销售收入销项税额、填写发票使用情况表。

第六条 领购新发票，登记发票的购、用、存登记簿，填列增值税纳税申报表，上报税务机关备查。

第七条 对未开发票进行保管，对已开发票进行审核、装订及保管。

三、资金与资产管理

第八条 依据对公司现有情况的分析，在资金上保证公司正常运转。

第九条 依据公司资金情况进行资金筹划，办理银行贷款等工作。

第十条 每年6月和11月分别进行两次资产核资，及时清理债权债务，防止呆账、死账的发生，保障资产的良性循环。

第十一条 对公司现有存货、固定资产做到重点控制，保证公司资金安全、完整、有效。

四、审核凭证

第十二条 审核从银行提取现金的凭证。

第十三条 审核各种报销凭证、费用凭证、采购凭证等，无误后签字。

第十四条 审核煤炭进销存凭证。

第十五条 核算监督审查原始凭证，对不真实、不合法的原始凭证不予受理或请示财务部长；对记载不准确、字迹不清楚、内容不完整的原始凭证不予受理；对违反国家统一的财务会计法律法规的收支或发现账实不符、款项不符时，应按有关规定及时处理，问题较大的应及时查明原因，请示财务部长进行及时处理。对已审核的原始凭证及时填制记账凭证并分类保管。

五、工资福利管理

第十六条 每月月末根据综合管理部上报本月工资表，进行审核，如发现差异及时与综合管理部进行沟通、修改。

第十七条 每月根据综合管理部上报的公司新员工缴纳五项保险的变动情况及时做出增加与减少数额的更改。

第十八条 每周及时通过网络为公司员工缴纳养老保险、医疗保险、失业保险、生育保险、工伤保险。

六、编制与分析报表

每个会计核算周期，主管会计报核算会计、成本会计、税务会计所编制的各项报表汇总，编制财务汇总表，并进行分析。

第十九条 每月月末根据公司整月数据、资金、费用、鉴别情况编制资产负债表、应收账款表、利润表、损益表、经费管理表、管理费用表、财务费用表、现金流量表等一些反映公司情况的财务报表。

第二十条 每月月末根据各个部门实际支出费用情况编制各个部门各个月份经营费用明细表。管理费用明细表以柱形图或饼形图等简单易知的图形表示。

第二十一条 每月月末编制各类明细账目：采购明细账、销售明细账、应收账款明细账、应付账款明细账，进行进销存管理。

第二十二条　每年年末根据公司整年的经营情况绘制年度决算表、年度资产负债表、年度现金流量表、年度损益表，为下一年度的预算做好准备。

第二十三条　每年年初按照上一年度的结算报表制定下一年度的预算表；直接材料预算表、直接人工预算表、财务费用预算表、管理费用预算表、制造费用预算表、营业费用预算表、成本预算表、现金预算表、预算损益表和预算资产负债表。

第二十四条　每年年末通过对各个财务报表进行分析，计算出各项财务指标，供公司做出财务方面的重大决策。

七、其他事务

第二十五条　定期向财务部长述职，与其进行沟通，并改进不足。

第二十六条　分类归档并保管所有财务报表、报告，以备复查。

第二十七条　做好保密工作，不得向外任何人透露财务信息。

第二十八条　完成财务部长和经理交办的其他临时性事务。

2.4.2　工作规范

1. 工作规范的编写

根据工作描述的内容，描述圆满执行工作任务所需的人员特性。它表明了企业需要招募何种人才，以及为此所需测试的项目。工作规范（又称任职资格）可以作为完全独立的文件，也可当作工作描述的最后一个部分。工作规范范例如下：

人事主管助理工作规范

职务名称：人事主管助理

所属部门：人力资源部

直接上级职务：人力资源部经理

职务代码：XL-HR-011

工资等级：9~13级

（一）生理素质要求

年龄：25~35。

性别：不限。

身高：女性：1.60~1.70米；男性：1.70~1.85米。

体重：与身高成比例，在合理的范围内均可。

听力：正常。

视力：矫正视力正常。

健康状况：无残疾、无传染病。

外貌：无畸形，出众更佳。

声音：普通话发音标准，语音和语速正常。

（二）知识素质要求

1. 专科以上。

2. 工作经验：三年以上管理工作经验。
3. 专业背景要求：曾经从事管理工作两年以上。
4. 英语水平：达到英语四级水平。
5. 计算机：熟练使用 Windows 操作系统和微软办公软件。
（三）综合素质要求
1. 有良好的职业道德，能够保守公司人事秘密。
2. 有较强的沟通、组织、协调能力。
3. 工作认真细心，为人正直，责任心强。

2. 工作描述与工作规范的区别

工作描述与工作规范都是工作分析的结果，存在十分密切的联系，又有一定的区别。

（1）从编制的直接目的看，工作描述是以“工作”为中心进行全面系统深入的说明，为职位评价、岗位分类以及企业劳动人事管理提供依据。而工作规范是在岗位说明的基础上，解说什么样的人员才能胜任本岗位的工作，以便为企业职工的招聘、培训、考核、选拔、任用提供依据。

（2）从其内容涉及的范围来看，工作描述的内容十分广泛，包括对岗位各有关事项的性质、特征、程序、方法的说明，而工作规范的内容较为简单，主要涉及对岗位人员任职资格条件的要求。

2.4.3 中小企业职务说明书的编写

对大企业的工作分析一般较复杂，对一般企业如中小企业，只要使用定性分析方法进行初步的工作分析就足以应付日后人力资源管理的各项工作了。

下面就以一个拥有 30 人以上，500 人以下，集开发、生产加工、维修、销售为一体的中小型电子科技企业为例，详细谈谈使用定性分析方法，如观察法、访谈法、关键事件法等，开展工作分析的关键步骤和技术规范。

1. 步骤一：各类职务信息的初步调查

（1）浏览企业已有的各种管理制度文件，并和企业的主要管理人员进行交谈，对开发、生产、维修、会计、销售、管理等职务的主要任务、主要职责及工作流程图有个大致的了解。

（2）准备一个较为粗略的提纲，并确定几个关键的工作岗位和事件，作为深入访谈和重点观察分析的参考、指南。

（3）列出各职务的主要任务、特点、职责、要求等。

2. 步骤二：工作现场的初步观察

（1）对预先确定的关键或不太熟悉的工作岗位、现场进行初步观察。

（2）工作现场的初步调查的目的是使分析者熟悉工作现场的工作环境、条件，了解工作人员使用的工具、设备、机器，以及工作条件、工作内容、工作环境特点、工作岗位对工作人员的要求和工作职责。

（3）对复杂或不太熟悉的工作设备、流程、环境及条件亲自进行观察了解，便于进一步分析。

（4）最好由熟悉相关工作岗位的人员或由任职人员的上级陪同参加现场观察，便于了解各工作岗位的情况，并可随时进行有效的咨询。

3. 步骤三：深入访谈

（1）确定深入访谈的对象，首先是该职务的实际担任者，如技术开发、维修、销售人员等，这类人负的责任是完成各自工作岗位的各项任务，因此给调查人员提供的职务信息最为直接详尽；其次，应选择职工中的典型代表作为访谈对象，如部门经理；当然，关键岗位的管理人员也是十分必要的，如总经理、总经理办公室主任等。

（2）根据初步的调查、了解和所应收集的工作分析信息要求，制定较为详细的结构化访谈提纲。比如，针对电脑光驱维修这一职务，就可以提出这样的访谈问题：光驱维修一般包含哪些程序？每一维修程序具体应做些什么？光驱维修人员应掌握哪些知识？对光驱维修人员的心理、生理及技能主要应有哪些要求？工作中需要哪些人的配合？疲劳情况怎么样？维修工作对工作环境、工作条件有什么要求？等等。

（3）第一次的谈话对象最好是基层的管理者，他们能更好地提供有关工作的情况，并能将职责与职务很好地联系起来。再者，就是从事某一职务的具体工作人员。在这个访谈的过程中，要不断与关键管理岗位的人员沟通。

（4）每天的谈话对象最好不要超过两人，谈话时间每人不超过三个小时，谈话过程中最好有较为详细的记录，以便于分析。

（5）针对某一关键事件，如顾客投诉公司的产品质量及售后服务问题，通过召集各部门关键人员进行座谈，就可以深入了解开发、生产、维修、销售等职务的职责要求及存在的问题。

4. 步骤四：工作现场的深入观察

（1）深入观察工作现场，主要是为了澄清、明确或进一步充实通过前期调查和访谈获得的信息。

（2）深入观察工作现场之前，应拟定需明确的有关问题、信息。例如对电脑维修岗位的分析可设定如下问题：每人每天能维修多少台光驱？维修质量怎么样？一般工作多长时间后会出现疲劳现象？等等。

(3) 深入观察工作现场，最好仍由最初陪同观察和访谈的基层管理人员一同参加观察。

(4) 深入观察，不应仅仅停留在观察上，应与工作人员多交流，并不断咨询相关人员。最好同时进行录音。

5. 步骤五：职务信息的综合处理

这一阶段的工作较为复杂，需要投入大量的时间对材料进行分析和研究，必要时，还需要用到诸如计算机、统计分析等分析工具和手段。

(1) 对根据文件查阅、现场观察、访谈及关键事件分析得到的信息，进行分类整理，得到每一职务的各种信息。

(2) 针对某一职务，根据工作分析所要搜集的信息要求，逐条列出这一职务的相关内容，即为初步的职务说明书。

(3) 工作分析者在遇到问题时，还需随时与企业的管理人员和某一岗位的工作人员进行沟通。

6. 步骤六：完成职务说明书的撰写

(1) 召集整个工作分析工作中所涉及的人员，并给每位分发一份职务说明书初稿，讨论根据以上步骤所制定的职务说明书是否完整、准确。讨论时要求仔细、认真，甚至每个词语都要认真斟酌。工作分析专家应认真记下大家的意见。

(2) 根据讨论的结果，最后确定一份详细的、准确的职务说明书。

2.4.4 工作说明书编写范例

工作说明书编写范例一

工作说明书

工作名称：

直接上级：

直接下属：

主要责任：　　　　　　占总工作时间的百分比

具体任务：　　　　　　频　率

具体任务：　　　　　　频　率

具体任务：　　　　　　频　率

具体任务：　　　　　　频　率

该岗位需要使用哪些特殊的设备或工具？

该岗位和公司中其他岗位有何联系？

该岗位的工作条件描述：

一般工作时间：

加班要求：

出差要求：

该岗位的特殊条件或要求：

工作说明书范例二

工作说明书					
部门	办公室	职等	七	职务	办事员
工作内容：负责公司人事及总务管理事项 1. 人员招聘与训练。 2. 人事资料统计。 3. 员工请假、考核管理。 4. 草拟人事管理规章。 5. 办理人员的任免、调动、奖惩、考核、薪金等事项。 6. 劳动保险及退保与理赔事项。 7. 办理文体活动与员工福利事项。 8. 核发员工的各种证明书。 9. 文具、设备、事务用品的核算、采购、修缮与管理。 10. 办公环境安全及卫生管理工作。 11. 公司文书、信件等的收发事宜。 12. 书报杂志的订购与管理。 13. 接待来访人员。					
职务资格： 1. 专科毕业，曾任人事、总务工作 2 年以上。 2. 高中毕业，曾任人事、总务工作 6 年以上。 3. 现任分类职位七职等以上。 4. 具有高度服务精神并善于处理人际关系者。 5. 男性为佳，女性也可。					

课程回顾

本章讲述了工作分析的概念、常见术语、内容和作用，说明了工作分析的程序，并强调了工作分析的基本方法与工具，最后论述了工作分析中工作说明书的编写。

温故知新

一、单项选择题

1. 工作岗位分析的最终成果是形成岗位规范和（　）。

A. 培训制度　B. 工作说明书　C. 工资制度　D. 任务计划表

2. （　）的结果——工作说明书、岗位规范以及职务晋升图必须以良好的岗位设计为基础，才能发挥其应有的作用。

A. 人员分析　B. 岗位分析　C. 任务分析　D. SWOT 分析

3. 工作岗位信息的收集主要是通过（　）实现的。

A. 任务分析　B. 岗位分析　C. 抽样调查　D. 全面调查

4. 在工作分析的基本流程中，用书面形式表达分析结果的阶段是（　）。

A. 准备阶段　B. 实施阶段

C. 结果形成阶段　D. 应用与反馈阶段

5. 岗位规范的内容不包括（　）。

A. 岗位劳动环境规范　B. 岗位劳动规则

C. 定员定额标准　D. 岗位培训规范

6. 在设计岗位调查方案的过程中，能否正确确定（　）直接关系到调查结果的完整性和准确性。

A. 调查对象和调查单位　B. 岗位调查的目的

C. 调查的时间、地点和方法　D. 调查项目

7. 工作说明书需由初稿、第一稿、第二稿到送审稿增删多次，才能形成（　）。

A. 工作说明书“审批稿”　B. 工作说明书

C. 岗位规范　D. 职务晋升图

8. 一般来说，某一组织中的岗位设置是由该组织的（　）决定的。

A. 领导　B. 群众

C. 领导集体　D. 总任务

E. 总人数

9. 岗位设置的基本原则是（　）。

A. 最低数量原则　B. 成本最低原则

C. 因事设岗原则　D. 因人设岗原则

10. 岗位的存在是为了实现特定的任务和目标服务的，岗位增加、调整和合并都必须以（　）为衡量标准。

A. 是否有利于实现组织盈利　B. 是否有利于企业发展

C. 是否有利于实现工作目标　D. 是否有利于员工的职业生涯

二、多项选择题

1. 工作说明书可分为（　）。

A. 岗位工作说明书　B. 任务工作说明书

C. 部门工作说明书　D. 公司工作说明书

2. 为了使岗位工作丰富化，应考虑（　）。

A. 任务多样化　B. 任务的整体性

C. 信息的沟通与反馈　　D. 赋予必要的自主权

E. 明确任务的意义

3. 工作分析的目的在于（　）。

A. 为招聘提供依据　　B. 提高员工对工作的满意度

C. 确定各岗位的胜任特征模型　　D. 为确定薪酬体系提供依据

E. 为确定绩效考核标准提供信息

4. 工作岗位分析的中心任务是为企业人力资源管理提供基本依据，实现（　）。

A. 物尽其用　　B. 适才适所

C. 人尽其才　　D. 人事相宜

E. 位得其人

5. 工作岗位分析信息的主要来源有（　）。

A. 直接观察　　B. 事件访谈

C. 工作日志　　D. 书面资料

E. 同事报告

6. 工作岗位分析的内容包括（　）。

A. 对岗位存在的时间做出科学界定

B. 对岗位内在活动内容进行系统分析

C. 明确岗位对员工的素质要求

D. 提出本岗位职工所应具备的资格和条件

E. 制定工作说明书

7. 工作岗位分析的作用包括（　）。

A. 为招聘、选拔、任用合格员工奠定基础

B. 为员工的考评、晋升提供依据

C. 是单位改进工作设计的必要条件

D. 是进行各类人才供给和需求预测的重要前提

E. 是工作岗位评价的基础

8. 岗位调查阶段调查的内容包括（　）。

A. 岗位识别信息　　B. 岗位任务、责任、权限

C. 岗位劳动负荷　　D. 岗位关键能力

E. 紧张状况

9. 工作说明书的内容包括（　）。

A. 监督与岗位关系　　B. 性别要求

C. 劳动条件和环境　　D. 绩效考评

E. 身体条件和资历

10. 影响工作岗位的因素有（ ）。
 A. 相关的技术状态 B. 历届任职者的个人意志
 C. 劳动对象的复杂性 D. 部门对岗位目标的定位
 E. 企业生产业务系统的决策

三、简答题

1. 什么是工作分析？
2. 试述工作描述与工作规范的区别？
3. 工作分析的作用和内容有哪些？
4. 工作分析的基本方法有哪些？

四、论述题

1. 如果将你安置在一个公关部门经理的位置上，正式书写的工作描述是如何帮助你管理你的工作小组的？
2. 请评述这句话："让人们注意工作说明的存在，可能会使一些人认为工作说明中没有规定的工作就不必做。"

五、案例分析题

王教授到东昌钢管公司参观访问时，接待并陪同他访问的年轻人刘刚给他留下了深刻的印象。刘刚是该公司人力资源经理助理，主要负责工作分析。公司专门指派了一位工业工程师到人力资源部门，协助刘刚进行工作设计。王教授也曾被人力资源经理聘来研究该公司的工作分析体系，并提出改进的建议。他曾在人力资源办公室与刘刚一起浏览了工作说明的所有文件，并发现这些说明总体上是完整的，而且与所完成的工作是直接相关的。

参观访问的第一站就是焊接分厂张副厂长的办公室。这是一间十几平方米的房间，位于厂房一楼，四周都装了玻璃窗。当刘刚走近时，张副厂长正站在办公室外。"您好，刘助理"，他说。"您好，张厂长，"刘刚说，"这是王教授。我们能看一看您的工作说明并跟您聊一会儿吗？""当然，"张副厂长说着打开了门，"进来吧，请坐。我去把那些资料拿来。"

从他们坐的地方恰好能看到工作现场的工人。在他们查阅每项工作说明时，都有可能观察到工人实际中的工作。张副厂长很熟悉每项工作。"这儿的工作说明是怎样与绩效评估相联系的呢？"王教授问道。"是这样，"张副厂长答道，"我只是根据工作说明中规定的项目来评估工人的业绩，而这些项目是由具体的工作分析来决定的。当工作发生变化、以前的说明不再能够准确反映现有工作情况时，我可以用这些项目来评估业绩。刘助理已经为所有中层以上干部制订了培训计划，所以我们都了解工作分析、工作说明和绩效评估之间的关系。我认为这是一个很好的系统。"

刘刚和王教授继续参观了工厂的其他几个生产区，发现了类似的情况。刘刚似乎与每个分厂厂长、车间主任以及他们拜访的三位总厂的领导的关系都很好。当他们回到办公室时，王教授正考虑着向厂长提出些什么建议。

分析要求：

1. 请运用人力资源管理方面的理论分析并阐述东昌钢管公司工作分析的显著特色。

2. 你认为王教授应向厂长提交一份什么样的报告？

3. 简要分析并叙述工业工程师与人力资源经理助理刘刚在工作分析中可能存在何种合作关系。

六、实训训练

1. 工作分析

实训项目：人力资源管理中的工作分析。

实训目的：在理论学习的基础上，通过实训，进一步掌握工作分析的方法，能够编制出规范的工作分析文件。

实训指导：（1）到学校图书馆观察图书管理人员（或到某企业去调查操作工人）的有关工作情况并进行记录，收集工作分析的资料；（2）设计工作分析的调查问卷并进行问卷调查，然后进行整理；（3）选择图书管理人员进行访谈，收集工作分析的资料；（4）根据收集的资料进行分析；（5）根据分析，编制工作说明书和岗位规范；（6）教师对学员编制的工作说明书和岗位规范进行评阅，选择部分工作说明书和岗位规范进行讲评。

实训组织：（1）把全班同学分成若干个小组，每组3～5人，以小组为单位进行观察、问卷设计、访谈收集信息；（2）以小组为单位对所收集的信息进行分析；（3）以小组为单位编制一份工作说明书和岗位规范。

实训考核：每位学生需填写实训报告。实训报告应包括：实训项目，实训目的，实训本人承担任务及完成情况，实训过程，实训小结，实训评语（由教师填写）。

2. 工作职责分歧

一个机床操作工把大量的机油洒在机床周围的地面上。车间主任令操作工把洒掉的机油清扫干净，操作工拒绝执行，理由是工作说明书里并没有包括清扫的条文，车间主任顾不上去查岗位说明书上的原文，就找来一名服务工做清扫，但服务工同样拒绝，他的理由是岗位说明书里也没有包括这一类工作，车间主任威胁说要把他解雇，服务工才勉强同意，但是干完之后立即向上司投诉。

有关人员看了投诉后，审阅了两类人员的工作说明书，机床操作工的工作说明书规定操作工有责任保持机床的清洁，使之处于可操作状态，但并未提及清扫地面，服务工的岗位说明书规定：服务工有责任以各种方式协助操作工工作，如领取原材料和工具随叫随到即时服务，但也没有明确写明包括清扫地面工作。

问题：(1) 整个过程发生了什么问题？作为工厂领导的你应该怎么处理？

(2) 在工作说明书制定的过程中应该如何做才能避免上述情况的发生？

资料来源：人力资源管理题库（有改动）

收获与建议

通过本章学习，学生能够设计岗位调查方案，分析处理岗位调查结果，撰写并修改职务说明书。

项目三　人力资源规划

学习指南

1. 岗位要求

制订人力资源规划方案。

2. 素质能力标准

能清晰描述人力资源规划的概念和作用，熟悉人力资源规划的程序的方法，能够制订和评价人力资源方案。

3. 学习任务

任务一　企业人力资源规划

任务二　企业人力资源的供求预测

任务三　人力资源规划的控制与评价

4. 知识点

人力资源规划、人力资源需求预测、人力资源供给预测。

5. 技能点

能够进行企业内部需求与供给预测。

6. 学习重点、难点

重点：人力资源规划的内容，人力资源供给与需求预测。

难点：人力资源供给与需求预测的方法。

任务一　企业人力资源规划

任务描述

C公司是一家高速发展中的企业，在过去的3年中，通过公开招聘，从全国的10多所大专院校和同类企业中引进一大批专业人才，他们被安排在公司总部的15个职能部门中，分别承担着不同岗位的工作。据统计，这些职能部门总共配置了550名专职人员。在布置下一年工作任务时，总经理明确提出：公司人力资源部必须改变目前盲目增人、效率低下的问题，在公司总体组织构架不变的情况下，于年底之前将富余人数减下来，切实保障工作岗位任务满负荷，使现有人员减少15%~20%。

如果你是人力资源部部长，你将采取何种行动实现总经理提出的工作目标?

知识支撑

人力资源具有战略性特征，是一种战略资源，一个组织为了在某一领域或某个行业占有重要的位置，并得到长期稳定的发展，就必须拥有大量的优秀的人才为组织服务，而这种优秀人才的获取对于一个组织来讲并不是那么容易的，必须事先进行规划和考虑。因此企业必须要重视人力资源规划，要提前对人员的需求进行预测，同时对供给情况进行分析，并制定出一份详细的规划，这样才能保证在需要的时间和需要的岗位上获得所需要的人力资源。如果哪个组织缺乏对人力资源规划重要性的认识，就会导致人才的断层，从而导致组织发展受阻，甚至组织由此而衰败。因此，每个组织必须十分重视人力资源的规划工作，从人力资源上来保证和支持组织各项战略目标的实现。

3.1　人力资源规划概述

案例欣赏

华益食品公司是一家外商独资企业，开创初期实施了卓有成效的经营战略，使产品一炮打响。随着市场的扩大，企业规模也急剧扩张，生产线由初期的2条扩展到12条，人员也增至上千人，但随之而来的是管理上暴露出来的种种问题，最为突出的是员工报酬问题，各部门人员都觉得自己的付出比别人多，而得到的少。生产部门的人员强调自己的劳动强度大，劳动条件艰苦；经营部门的人员强调他们整天在外面跑，既辛苦又承受着很大的压力；还有人员强调自己的工作责任大，风险高等，大家各执一词，怨声载道，公司究竟应该怎样做才能改变目前这种被动分配局面呢？公司总经理决定聘请企业外的专家协助解决，重新构建一套更加切实可行的薪酬方案，专家们经过一番调查研究，决定从工作岗位分析入手。

资料来源：http：//www.shangxueba.com/ark/376326.html（有改动）。

案例启示：

工作岗位分析为员工的考评、晋升提供了依据。员工的评估、考核、晋级和升职，如果缺乏科学的依据，将会挫伤各级员工的积极性，使企业单位的各项工作受到严重影响。根据岗位分析的结果，人力资源管理部门可制定出各类人员的考评指标和标准，以及晋职晋级的具体条件，提高员工绩效考评和晋升的科学性。

3.1.1 人力资源规划的含义

所谓人力资源规划，就是为实现企业发展战略，实现其目标，根据企业内外部环境的变化，运用科学的方法对所属人力资源的供需进行预测，制定相宜的政策和措施，从而使企业人力资源供给和需求达到平衡的过程。简单地说，人力资源规划即指进行人力资源供需预测并使之平衡的过程。

3.1.2 人力资源规划的分类

1. 按计划期长短划分

（1）长期人力资源规划：适合于企业长期的总体发展目标，对企业有关人力资源开发与管理的总战略、总方针和总目标等进行系统的筹划。其特点是具有战略性和指导性，期限一般为5年至10年以上。

（2）中期人力资源规划：指1年以上5年以内的人力资源规划，介于长短期之间，其特点是适合于中长期的总体发展目标、方针、政策和措施的内容较多，但不像短期那样具体。

（3）短期人力资源规划：指季度、年度人力资源规划。特点是目的明确，内容十分具体，并具有一定的灵活性。

2. 按范围划分

（1）整体人力资源规划。

（2）部门人力资源规划。

（3）某项任务或工作的规划。

3. 按性质划分

(1) 战略性人力资源规划：具有总体性和长期性。

(2) 战术性人力资源规划：指具体的人力资源规划，主要包括人员补充计划，工资激励计划，退休解聘计划以及劳动关系计划等。

3.1.3 人力资源规划的内容

1. 总体规划

总体规划指在计划期内人力资源管理的总目标、总政策、实施步骤及总预算安排。

2. 业务计划

业务计划包括人员补充计划、人员使用计划、退休解聘计划、绩效评估及激励计划、劳动关系及员工参与、团队建设计划、教育培训计划。具体内容如表 3－1 所示。

表 3－1 人力资源规划内容

规划或计划分类	目 标	政策或办法、制度	预 算
总体规划	总目标：人员数量、质量、层次和结构	基本政策（扩员或收缩政策）	总预算
人员补充计划	类型与数量、结构、绩效	人员来源，人员的任职要求、基本待遇	招聘、选拔的费用
人员使用计划	各部门定岗定员的标准、绩效考评目标、轮岗制度目标	任职资格考核办法，聘用制度，轮岗考核制度，解聘方法	工资、福利、奖酬预算
退休解聘计划	减低老龄化程度，提高业务水平，降低劳动力成本	老职工退休政策、解聘程序，聘用担任顾问、调研员、督导员的政策办法	安置费、人员重置费、聘用老职工任新职的津贴等
绩效评估及激励计划	减少离职与跳槽率，提供绩效评估目标，提高员工士气与信心，增加员工积极性	激励政策、奖酬政策、工资政策、评估考核体系与办法	增资预算、奖金预算
劳动关系及员工参与、团队建设计划	改善管理人员与员工关系，提高员工主人翁意识与满意感、团队精神	参与管理的政策与办法，“合理化建议”奖励方法，团队建设的政策与措施	群众性团组活动的经费支持、奖励基金
教育培训计划	长期培训计划目标：素质提高与层次提高；短期培训计划目标：技能提高、新观念的培育等	培训时间、效果、考核的方法与对培训获证资格认定程序与使用办法	培训费及间接误工费

3.1.4 人力资源规划的作用

1. 确保企业发展中人力资源的需求

当今市场竞争日趋激烈，市场的竞争就是人才的竞争。在企业发展过程中，如果不能事先为企业发展提供各个阶段所需的人才，企业则不可避免地会出现人力短缺的现象，从而影响企业正常的生产活动。

2. 使人力资源管理活动有序化

在企业日常的人力资源管理活动中，无论是确定各种岗位上人员的需求量和供给量，还是职务的设计和人员的配置，不通过人力资源规划是很难实现的。所以，人力资源规划是企业人力资源管理具体活动的依据，为企业组织的录用、晋升、培训、人员调整以及人工成本的控制等项人力资源管理活动，提供准确的信息和依据，从而使企业人力资源管理活动走向科学化、有序化。

3. 提高人力资源的利用效率

人力资源规划还可以控制企业的人员结构、人员职务结构，从而避免企业发展过程中的人力资源浪费而造成的人工成本过高。所以，在没有人力资源规划的企业，企业的人工成本是不确定的，成本上升，企业效益下降，经营将陷入困境。

4. 有利于调动员工积极性和创造性

现代企业管理理论逐渐体现了以人为本的思想，要求在企业管理中，既要注重企业的利益，又要兼顾员工的个人利益。在实施人力资源规划的情况下，员工对自己在企业中的发展方向是已知的，从而在工作中表现出积极性和创造性。否则，员工工作目标性不强，对自己的个人利益和前途不明，工作积极性就会下降。

3.1.5 人力资源规划制定程序

人力资源规划是一个系统的程序，包括明确组织发展战略与目标、核查现有人力资源状况、预测人力资源的需求量、预测人力资源的供给量、确定组织人员净需求并制订行动方案、评价人力资源规划六个阶段，其中预测人力资源需求量、预测人力资源供给量和确定组织人员净需求并制订行动方案是规划的关键。

1. 明确组织发展战略与目标

组织人力资源规划应该服务于其发展战略目标。在制定人力资源规划时首先要明确组织发展的战略和目标，以及组织为完成这些目标需要的组织能力。例如，一个企业采取低成本战略时，人力资源规划应与之配合，制定以严格控制成本为目标的人力资源规划，保证企业有效地实施发展战略。

2. 核查现有人力资源状况

核查现有人力资源状况的关键在于核查人力资源的数量、质量、结构及分布状况。这一部分工作需要结合人力资源管理信息系统和职务分析的有关信息来进行。如果企业尚未建立人力资源管理信息系统，这步工作最好与建立该信息系统同时进行。一个良好的人力资源管理信息系统，应尽量包括员工个人和工作情况的资料，以备管理分析使用。人力资源信息应包括以下几个方面。

（1）个人情况，如姓名、性别、出生日期、身体状况、婚姻、民族等。

（2）录用资料，包括合同签订时间、候选人征募来源、管理经历、知识水平、特殊技能等。

（3）教育资料，包括受教育的程度、专业领域、各类培训证书等。

（4）工资资料，包括工资类别、等级、工资额以及对下次加薪日期和量的预测。

（5）工作执行评价，包括上次评价时间、评价或成绩报告、历次评价的原始资料等。

（6）工作经历，包括以往的工作单位和部门、学徒或特殊培训资料、升降职原因、有否受过处分及其原因和类型、最后一次内部转岗的资料等。

（7）服务与离职资料，包括任职时间跨度、离职次数及离职原因。

（8）工作态度，包括生产效率、质量状态、缺勤和迟到早退记录、有否建议及建议数量和被采纳数量，有否抱怨及抱怨频率和抱怨内容等。

（9）安全与事故资料，包括因工受伤和非因工受伤、伤害程度、事故次数以及类型和原因等。

（10）工作或职务情况。

（11）工作环境情况。

（12）工作或职务的历史资料等。

利用计算机进行管理的企业可以十分方便地存储和利用这些信息。这一阶段必须获取和参考的另一项重要的信息，是职务分析的有关信息情况。职务分析是企业人力资源管理五大要素（获取、整合、保持与激励、控制与调整、开发）中起核心作用的要素，是下一步工作的基础。职位分析明确地指出了每个职位应有的职务、责任、权力，以及履行这些职、责、权所需的资格条件，这些条件就是对员工的质上的水平要求。

3. 预测人力资源的需求量

人力资源规划的第三步是预测在某段时期组织需要人员的类型和数量。组织对人力资源的需求受到各种因素的影响。例如企业着手引进高新科技，改造生产流程时，可能会减少作业工人数量，增加对技术人员的需求。预测人力资源需求量就是确定某些因素的变化将对人员需求产生什么样的影响。

4. 预测人力资源的供给量

人力资源规划的第四步是预测人力资源的供给量，是企业在现有的员工供给的基础上，根据企业经营环境、生产技术、市场规模等因素的变化，确定出规划的各时间点上企业的职工人数，以及预测规划各时间点上各类人员的可供给量，这包括对企业内部人员的供给情况加以预测，也包括对企业外部相关人员的供给情况加以预测。即通过分析所需人员的供给情况，确定能向企业提供此类人员的数量与来源。

5. 确定组织人员净需求，制订行动方案

在确定人员的供给与需求之后，将两者进行对比，决定预测期内某一时期企业对人员的净需求，即预测的需求值与供给值之差。在对人员供给和需求进行平衡时，不仅要确定整个企业的净需求，而且要确定每一岗位的净需求，这是因为在总需求与总供给平衡的情况下，某些岗位的人员有可能短缺，而另一些岗位的人员则有剩余。这时要对人员短缺岗位对人员技能的需求与人员剩余岗位的剩余人员所拥有的技能进行比较，以便于在进一步的人力资源规划中采取相应的政策和措施，来解决人员剩余与短缺问题。例如，如果两者的技能相似，就可以把剩余人员调整到人员短缺的岗位上去。

6. 评价人力资源规划

虽然人力需求的结果只有过了预测期限才能得到最终检验，但为了给企业人力规划提供正确决策的可靠依据，有必要事先对预测结果进行初步评估。一般由专家、用户及有关部门主管人员组成评估组来完成评估工作。

评估者应考虑以下具体问题。

（1）预测所依据的信息的质量。

（2）预测所选择的主要因素的影响与人力需求的相关度。

（3）人力资源规划者熟悉人事问题的程度以及对规划的重视程度。

（4）人力资源规划者与提供数据和使用人力资源规划的人事、财务部门以及各业务部门经理之间的工作关系如何。

（5）在有关部门之间信息交流的难易程度。

（6）决策者对人力资源规划中提出的预测结果、行动方案和建议的利用程度。

（7）人力资源规划在决策者心目中的价值。

（8）规划实施的可行性。

任务二 企业人力资源的供求预测

任务描述

黄某是某化工公司的人力资源经理，要制订一份企业定员计划书。目前设备看管工、维修工有725人，行政文秘有103人，中层干部有59人，技工有58人，销售人员有43人，黄某在制订计划书时还收集了以下数据：近5年员工平均离职率4%，生产工人离职率为8%，技术和管理干部离职率为3%，同时按公司扩产计划，销售人员要增加10%~15%，工程技术人员要增加5%~6%，其他不变。

公司应采用何种方法核定设备看管工及维修工的定员人数?

知识支撑

预测是指对未来环境的分析。人力资源预测是指在企业的评估和预测的基础上，对未来一定时期内人力资源状况的假设。人力资源预测可分为人力资源需求预测和人力资源供给预测。人力资源需求预测是指企业为实现既定目标而对未来所需员工数量和种类的估算，人力资源供给预测是确定企业是否能够保证员工具有必要能力以及员工来自何处的预测的过程。

3.2 企业人力资源的需求预测

人力资源需求预测是企业为实现既定目标而对未来所需人员数量和类型的估计。由于内部环境（如改组、扩充、退休、离职等）或外部环境（如经济繁荣或萧条）的变化，使得企业在不同时期有不同的人力需求。人力资源需求正是根据这些环境因素的变化而发生变动。

3.2.1 人力资源的需求分析

人力资源需求分析可以从宏观和微观的不同角度去分析。宏观角度需要了解整个产业，甚至整个社会对人力资源的需求；微观角度只从企业本身去了解对人力资源的需求。从微观而言，虽然每一个企业面临的外部的社会经济因素相同，但这些外部因素对每一个企业可能有不同程度的影响。进行人力资源需求分析要考虑的因素有以下方面。

1. 销售量

销售量或生产量是决定人力资源需求的最重要的因素。在其他因素不发生变化的前提下，销售量或者生产量大，对人力资源的需求会增加，反之则会减少。

2. 市场需求

如果市场对产品需求量增加，企业为了提高产量必须增加人手和设备，因此对人力资源的需求会增加，反之则会减少。

3. 组织战略

如果企业采用成长战略，扩大生产规模或进入新的经营领域，则需要补充新的人员；如果企业采用防守战略，缩小生产规模或经营领域，则会减少用人。

4. 社会经济发展水平

社会经济发展水平提高，所需要的人力资源也会改变。

5. 生产技术

如果生产技术改变，例如采用自动化设备，由于机器取代人力，会减少对某些人力资源的需求（如操作工人），或增加对某些人力资源的需求（如机械保养和维修人员）。

6. 管理技巧

企业如果采用新的管理技巧，使生产力和效率提高，也会造成人力资源需求的变化。

7. 人力资源自身的因素

企业人员的状况对人力资源需求也有重要影响。例如：退休、辞职、辞退人员的多寡，合同期满后终止合同，死亡、休假人数等都直接影响人力资源需求量。

3.2.2 常用的人力资源需求预测方法

1. 定性的分析方法

（1）现状规划法。

这是一种最简单的预测方法，它是假定企业保持原有的生产规模和生产技术，企业的人力资源也处于相对稳定状态，即企业目前各种人员的配备比例和人员的总数完全能适应预测规划期内人力资源的需要。在此预测方法中，人力资源规划人员所要做的工作就是测算出在规划期内有哪些人员或岗位上的人将得到晋升、降职、退休或调出本企业的情况，再准备调节人员去弥补就行了，适用于短期人力资源规划预测。

（2）经验预测方法。

有人把这种方法叫作“天才方法”，它也是一种常使用的方法。这种方法完全依赖预测者个人或小组的特性，即依赖于他们的经验、智力和判断力。一般进行预测的人是这一领域的专家，因他们对这一领域的具体细节和总体情况都有较多的了解。也可以采用一组人进行预测，这样可以得到大量信息。集中大家的智慧，以取得一致的意见，但有时信息太多也可能冲淡主题，并有成本太高、成员间的互相影响、权威人士会限制其他人的创造性思维等缺点。

（3）德尔菲法。

德尔菲法是有关专家对企业某一方面的发展的观点达成一致的结构性方法。使用该方法的目的是通过综合专家们各自的意见来预测某一方面的发展。

德尔菲法应注意的以下几个方面。

①由于专家组成员之间存在身份和地位上的差别以及其他社会原因，有可能使其中一些人因不愿批评或否定其他人的观点而放弃自己的合理主张。要防止这类问题的出现，必须避免专家们面对面的集体讨论，而是由专家单独提出意见。

②对专家的选择应基于其对企业内外部情况的了解程度。专家可以是第一线的管理人员，也可以是企业高层管理人员和外请专家。例如，在估计未来企业对劳动力需求时，企业可以选择人事、计划、市场、生产及销售部门的经理作为专家。

德尔菲法的基本原理按预测的程序可简要地概括为四步。

首先，作预测筹划。

其次，由专家进行预测。预测小组把包含预测项目的预测表及有关背景材料寄送给各位专家，各专家以匿名方式独自对问题做出判断或预测。

再次，进行统计与反馈。专家意见汇总后，预测小组对各专家意见进行统计分析，综合成新的预测表，并把它再分别寄送给各位专家，由专家们对新预测表做出第二轮判断或预测。如此反复须经过几轮，通常为 3 ~4 轮，专家的意见趋于一致。

最后，表述预测结果。即由预测小组把经过几轮专家预测而形成的结果以文字或图表的形式表现出来。

德尔菲法的特征如下。

①吸收专家参与预测，充分利用专家的经验和学识。

②采用匿名或背靠背的方式，能使每一位专家独立自由地做出自己的判断。

③预测过程通过几轮反馈，使专家的意见逐渐趋同。

德尔菲法的这些特点使它成为一种最为有效的判断预测法。

利用德尔菲法进行人力资源的需求预测应注意以下原则。

①为专家提供充分的信息，使其有足够的根据做出判断。例如，为专家提供所收

集的有关企业人员安排及经营趋势的历史资料和统计分析结果等。

②所提的问题应是专家能够回答的问题。

③允许专家粗略地估计数字，不要求精确。但可以要求专家说明预计数字的准确程度。

④尽可能将过程简化，不问与预测无关的问题。

⑤保证所有专家能够从同一角度去理解员工分类和其他有关定义。

⑥向专家讲明预测对企业和下属单位的意义，以争取他们对德尔菲法的支持。

2. 定量的分析方法

（1）工作负荷预测。

这种方法是运用科学的分析方法计算每种工作所需的标准时间，再估计在计划期内每项工作的工作量，推算出所需要的人时数，然后根据实际每人每年的工作时数推算所需人力。对于重复操作的工作，这种方法的应用没有什么困难，不过，有些工作内容多变，标准不易评价，工作量难以精确衡量，只能粗略估计作为参考。企业引进新设备、新工艺、新方法时，工作负荷数据要重新核实。用工作负荷预测人力资源需求时的计算公式如下：

$$\text{人员需要量}=\frac{\text{完成生产任务所需总工时}}{\text{每人每年的平均有效工时}}$$

完成生产任务所需总工时 = 计划期的生产量 × 单位产品工时定额

每人每年的平均有效工时 = 全年工作天数 × 每天工作时数 × 工时利用率

（2）趋势分析法。

这种方法的基本思想是，确定企业中哪一种因素与人员数量和构成的关系最紧密，然后找出过去这一因素随人员数量变动的变化趋势，由此推算出将来的人员需求数量。对趋势预测必须配合经验判断，才能做出最合理的预测。

（3）比例分析法。

这种分析方法是通过计算企业因素和所需要的人员数量之间的一个精确比例来确定未来人力资源需求。例如，企业对销售人员的需求可以销售额与销售人员的比例为基础来预测。如果过去几年每年的销售额是 500 万元，销售人员有 10 人，则销售额与销售人员的比例就为 50 : 1，这个比例表明，企业对于每 50 万元的销售额就需要 1 名销售人员。企业如果需要将明年的销售额提高 100 万元，那就需要另外增加 2 名销售人员。

（4）一元线性回归分析法。

当人力资源的历年数据呈较有规律的近似直线趋势分布时，可建立数学模型 $y=a+bx$，来预测未来的人力资源需求。

运用此方法时，要满足一定的条件，即人力资源的增减趋势保持不变，内、外环境因素相对稳定，因而此方法虽较简单实用，但有一定的局限性。

例：某中型公司过去10年的人力资源数据如表3-2所示，假设今后公司仍保持这种发展趋势，预测今后第三年、第五年所需的人数。

表3-2 某公司过去10年人员数量

年度 x	1	2	3	4	5	6	7	8	9	10
人数 y	500	480	490	510	520	540	560	550	580	620

根据$a=(\sum y)/n-b(\sum x)/n$

$b=[n(\sum xy)-\sum x\sum y]/[n(\sum xx)-\sum x\sum x]$

求得：$a=465.98$ $b=12.55$

依据 $y=a+bx$

求得未来第三年所需的人员数为：

$y=465.98+12.55\times(10+3)=629.13\approx630$（人）

未来第五年所需人员数为：

$y=465.98+12.55\times(10+5)=654.23\approx655$（人）

3.3 企业人力资源的供给预测

人力资源供给分析考虑两个人力资源的来源，内部资源与外部资源。供给预测一般是由对于当前企业内部人力资源进行技能清单分析开始的，这是对企业当前雇用的雇员的人数和技能进行的清点。第二步是在当前供给的基础上对未来的供给进行预测。这样，企业就可以了解在预测年内还会有多少雇员留在企业继续服务。在这期间，必然有的雇员会退休、会被提升、会调换职位、会离开企业。预测人力资源的供给就是要搞清楚企业内部的这些流动，从而对未来的人力资源供给进行调整。

人力资源供给预测是确定企业是否能够保证人员具有必要的能力，以及人员来自哪里的过程。人力资源供给预测又分为外部人力资源供给预测和内部人力资源供给预测，即可以从微观和宏观两个角度分析。

3.3.1 内部人力资源供给预测

企业内部人力资源供给预测主要是分析在计划期内将有多少人员留在他们的职位上，有多少人员流动到其他的职位上（如晋升、降职或平调），有多少人员离开企业。这些预测一般是以过去的流动率趋势为基础进行的。

1. 企业内部人力资源供给预测需要考虑的因素

（1）人员离职与流失。

企业内每年都会有员工离职与流失的情况，这对企业内部人力资源供给预测有很大的影响。一般说来，员工离职可能是由企业外部的吸引力引起的，如转到其他企业工作可以获得更高的收入或更有前途的发展机会。但员工离职也可能是由企业内部问题引起的，如工作压力大、人际关系紧张、不能适应工作、对工作失去兴趣等。

（2）在职人员的年龄分布。

在职人员的年龄分布情况对企业人力资源供给预测的影响较大。企业员工年龄分布有两种状况，一种是随着年龄的增加员工人数增加（如图3－1（a）所示），另一种是随着年龄增加员工人数减少（如图3－1（b）所示）。

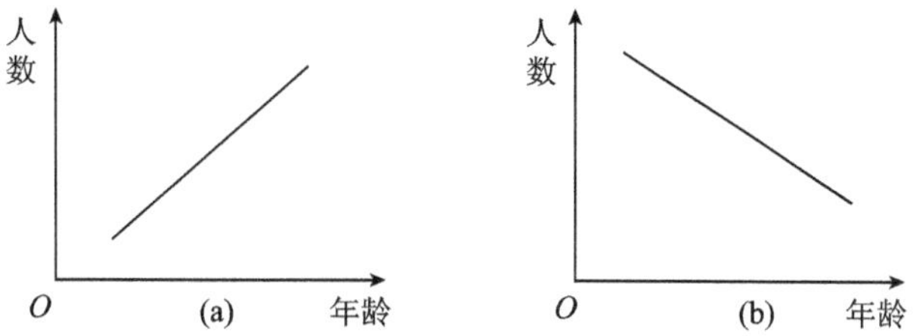

图3－1　组织员工年龄分布

在图3－1（a）中，年龄越大的员工比例越高，不久的将来会有较多的员工退休，人力资源供给会大幅度减少。在图3－1（b）中，年龄越小的员工比例越高，企业虽然不会因为有大量的员工退休而面临严重的人力资源短缺问题，但是年轻员工流动性大，对人力资源供给仍有一定的影响。

（3）企业内部人员的流动。

企业内部人员的流动包括升职、降职和内部水平调动三种情况，那么对每个部门的供给情况就会有影响。

（4）现有人力资源的运用情况。

人力资源运用情况有员工的工作负荷情况是否饱满或者超负荷、员工的缺勤状况、工时利用情况、部门之间是否存在分工不平衡的情况等，若缺勤情况严重且不能改善，可能会影响企业的人力资源供给。

2. 常用人力资源供给预测的方法

（1）马尔可夫分析法。

对于内部人力资源供给预测，马尔可夫分析是预测的一个方法，尽管这种方法在理论上很复杂，但人们只要学会其过程然后加以应用便可。该方法的基本思想是：找出过去人事变动的规律，以此来推测未来的人事变动形势。下面我们以某公司人事变动作为例子来加以说明（如表3－3所示）。

表 3-3　某公司人力资源供给的马尔可夫分析 1

变动岗位	人员调动的概率				
	a	b	c	d	离职
高层领导 A.	0.80				0.20
基层领导 B.	0.10	0.70			0.20
高级技术人员 C.		0.05	0.80	0.05	0.10
中级技术人员 D.			0.15	0.65	0.20

表 3-3 表明，在任何一年里，平均 80% 的高层领导人仍在该公司内，而有 20% 退出；有 70% 的基层领导留在原工作岗位，10% 的升为高层领导，20% 离职；有 80% 的高级技术人员留在原工作岗位，5% 的升为基层领导，10% 的离职；大约 65% 的中级技术人员留在原工作岗位，15% 被提升为高级技术人员，20% 离职。用这些历年数据来代表某一种工作中人员变动的概率，就可以推测出来未来的人员变动（供给量）情况。将计划初期每一种工作的人员数量与每一种工作的人员变动概率相乘，然后纵向相加，即得到企业内部未来劳动力的净供给量（见表 3-4）。

表 3-4　某公司人力资源供给的马尔可夫分析 2

变动岗位	初期人员数量	a	b	c	d	离职
高层领导 A.	40	32				8
基层领导 B.	80	8	56			16
高级技术人员 C.	120		6	96	6	12
中级技术人员 D.	160			24	104	32
预计的人员供给量		40	62	120	110	68

（2）技能清单法。

在预测未来需要多少及需要什么样的雇员之前，必须对当前企业所有的人力资源和他们的技能状况进行清点。通过计划过程对职位需求的分析，就可以得到未来企业的需求了。而通过评估现有人员的技能，并将其与需要的技能进行对比，就可以得出未来的职位需求信息了。

企业了解自己人力资源储备的最古老和最常用的方法是技能清单法。技能清单法是对每一个雇员的技能、能力、潜力、资格、教育水平、智力和培训进行登记的一种方法。一般来说，技能清单包括雇员的名字、性别、年龄、个人爱好及其技能、培训和相关经历。在过去，技能清单常常是用手工登记的，现在随着计算机的普及，越来越多的工作是通过计算机完成的。技能清单是帮助管理者了解其雇员信息的重要资料，在使用计算机之后，建立了雇员信息数据库，管理者可以随时随地了解这些信息。在进行预测的决策中，这些信息对管理者有很大的帮助。

（3）人员替换图。

一些企业利用人员替换图来对每一位内部候选人进行跟踪，以便为企业内重要的职位挑选候选人员。人员替换图记录各个管理人员的工作绩效、晋升的可能性和所需要的训练等内容，由此来决定哪些人员可以补充企业的重要职位空缺。这一方法的操作过程是：确定计划包括的工作岗位范围，确定每个关键职位上的接替人选，评价接替人选目前的工作情况和是否达到提升的要求，确定职业发展需要，并将个人的职业目标与企业目标相结合。其最终目标是确保企业未来能够有足够的合格的管理人员的供给。

（4）现状核查法。

①对企业的工作职位进行分类，划分其级别。

②确定每一职位每一级别的人数。

例：某企业把企业员工划分为：A. 管理类，B. 技术类，C. 服务类，D. 操作类，一共 4 类职系，每类职系 4 个级别。以某岗位为例，第一级别 2 人，第二级别 9 人，第三级别 26 人，第四级别 61 人，其员工职位、级别状况如图 3－2 所示。

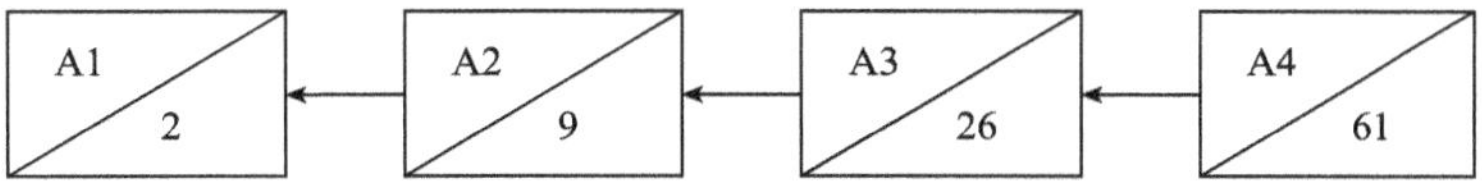

图 3－2　员工职位、级别状况

思考：你认为各种预测方法的优缺点是什么？

3.3.2　外部人力资源的供给预测

组织职位空缺不可能完全通过内部供给解决，企业人员因各种主观或自然原因退出工作岗位是不可抗拒的规律，这必然需要企业不断地从外部补充人员。

影响企业外部人力资源供给的因素主要有以下几方面。

1. 人口现状

人口现状直接决定了企业外部现有人力供给状况，其主要影响因素包括人口数量、人口年龄和素质结构、现有劳动力参与率等。

2. 劳动力市场发育程度

劳动力市场发育好，将有利于劳动力自由进入市场，由市场工资率引导劳动力的合理流动，消除人为因素对劳动力流动的影响，增强预测的客观性和准确性。劳动力市场发育不健全，势必影响人力资源的优化配置，给预测带来困难。

3. 社会就业意识和择业偏好

如应届大学毕业生普遍存在对职业期望值过高的现象，大多数人希望进国家机关、大公司或合资企业，希望从事工作条件舒适，劳动报酬优厚的职业，不愿从事厂矿企业一般岗位工作。一些城市失业人员宁愿失业也不愿从事一些苦、脏、累、险的工作。

4. 地区吸引力

企业所在地的经济发展水平、气候、安全等方面因素，也是人员流动的重要影响因素。

3.4 企业人力资源的供给和需求平衡

在人力资源的需求和供给的预测完成之后，还需要进行一系列的人力资源管理决策。如图3－3所示就是对这些决策的一个概述。在所有的决策中，无论是人员过剩，还是人员不足，《中华人民共和国劳动法》是统领一切的纲领。

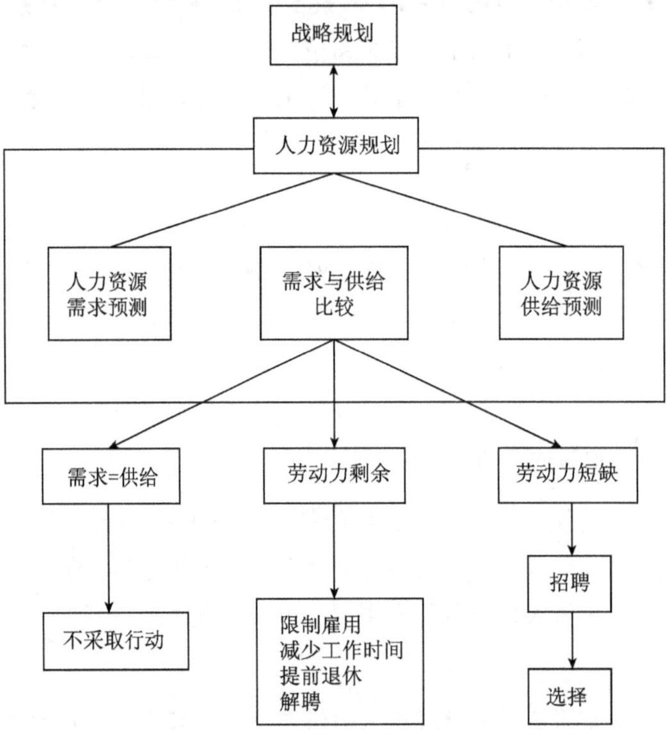

图3－3 人力资源供给均衡决策过程

3.4.1 在需求与供给吻合时的决策

有时候，对员工的需求和供给的预测恰恰吻合，当然，这种情形是比较少见的。而且，即使总供给和总需求能够吻合，在分组的供给和需求方面，肯定也会有不吻合之处。如在不同职位之间、在不同技能之间、在不同的工作地点之间都可能存在不吻合。这时，人力资源平衡管理的工作就会涉及晋升、降级、调换职位、培训等。

3.4.2 在员工人数短缺（需求大于供给）时的决策

当企业内部对人力资源的需求增加或需求大于供给，表明将出现人力资源短缺，组织应采取措施使供需达到平衡，以下是几种常用的方法。

1. 延长工作时间

解决工作中短期人员短缺问题最常用的方法是加班加点，加班加点对企业和员工双方都有好处，企业省去了招聘和培训等活动的费用，员工可以增加收入。不过，过度的加班加点会使员工变得疲劳，不仅不能高效率地完成工作任务，而且不能保证工作质量。特别应注意，长期加班加点会使员工习惯于由于加班加点收入增加的情况，当不再需要加班加点并且收入减少时，可能会引起员工的不满。

2. 聘请临时工

聘请临时工对企业有多种好处，不仅可以保持随工作负荷变动的灵活性，还可以节省培训、人员流动及员工福利方面的费用。

3. 重新设计工作和改进技术

对工作重新进行设计，简化工作程序，或者采用自动化程度更高的先进技术，利用计算机，这样可以减少用人，解决人手短缺的问题。

4. 培训员工和完善激励计划

对员工进行培训，提高他们的工作技能和工作熟练程度，从而提高工作效率，或者改进激励计划，调动员工的工作积极性，也可以解决人手不足的问题。

5. 制定招聘政策

向企业外进行招聘，这是解决人员短缺最直接的方法。但是这样成本会比较高，效率比较低，可能花费了很长时间招聘来的人经过一段时间的培训仍不能胜任工作，还有可能出现更严重的情况——跳槽。

3.4.3 在员工过剩（需求小于供给）情形下的对策

对于人力资源管理部门来说，解决人力资源过剩是一件很难的事情，尤其是那些被裁掉的人常常是无辜的，不过这也是没有办法的。经济发展总是会呈现波动，在经济发展进入低潮时，即使是知名企业，也会被迫采取裁减员工的决策。

在员工过剩情形下常常采用以下对策。

1. 限制聘用

限制聘用即采用“只出不进”的方法逐渐减少企业的富余人员，连续几年减少招聘人数，这种措施适合富余人员不多且在短期内能够消化的情况。

2. 提前退休

让现有部分员工（如接近退休年龄）提前退休也是减少富余人员数量的一种途径。提供有足够吸引力的退休条件（如给予补偿金）可以使原本不愿意提前退休的员工接受提前退休。对年轻人则提供培训机会鼓励他们自谋职业或转到其他单位。

3. 减少工作时间或工作量

由于市场需求下降而导致订单减少，企业可以相应减少工作时间或减少工作量，如将每个员工每天的工作时间由 8 小时减为 6 小时。由于工作时间和工作量减少，工资也要相应减少。这种办法只适合于一般工人，不适合月薪制的管理者和专业技术人员。

4. 人才储备

对有一技之长的专业技术人员不可轻易辞退，特别是对于企业在不久的将来很有可能用得上的人才。在不景气时将这些人才辞退容易，将来需要时再把他们请回来就困难了，如果被竞争对手抢去还会对企业构成威胁。因此，从长远考虑，应该将这些人才储备起来，如送他们深造、承担科研项目等。

5. 暂时解聘

暂时解聘是指员工暂时不被聘用，当经济复苏时又回到企业工作。决定暂时解聘的因素包括年龄大小、生产率水平、职位高低、派别关系等。对管理者和专业技术人员来说可能依据的是工作能力。

6. 永久性的裁减或辞退员工

裁员对企业来说是一种浪费，因为失去以往所栽培的人才会对企业造成很大的冲击，员工也会在裁员中受到很大冲击。

良好的人力资源计划可以避免人员过剩的现象出现，即使要裁员，也是通过自然削减的方式，如退休、自动离职等，或者提供补偿金鼓励年老员工提早退休，提供培训机会使年轻员工转到其他组织工作。

小资料

《企业经济性裁减人员规定》于 1994 年 11 月 14 日正式颁布。当用人单位濒临破产，被人民法院宣告进入法定整顿期间或者生产经营发生严重困难，达到当地政府规定的严重困难企业标准，确需裁减人员的，可以减员。但是用人单位必须提前 30 日向工会或全体职工说明情况，提出裁减人员的方案，征求工会或全体职工的意见。

任务三　人力资源规划的控制与评价

任务描述

A 企业是一个成长速度比较快的高科技企业，上一年年初，企业高层与人力资源部共同配合，并聘请专业咨询机构，为企业制定了比较完善的人力资源规划，规划的执行一直运行良好。但是，最近几个月出现了一些问题，让企业管理层十分头疼：（1）企业的关键技术职位似乎出现了人才短缺现象，让企业在产品质量方面日益觉得有些力不从心；（2）近几个月，企业的关键员工流失比较多。尤其是几个非常优秀的关键职位员工的跳槽，让 A 企业觉得猝不及防。A 企业觉得自身的发展走入了瓶颈。

A 企业的人力资源管理的问题到底出现在哪里?

知识支撑

对于高速成长状态的高新技术企业，企业战略处于不断的调整中，由于技术的更新比较迅速，对关键技术职位员工的需求规划和培训规划需要不断进行相应调整。而且，市场的人力资源供求状况也处于不断变化的状态，企业应当据此对人员的激励方式作相应的调整，否则，关键员工就非常容易流失。因此，企业需要对人力资源规划进行动态监控与评估，使人力资源规划在变化的内外环境下与企业的战略保持动态一致。

3.5　人力资源规划的控制与评价

人力资源规划的控制与评价的基本目的就是保证组织最初所制定的人力资源规划与其具体实施过程的动态变化实时地相互适应。

3.5.1　控制与评价的过程

为了保障人力资源规划控制与评价目的的实现，使得人力资源规划的实施效果尽量符合人力资源战略的预期目的，人力资源规划的控制与评价过程一般分为以下四步。

1. 制定人力资源规划效益标准

在确定效益标准之前，企业需要评价已经制定的人力资源规划，明确企业目前需要努力的方向，清楚实现目标必须完成的工作任务，从而找出人力资源规划评价的重点应该放在那些可以确保人力资源规划顺利实施的环节上。企业常用的人力资源衡量标准有：员工流失率、员工结构比率、劳动市场供给情况、企业招聘信誉度、求职率、招聘成本、员工素质、劳动生产率等。

2. 衡量分析实际人力资源规划效益

企业主要是判断与衡量实现人力资源规划效益的实际条件，将各种人力资源的数据资料加以收集并进行很好的处理，不断检测内部人力资源条件和外部人力资源状况的变化。比较而言，内部人力资源效益参数易于观察，但管理人员对外部人力资源规划基础的变化反应较慢，对变化信息的敏感度表现比较迟钝。

3. 定量、定性评价实际人力资源规划效益状况

企业管理人员通过将实际的人力资源规划效益和计划的规划效益相互比较，分析出二者之间的差异。在此基础上，通过一系列手段来分析出形成差距的原因。目前，越来越多的企业开始有机地结合定性、定量工具和方法来保证对实际人力资源规划的效益状况给予客观的评价。

4. 修正措施和应变手段

企业采取的修正措施和应变手段往往采取三种方式：第一种方式为常规方式。企业按照以前程序性的处理方法来对付出现的差异，这种方式也是组织在实施人力资源规划控制与评价采用最多的一种方式。第二种方式为解决问题方式。企业管理人员专门针对人力资源规划实践中出现的问题或者机会进行专题分析、突击解决，此方法能做到反应迅速。第三种方式为专家模型方式。企业根据其他企业实施人力资源规划的经验和本企业的具体情况，组织有关专家对可能出现的问题建立专家应急模型，当有关问题真的出现时企业能及时响应。

3.5.2 人力资源规划的评价

在对人力资源规划进行评价时，需要从三个方面进行，具体如下。

1. 本规划是否进行了如实的执行

规划的监督人对规划进行定期检查以保证有关部门如实执行规划。如人员招聘情况如何等。

2. 人力资源规划的合理性问题

可以从以下几个方面对人力资源规划的合理性进行间接的判断。

（1）人力资源规划者对问题的重视程度和熟悉程度。规划者对人力资源问题的重视程度越高、熟悉程度越高，人力资源规划的合理性就越大。

（2）人力资源规划者与提供数据者以及使用人力资源规划的管理人员之间的工作关系。这三者之间的关系越好，制定的人力资源规划就可能越合理。

（3）人力资源规划与相关部门进行信息交流的难易程度。信息交流越容易，越可能制定出合理的人力资源规划。

（4）人力资源规划在管理人员心目中的地位和价值。管理人员越重视人力资源规划，人力资源规划者也就越重视人力资源规划的制定过程，制定的规划才能客观、合理。

3. 行动的结果与人力资源规划对照后的差距

将行动的结果与人力资源规划进行对照比较，通过发现规划与现实之间的差距来指导以后的人力资源规划活动。

在评价时可以通过以下方面的比较来鉴别。

（1）实际招聘人数与预测需求人数的比较。

（2）劳动生产率的实际提高水平与计划提高水平的比较。

（3）实际的执行方案与规划的执行方案的比较。

（4）实际的人员流动率与计划的人员流动率的比较。

（5）实施行动方案后的实际结果与预测结果的比较。

（6）劳动力的实际成本与计划成本的比较。

（7）行动方案收益与成本的比较。

在对人力资源规划的审查与评价过程中还要注意选择正确的方法，以保证评价的客观、公正与准确。

3.5.3 反馈

对评价的结果进行及时的反馈是实行人力资源规划不可缺少的步骤。通过反馈，我们可以知道原规划的不足之处，对规划进行动态的跟踪与修改，使其更符合实际，更好地促进企业目标的实现。

一个假设的人力资源系统中的审核与评估过程包括以下方面。

1. 目标

如今后两年将企业管理干部的平均年龄降低到40岁以内。

2. 政策

重视对年轻人才的培养和使用，选聘和提拔年轻人进入管理层。

3. 方案

加强对现任管理干部的人力资源规划：选择优秀的一线员工接受管理人力资源规划及其他人力资源规划；在招聘工作中向有管理经验的年轻人倾斜；对现任管理干部进行规划，通过退休、聘为顾问等途径有计划地使大部分年龄高于50岁的干部退出现任管理岗位。

方案评价应在两年以后进行。

评价的主要问题如下。

（1）我们最初的目标（两年内管理干部的平均年龄降低到40岁）定得太高吗？

（2）企业是否真正重视管理干部的年轻化？

（3）是否真正愿意为年轻人提供展示才能的舞台？

（4）多大比例的现任管理干部参加了高级管理人力资源规划？

（5）参加这种人力资源规划的干部的平均年龄是多大？

课程回顾

本章讲述了人力资源规划的含义、分类、内容；说明了人力资源规划的作用及程序；并强调了人力资源的需求与供给预测及需求与供给的平衡政策。

温故知新

一、单项选择题

1. 广义人力资源规划是企业所有人力资源计划的总称，是（　）的统一。
   A. 战略计划与战术计划　　B. 战略规划与组织规划
   C. 人员计划与组织规划　　D. 费用计划与人员计划
2. 人力资源规划在整个人力资源管理活动中占有（　）。
   A. 一般地位　　B. 特殊地位
   C. 重要地位　　D. 必要地位
   E. 突出位置
3. （　）是对企业人力资源开发和利用的大政方针、政策和策略的规定。
   A. 人力资源培训规划　　B. 人力资源费用计划
   C. 人力资源战略规划　　D. 人力资源制度规划
4. 战略规划是企业人力资源具体计划的（　），是事关全局的关键性规划。
   A. 组织　　B. 核心
   C. 制度　　D. 规章

5. ( ) 是对企业总体框架的设计。

A. 战略规划　　B. 组织规划

C. 人员规划　　D. 岗位规划

6. ( ) 是对企业人工成本和人力资源管理费用的整体规划。

A. 人员规划　　B. 制度规划

C. 费用规划　　D. 战略规划

7. ( ) 是对企业人员总量、构成、流动的整体规划。

A. 人力规划　　B. 人员规划

C. 资源劳动力规划　　D. 市场劳动力规划

8. 1～5 年的人力资源规划称为 ( )。

A. 长期规划　　B. 中期规划

C. 短期规划　　D. 组织规划

9. 人力资源规划又被称为人力资源管理活动的 ( )。

A. 纽带　　B. 手段

C. 方法　　D. 策略

E. 目标

10. 狭义的人力资源规划实质上是 ( )。

A. 企业人力资源永久开发规划　　B. 企业组织变革与组织发展规划

C. 企业人力资源制度改革规划　　D. 企业各类人员需求的补充规划

二、多项选择题

1. 实现企业人力资源管理基本职能中保持职能的活动包括 ( )。

A. 营造良好的企业文化氛围　　B. 有效地激励员工

C. 为员工提供健康、舒适的环境　　D. 提出人员补充计划

E. 保持员工有效工作的积极性、主动性

2. 从规划的期限上看，人力资源规划可分为 ( )。

A. 长期规划　　B. 人力资源费用规划

C. 中期规划　　D. 企业组织变革规划

E. 短期规划

3. 人力资源费用规划的内容包括 ( )。

A. 人力资源费用的预算　　B. 人力资源费用的审核

C. 人力资源费用的核算　　D. 人力资源费用的控制

E. 人力资源费用的结算

4. 从内容上看，人力资源规划可分为 ( )。

A. 组织规划　　B. 企业组织变革规划

C. 人员规划　　　　　　　　　　　D. 人力资源费用规划

E. 战略规划

5. 根据狭义人力资源规划的内涵，其任务在于根据企业内外环境和条件的变化，运用科学的方法（　）。

A. 对企业人力资源的需求和供给进行预测

B. 使企业人力资源供给和需求达到平衡

C. 实现人力资源的合理配置

D. 制定相宜的政策和措施

E. 有效激励员工

三、简答题

1. 人力资源规划的作用是什么?
2. 人力资源规划的程序是什么?
3. 影响人力资源需求的因素有哪些?
4. 影响人力资源外部供给的因素有哪些?

四、讨论题

怎样使人力资源供求达到平衡?

五、案例分析题

某公司最近决定在荷兰新开设一家工厂，以发挥其竞争优势。该公司一个重要的竞争优势是在荷兰已经有现成的生产设施；另一个优势是该公司对荷兰的劳动力具有很大的吸引力。该公司在建厂前进行了周密的战略研究。当然，它所关注的重要因素之一，就是合格的人力资源的供给问题，公司怎样做才能使今后10年乃至20年的劳动力供给与公司的发展特点相适应。因为荷兰工人的基本特点是：在工作生涯中，并不习惯从一个地点移动到另一个地点，因此员工的工作调动很是困难，而员工的更换几乎是不可能的。

鉴于这些因素，为保持其竞争优势，该公司正在试图制定一个切实可行的人力资源规划，并且结合现有生产工人的特点，拟采用工作轮换和工作丰富化的组织措施，以提高人力资源的机动性和适用性。

资料来源：http：//www. docin. com/p－426549915. html（有改动）.

请回答下列问题：

（1）该公司应如何制定使全公司绩效最优化的人力资源规划?

（2）该公司怎样才能使工作丰富化?

六、实训训练

选择一种合适的人力资源规划的方法对企业进行人力资源规划。

1. 进入企业，服从企业实训指导老师安排。

2. 了解企业人力资源规划方面的情况；调查过程中要做好记录，特别要整理好原始资料。

3. 对企业的人力资源规划情况进行分析，可以采用以下思路：

（1）该企业的基本情况；

（2）预测企业未来人力资源的供给；

（3）预测企业未来对人力资源的需求；

（4）确定企业人力资源的需求量；

（5）制定人力资源规划的措施和项目；

（6）编制企业人力资源规划；

（7）评估人力资源规划。

收获与建议

通过本章学习学生能够对人力资源供给与需求预测进行计算，知道人力资源规划的整个编制流程，能够协助企业人力资源部门完成人力资源规划的编制。

项目四　员工招聘与甄选

学习指南

1. 岗位要求

编制招聘方案，做出甄选结果。

2. 素质能力标准

熟悉招聘的渠道和程序，学会使用招聘和甄选的各种工具，会运用招聘和甄选的技巧。

3. 学习任务

任务一　员工招聘与甄选概述

任务二　员工招聘的渠道类别与选择

任务三　员工测试与甄选

任务四　员工录用和招聘评价

4. 知识点

招聘的含义和原则、招聘的渠道类别与选择、员工测试与甄选、员工录用、招聘评价。

5. 技能点

应聘人员选拔、校园招聘、员工录用管理。

6. 学习重点、难点

重点：员工招聘的渠道类别与选择，员工测试与甄选。

难点：员工招聘的渠道类别与选择，员工测试与甄选，录用和招聘评价。

任务一 员工招聘与甄选概述

任务描述

H公司成立八年多来，业务量日益增长，市场逐渐扩大。前一段时间，公司新添加了一些新产品的制造业务，同时也增设了相应的新岗位。因此，人力资源部门的李经理向刘总提出了招聘的要求。这一建议得到了刘总的支持。现有的在职员工的知识素质、技能似乎还差一截。因此，李经理想利用此次机会招聘优秀的外部人才为公司新产品的生产制造注入新的活力。招进来的员工共6个，公司提供的薪水并不低，工作环境也还比较理想，但时间不长应聘人员就提出了换岗或者干脆主动放弃该工作机会。李经理找来部门主管，发现岗位设置不大合理，新招的员工具有良好的专业背景，并且拥有相关工作经验，他们的能力要求超过了这些岗位对员工的技能要求。因此，许多人认为工作没有挑战性，很难获得工作成就感，于是提出了辞职的要求。

此次招聘李经理及其招聘小组的问题出现在哪里？

知识支撑

在现代市场经济条件下，知识经济的来临和经济全球化进程的加快，劳动力市场逐步从买方市场进入卖方市场，劳动力的性质和结构也发生了巨大变化。真正有才华的管理人才和创新人才显得日益重要，人才不足，成为制约企业发展的瓶颈，正如一个球队一样，如果没有得力的队员，要想取得优异的成绩、击败竞争对手是何等的困难。因此，企业的人员招聘工作面临巨大的挑战。成功的企业将是那些善于将最优秀、最适合的人才招聘到企业，并安排到最合适的岗位上的明智企业。

思考：招聘如何给企业带来竞争优势？

4.1 企业员工招聘的含义和原则

4.1.1 企业员工招聘的含义

1. 员工招聘的含义

企业员工招聘是按照企业经营战略规划及人力资源规划的要求，把优秀、合适的人才招聘进企业，把合适的人放在合适的岗位。做好员工招聘工作是十分复杂的，涉及企业政策的制定、招聘渠道的选择、求职申请表的设计、面试的技巧、招聘方法的选择、员工的录用及招聘评价等。专家认为，招聘就像一场冒险、一场赌博。如果只通过见面、谈话确定人选，其可信度只有38%，加上心理测评、取证，全过程成功率也只有66%。也就是说，工作做足了，才刚刚及格。所以，一定要在招聘中做得更专业一点，招聘面试是否专业、科学，直接影响着企业形象。

2. 员工招聘的目的

员工招聘的目的是为了及时满足企业发展的需要，弥补岗位的空缺。因此，招聘最直接的目的是获得企业所需要的人，其次还要尽可能降低成本、规范招聘行为和确保录用人员质量，减少员工流失率。所以，正确地选拔人才可以给企业带来竞争优势，既能降低企业成本，又能吸引合格人才并可降低流失率，从而创建一支文化更加多样性的队伍。

3. 员工招聘的原因

（1）企业刚成立。

（2）现有职位因各种原因发生空缺。

（3）调整不合理的员工队伍。

4.1.2 企业员工招聘的原则

1. 效率优先原则

效率优先是市场经济条件下一切经济活动的内在准则。只有提高效率，企业才能在激烈的市场经济中赢得主动权，人员招聘也不例外。一个好的招聘系统，表现在效益上就是用最少的成本获得适合职位的最佳人选的过程，即力争用最尽可能少的招聘费用，录用到高素质、适合企业需要的人员；或者可以说，以尽可能低的招聘成本录用到同样素质的人员。如目前大多数企业采用“内部选拔”为主的政策，大大降低了招聘风险和招聘成本。

2. 双向选择的原则

双向选择是目前市场上人力资源配置的基本原则。它是指用人单位根据企业自身发展的需要自主选择人员，同时应聘者又可以根据自身的能力和意愿，结合市场劳动力供需状况自主选择职业，即单位自主择人，劳动者自主择业。

招聘中的双向选择原则，一方面，要求企业在招聘过程中严格按照招聘程序进行招聘，让应聘者能够更充分地对企业进行了解，给应聘者提供更多的表现机会，工作中，改善自身形象，增强自身吸引力；另一方面，要求应聘者客观地评价自己，了解招聘程序，在招聘竞争中取胜。

应聘者对企业不切实际的期望越高，在他进入企业后，他的失望也就会越大。这种状况可能会导致员工对企业的不满，甚至离职，必然造成企业招聘成本的提高。

3. 公平、公正、公开原则

员工招聘必须遵守国家的法令、法规和政策，面向全社会公开招聘条件，对应聘者一视同仁，不得对应聘者产生任何歧视（如性别歧视、民族歧视、年龄歧视、血型歧视、地域歧视等）。对应聘者进行全面考核，公开考核结果。公平公正还可以理解为不仅不能对某类特殊群体产生歧视，还要更加关怀弱势群体，通过竞争择优录用。

总之，在员工招聘过程中，要努力做到公平、公正、公开，避免长官意志，根除利用职权谋取私利的行为，真正选择企业所需要的高素质人员。

4. 确保质量的原则

在招聘过程中，要确保用人的质量，必须根据企业的人力资源规划的用人需要和工作分析得出的任职资格要求，运用科学的招聘方法和程序开展招聘工作，降低招聘风险。

在甄选过程中克服心理弊端，如：晕轮效应、相信介绍人、定式效应、类己效应、忽视情绪智商、首因和近因效应等。尽管以上心理弊端难以完全克服，但要求面试人员一定提醒自己，将影响减小到最少。

对应聘者不要求全责备，要坚持人事匹配原则，做到“人尽其才”“用人之长”“职得其人”，使整个企业的人员结构合理，防止一味地盲目追求高学历、高职称。经验告诉我们，为了防止新员工流失，一般招能力达到职位要求80%~90%的人，让他跳着脚，够一够，够得着这个职位就可以了，这样他进入企业后会努力地去做好；如果你招到100%合格或120%满意的人，未必是一件好事，经验告诉我们，录用人员能力超过职位要求越多，激励越困难，离职率越高，对企业产生的负面影响越大。

思考：你如何认识招聘工作在企业发展中的作用？

任务二　企业员工招聘的渠道类别与选择

任务描述

最近，苏铁遇到一件棘手的事情：他花了很大力气从爱玛企业集团挖来的手下爱将——其中一个片区的主管甄利小姐，突然辞职，应聘了金宇公司的北方区总经理。甄利小姐可是一个难得的人才，在不长的时间内，就打造出一支优秀的团队，使自己所管辖的片区业绩迅速攀升，将另外 5 个片区远远抛在后面。他现在该怎么办？去哪里找能干的主管来顶替甄利？

你认为苏铁应选用哪一种招聘渠道来选取该主管？为什么？

知识支撑

不同的人员需求和来源，对招聘的方法和渠道有着不同的要求，只有选择合适的渠道，才能保证录用人员的准确性，并不会对未来产生负面影响。

4.2　员工招聘渠道

工作候选人的来源可分为内部招聘和外部招聘两部分，下面对这两部分进行详细的介绍。

4.2.1　内部招聘

内部招聘是指当企业出现职务空缺或新增岗位时，优先由企业内部现有的员工来补充到空缺职位或新增岗位上的方法。实行内部招聘一般要求在企业中建立详尽的人员工作表现的调查登记资料，以便在需要填补空缺时，即可据此进行研究分析，以找出合适人选。当一个企业强调从内部招聘和提升时，其员工就有为取得更好工作机会而拼搏的动力，这种政策产生的动力常常能提高员工的士气。

1. 内部招聘的优缺点

（1）内部招聘的优点。

①对人员充分了解，准确性高。从招聘的有效性和可信性来看，由于对内部员工有较充分的了解，管理者对内部员工的性格、工作动机及发展潜能等方面也有比较客

观、准确的认识，减少了选择难度，提高了人事决策的成功率。

②熟悉企业，进入角色快。从模式看，现有的员工更了解本企业的运营模式，与外部招聘的新员工相比，他们能更快地进入角色，更快地适应新的工作。

③可以鼓舞士气，激发员工的献身精神。从激励方面来分析，内部招聘能够给员工提供发展机会，强化员工为企业工作的动机，也增强了员工对企业的责任感并努力充实提高本身的知识和技能以提高业绩。尤其是各级管理人员的招募，这种晋升式的招募往往会带动一批人做一系列晋升，从而能鼓舞员工士气。实践证明，内部招聘也是留住年轻人的很好途径。

④选择费用较低，定位过程较短。内部招募可以节约大量的费用，如广告费、招聘人员的差旅费等，同时还可以省去一些不必要的培训项目，减少了企业因空缺而造成的间接损失。由于企业对内部人员比较了解，内部候选人比外部候选人的定位过程更短，大大简化了招聘程序，减少了招聘费用和时间。此外，从企业文化角度来分析，员工在企业中工作了较长一段时间后，已基本融入了本企业的文化，对本企业有了一定的感情，因而对企业的忠诚度较高、离职率低，避免了外部招聘不当造成的间接损失。

⑤使企业投资得到回报。一个人，从进入企业就开始接受企业的各种培训，包括工作经验的积累或失败教训的经历，企业投入了很多资金和时间使他们获得提升。所以，聪明的领导都会更加珍惜这份宝贵的人力资源。

许多成功企业都特别注重从内部选拔人才，尤其是管理者，特别是高层管理者。只有当内部补充不能满足企业对人员的需求时，才考虑在企业的外部劳动力市场进行招聘。

（2）内部招聘的缺点。

①内部招聘时可能因操作不公或员工心理原因造成内部矛盾。内部招聘需要竞争，而竞争的结果必然有成功与失败，而且失败者占多数。竞争失败的员工可能会心灰意冷、士气低下，不利于企业的内部团结。另外，内部提拔的不一定是最优秀的，甚至导致少数部分员工心理上的嫉妒与不平衡，极大地挫伤了员工的积极性，也给有能力的员工的职业生涯发展设置了障碍，导致优秀人才外流或被埋没，从而削弱了企业的竞争力。

②容易造成“近亲繁殖，品种单一”。同一企业内的员工有相同的文化背景，可能会产生“团体思维”现象，抑制了个体创新，尤其是当企业内部重要职位主要由基层员工逐级升任，就可能会因缺乏新人与新观念的输入，而逐渐产生一种趋于僵化的思维意识，既看不出企业有待改进之处，也没有进行改革、自我提高的意识和动力，整个企业缺乏竞争的意识和氛围，可能呈现出一潭死水的局面，使企业缺少活力，这将

不利于企业的长期发展。

③人员供给有限，选择范围狭窄。企业所能提供的符合条件的人是有限的，尤其是主管人员，当企业内产生空缺职位时，往往发生“矬子里拔将军”或“青黄不接”的情况，或者够条件的人员大多数年龄会偏高，不利于冒险和创新精神的发扬。

2. 内部招聘的具体来源

内部招聘作为一个总体，还可以细分为内部提升、内部调用、岗位轮换、公开招聘等。

(1) 内部提升。这种做法给员工以晋升的机会，会使员工感到有希望、有发展机会，对激励员工非常有利。从另一方面来讲，内部提拔的人员对本企业的业务工作比较熟悉，适应企业文化，能够较快适应新的工作。其主要缺点是自我封闭，不易吸收新鲜血液，可能使企业失去活力。

(2) 内部调用。当企业需要招聘的岗位与员工原来的岗位层次相同或略有下降时，把员工调到同层次或下一层次岗位上去工作。这样做的目的是要填补空缺，但实际上它还起到许多其他作用。如可以使内部员工了解企业内部其他部门的工作，与本企业更多的人员有深入的接触、了解。这样，一方面有利于员工今后的提拔，另一方面可以使上级对下级的能力有进一步的了解，也为今后的工作安排做好准备。

(3) 岗位轮换。岗位轮换，就是根据员工的个人经历，让他们在企业生产经营的不同环境工作，以帮助他们取得各种工作的知识，熟悉企业的各种业务，解决工作单调乏味对他们的不良影响。通过工作轮换，可以使企业内部的管理人员有机会了解企业内部的不同工作，给那些有潜力的人员提供以后可能晋升的条件，促进员工的学习和相互理解，使其综合发展。

(4) 公开招聘。公开招聘是面向企业全体人员，其做法通常是企业在内部公开空缺职位，吸引员工来应聘。目前，美国有约 80% 的公司张榜内部招聘蓝领工作，大约 50% 的公司张榜内部招聘专业性工作，我国多数企业的营销岗位采用内部公开招聘的方式，集中了大量精英，为企业营销工作的开展打下了坚实的基础。这种方法还起到了另一个作用，就是使员工产生一种公平合理、公开竞争的平等感觉，为员工的职业发展增加积极的因素。这无疑是人力资源开发与管理的目标之一。

4.2.2 外部招聘

由于内部招聘人员的数量有限，选择的范围比较小，往往不能满足企业发展的需要，尤其是当企业处于创业初期和快速发展的时期，或是急需特殊人才时，仅有内部招聘是不够的，必须借助于企业外的劳动力市场，采用外部招聘的方式来获取所需的人员。与内部招聘一样，外部招聘也有优点和缺点。

1. 外部招聘的优缺点

（1）外部招聘的优点。

①外部招聘可以带来新思想、新方法。从外部招募来的新员工对现有的企业文化有一种崭新的、大胆的视角，而较少有感情的依恋。通过从外部招募优秀的技术人才和管理专家，在无形中给企业原有员工施加压力、激发斗志和潜能，造成危机感。特别是高层管理人员的引进，可为企业补充新鲜血液，并能够给企业带来多元化的局面，重新塑造企业文化。

②外部招聘有利于招到一流人才。外部招聘的人员来源广，挑选余地大，有可能招到许多优秀人才，尤其是一些较为稀缺的复合型人才，这样还可以节省内部培养和业务培训的费用。

③外部招聘有助于树立良好的企业形象。外部招聘也是一种很有效的交流方式，企业可以借助招聘时与外界交流的机会，宣传企业，达到既招聘人才又树立良好的企业形象的目的。

（2）外部招聘的缺点。

①外部招聘人员筛选难度大，时间长。招聘方希望能够比较准确地测评应聘者的能力、性格、态度、兴趣等素质，从而预测他们在未来的工作岗位上能否达到企业所期望的要求。但由于应聘者有“包装”的技巧，信息准确度难以把握，给企业和招聘专家带来识别的困难，容易被应聘者的表面现象如资历、学历等蒙蔽，而无法在短时间内清楚了解其真实能力，增加招聘成本。

②外部招聘人员进入角色慢。从外部招聘来的员工由于对企业的工作流程和运作方式了解较少，所以需要花费很长的时间进行培训和定位，可能会影响企业的整体绩效；外聘人员还有可能出现“水土不服”的现象，无法接受企业文化，甚至因此导致录用者的再次流失，增加招聘成本，也可能给竞争对手提供侦探商业秘密的机会。

③外部招聘决策风险较大。外部招聘往往是通过几次短时间的接触，就必须判断候选人是否符合本企业空缺岗位的要求。由于对应聘者不像内部员工那样经过长期的接触和考察，所以，很可能因为某些因素而做出不准确的判断，进而增加了决策的风险。研究表明，就是经过科学的招聘程序如见面、谈话加上心理测评、取证，成功率也只有66%，工作做足了，才刚刚及格。所以专家认为招聘就像一场冒险、一场赌博。

④外部招聘对内部员工的工作积极性有一定的影响。如果企业内部有胜任能力的人未被选用和提拔，即内部员工得不到相应的晋升和发展机会，从外部招聘会使他们

感到不公平，容易产生与外聘者不合作的态度。

⑤外部招聘成本较高。外部招聘需要在媒体发布信息或者通过中介机构招募时，一般需要支付一笔费用，如广告费、招聘人员的差旅费等。而且由于外界应聘人员相对较多，后续的挑选过程也非常的烦琐与复杂，不仅消耗了很多的人力、财力，还占用了很多的时间，同时培训项目的费用也较多，所以外部招募的成本较大。

2. 外部招聘的主要来源

采用外部招聘方式选取企业所需用的人才，其途经主要有以下几种。

(1) 人才交流中心。改革开放以来，我国涌现了许多职业介绍所和人才交流中心。目前，在全国的各大中城市，一般都有人才交流服务机构，这些机构常年为企事业用人单位服务。他们一般建有人才资料库，用人单位可以很方便地在资料库中查询条件基本符合企业要求的人员资料。通过人才交流中心选择人员，有针对性强、费用低廉等优点，但对于招聘计算机、通信等热门人才或高级人才效果不太理想。

(2) 招聘洽谈会。人才交流中心或其他人才机构每年都要举办多场人才招聘洽谈会。在洽谈会中，用人单位和应聘者可以直接进行接洽和交流，节省了企业和应聘者的时间。随着人才交流市场的日益完善，洽谈会呈现出向专业方向发展的趋势。比如中高级人才洽谈会、大专院校应届毕业生双向选择会、信息技术人才交流会等。由于洽谈会上应聘者集中，企业的选择余地较大。但由于管理问题，应聘者人数可以说是“人山人海”，根本达不到交流的目的，更好像是收集简历的过程。招聘高级人才更为困难。

通过参加招聘洽谈会，用人单位不仅可以了解当地人力资源的素质和走向，还可以了解同行业其他企业的人事政策和人力需求情况。

(3) 熟人推荐。通过企业的员工、客户、合作伙伴、教授等熟人推荐人选，这种方法对招聘专业人才比较有效。这种方式的优点是对候选人的了解比较准确，不仅招聘成本低，而且应聘人员素质较高、可靠性强；候选人一旦被录用，顾及介绍人的关系，工作也会更加努力。但可能出现的问题是会增加裙带关系，在企业内可能形成小集团。

据了解，美国微软企业40%的员工都是通过员工推荐方式获得的。为了鼓励员工积极推荐，企业可以设立一些奖金，但不要过多，目的是用来奖励那些为企业推荐优秀人才的员工。

(4) 校园招聘。大学是培养人才的基地，因此大学校园便成为专业人员与技术人员的重要来源。学校毕业生已成为各单位技术人才和管理人才的最主要来源。学校招聘有很多优势：学生的可塑性强；选择余地大；候选人专业多样化，可满足企业多方面需求；招聘成本较低；有助于宣传企业形象。

一些企业为了不断地从学校获得所需人才，在学校设立奖学金，与学校横向联系，资助优秀生或贫困生，借此吸引学生毕业后去该企业工作；有的还为学生提供实习机会和暑期工作机会，以期日后确定长久的雇佣关系，并达到使用观察的目的。而对学生来说则积累了工作经验，还可以评估自己在该企业中工作与发展的价值。

（5）网络招聘。网络招聘是企业通过自己的网站、第三方招聘网站等机构使用简历数据库或搜索引擎等工具来完成员工招聘的过程。网络招聘主要有两种方式：注册成为人才网站的会员；在企业的网站上发布招聘信息。网络招聘具有费用低、覆盖面广、针对性强、联系方便、快捷等优点，且不受时间、地域的限制，因而被广泛采用。但应注意，网络招聘存在信息真实度较低、技术和服务还不很完善等方面的问题。

（6）猎头公司。对高级人才和尖端人才，用传统的渠道往往很难获取，但这类人才对企业的作用的确重大，通过人才猎取的方式可能会更加有效。猎头公司掌握着大量有经验和特殊才能的人才信息，了解企业对人才的特殊需要。利用猎头公司，企业可以节省大笔的广告费用和招聘过程中的管理费用，并可扩大招聘的搜寻范围，提高对应聘者的了解。但通过猎头公司获得的人才，需要付出较高的招聘成本，一般委托猎头公司进行招聘，费用原则上是被猎取人才年薪的30%～40%。目前在北京、上海和沿海地区猎头公司较为普遍。

（7）传统媒体。在传统媒体刊登招聘广告可以减少招聘的工作量，招聘刊登后，企业只需等待应聘者上门即可。在报纸、电视中刊登招聘广告费用较大，但容易体现出企业形象。现在在很多广播电台有人才交流节目，播出招聘广告的费用也较少，但效果也比报纸、电视广告差一些。

思考：英国有一家轮胎公司，最高的管理层有五个人，他们是同一个大学同一个系毕业的，大学毕业之后这五个人又考上了同一个大学的MBA，然后一起担任这家公司的高级管理人员。平时这五个人都住在同一个小镇上，他们去同一个超市买东西，星期日一起去同一个教堂做礼拜。这五个人平日里总是形影不离，他们一起共同构筑着生活的理想。不幸的是，这家公司后来倒闭了，这五个人也因此丢了饭碗。

根据你的理解，这家公司倒闭的主要原因是什么？

任务三　员工测试与甄选

任务描述

强盛公司是一家跨国公司在中国的子公司，以研制、生产、销售药品为主，随着生产业务的扩大，为了对生产部门的人力资源进行更有效的管理，公司决定在生产部设立一个新职位，主要负责生产部与人力资源部之间的协调工作。在接下来的7天里，人力资源部共收到了800多份简历，他们先从中挑出70份候选简历，然后再次筛选，最后确定了5名应聘者。人力资源部宋经理把候选人名单交给了生产部，许经理从中挑选了两人。随后经过简单面试留下一人。但该员工进入公司工作6个月了，公司发现，他的工作没有预期的那么好，指定的工作经常不能按时完成，有时甚至表现出不胜任工作的行为，这引起了管理层的不满。

请问此次招聘出现的问题在哪里？

知识支撑

人员测试与甄选是招聘工作中最关键的一步，也是招聘工作中技术性最强的一步。研究表明，同一职位上最好的员工比最差的员工的劳动生产率要高3倍。这意味着在人员进入企业之前，就要有一个良好的辨别、甄选过程，才能挑选出有相应技能、知识和经验，同时又愿意为企业工作的人来。这可为企业提高生产率、节约成本打下基础。

4.3　员工测试与甄选

案例欣赏

招聘失败的根本原因

公司因发展需要在2014年10月底从外部招聘新员工。期间先后招聘了两位行政助理（女性），结果都失败了。具体情况如下：

第一位A入职的第二天就没来上班，没有来电话，上午公司打电话联系不到本人。经她弟弟解释，她不打算来公司上班了，具体原因没有说明。下午，她本人终于接电话，不肯来公司说明辞职原因。三天后又来公司，中间反复两次，最终决定不上班了。她的工作职责是负责前台接待。入职当天晚上公司举行了聚餐，她和同事谈得也挺愉快。她自述的辞职原因：工作内容和自己预期不一样，琐碎繁杂，觉得自己无法胜任前台工作。HR 对她的印象：内向，有想法，不甘于做琐碎、接待人的工作，对批评（即使是善意的）非常敏感。

第二位 B 工作十天后辞职。B 的工作职责是负责前台接待，出纳，办公用品采购，公司证照办理与变更手续等。自述辞职原因：奶奶病故了，需要辞职在家照顾爷爷。（但是当天身穿大红毛衣，化彩妆）透露家里很有钱，家里没有人给人打工。HR 的印象：形象极好、思路清晰、沟通能力强，行政工作经验丰富。总经理印象：商务礼仪不好，经常是小孩姿态，撒娇的样子，需要进行商务礼仪的培训。

招聘流程：1. 公司在网上发布招聘信息。2. 总经理亲自筛选简历。筛选标准：本科应届毕业生或者年轻的，最好有照片，看起来漂亮的，学校最好是名校。3. 面试：如果总经理有时间就由总经理直接面试。如果总经理没时间，由 HR 进行初步面试，总经理最终面试。新员工的工作岗位、职责、薪资、入职时间都由总经理来定。5. 面试合格后录用，没有入职前培训，直接进入工作。

公司背景：此公司是一国外 SP 公司在中国投资的独资子公司，主营业务是为电信运营商提供技术支持，提供手机移动增值服务，手机广告。该公司所处行业为高科技行业，薪水待遇高于其他传统行业。公司的位置位于北京繁华商业区的著名写字楼，对白领女性具有很强的吸引力。总经理为外国人，在中国留过学，自认为对中国很了解。

被招聘的员工背景：

A，23 岁，专科就读于工商大学，后转本就读于人民大学。期间 2013 年 1 月到 12 月做过少儿剑桥英语的教师一年。

B，21 岁，学历大专，就读于中央广播电视大学电子商务专业。在上学期间工作了两个单位：一个为拍卖公司，另一个为电信设备公司。职务分别为商务助理和行政助理。2013 年曾参加瑞丽封面女孩华北赛区复赛，说明 B 的形象气质均佳。

招聘行政助理连续两次失败，公司的总经理和 HR 觉得这不是偶然现象，在招聘行政助理方面肯定有重大问题。问题出在什么地方？

资料来源：http：//www.chinatnt.com/renliziyuangulishi/251/ma1508224172.html（有改动）.

案例启示：

从上面的案例中我们能够知道直接影响这次行政助理招聘的主要因素为公司的总经理、甄选方法和招聘流程三个方面。

总经理分析：首先，在招聘过程中总经理干涉过多，没有充分授权给人力资源部门，包办了 HR 筛选简历的任务。其次，他不懂中国国情，自然就会让不适合的人被选进来，而适合的人才可能就被淘汰在筛选简历上了。对于这种低级别的员工招聘，应该把权力完全授给熟悉国情的HR，他在这次事件中应该负主要责任。

甄选方法分析：在招聘行政助理时，公司没有根据行政助理这个岗位的任职资格制定结构化的甄选标准，而只是凭面试官的直觉进行甄选，这样造成了招聘过程中的不科学。因为面试官会在面试过程中受到归类效应、晕轮效应、自我效应和个人偏见（地域、血缘、宗教信仰等）影响。案例中总经理就对相貌、毕业院校和是否应届带有明显偏见。没有考虑应聘的人是否和企业的文化、价值观念相吻合，是否真正地具备工作需要的知识、能力、性格和态度。

招聘行政助理的流程分析：正常的招聘流程应该是公布招聘信息、初步面试、评价申请表和简历、选择测试、雇佣面试、证明材料和背景材料核实、选择决策、体检、录用、入职前培训、入职。该公司在招聘过程中少了选择测试和入职前培训这两个重要步骤。

公司通过选择测试基本上能测试出应聘者的性格特征和价值取向。如A的性格内向，而且不踏实，不愿做琐碎繁杂的工作，与做前台需要的性格和心态相差甚远。这样盲目地让她做前台工作造成了她的离职。通过测试同样能测出B的价值观与企业文化不符，这样就能在测试阶段把她们淘汰，从而节省招聘的成本。

入职前的培训对加入公司的员工很重要。因为通过入职前的培训能够给新员工灌输公司的企业文化和价值观念，可以帮助新员工树立正确的工作态度，对工作有更深刻的认识。如果给A和B进行了系统的入职前培训，也有可能改变她们本来的价值取向和对工作的态度，她们可能不会离职。

4.3.1 企业员工测试的概念

企业员工测试就是企业在收到应聘人员的申请表以后，为了在这些人员中选拔优秀、合适的员工安排到合适的岗位上，需要进行各种测定、甄选工作，这是企业选拔员工中最关键、技术性最强的工作。测试主要能预测申请人在今后特定领域的工作表现，以帮助企业选择适合工作职位的人员。

4.3.2 企业员工测试与甄选的方法

1. 资格初审

资格初审是对应聘者是否符合职位的基本要求的一种初步审查。最初的资格审查是人力资源部门通过审阅应聘者的个人简历或申请表进行的。人力资源部门将符合条件的应聘者名单与资料移交给用人部门，由用人部门进行初步选择。初选工作的主要目的是筛出那些背景和潜质都与职务规范所需的条件相当的候选人，并尽可能多地选出合格的应聘者以参加后续选拔。

应聘者最初的信息资料主要通过应聘者的个人简历或申请表表现出来。二者各有优缺点，详见表4－1。

表4－1　个人简历与申请表的优缺点分析

项目	申请表	个人简历
优点	直截了当 结构完整，内容可靠 限制了不必要的内容 易于评估 通过亲自填写，判断性格	体现应聘者的个性、策划能力 允许应聘者强调自认为重要的内容
缺点	限制创造性	可能有虚假信息 难以评估

值得注意的是，在初步筛选简历时，应更注意客观内容，如个人信息、受教育经历、工作经历和个人成绩四个方面。

2. 面试

由于候选人简历中的资料只是其中一部分，有可能写得很片面。甚至与事实相差很远，招聘者无法对候选人的信息全部掌握，企业无法对候选人进行深层次的了解，候选人也可能对企业的要求、人事政策存在一些模糊不清的地方，因此需要通过面试获取候选人进一步的信息。面试是供需双方通过正式交谈，使企业能够客观公正地了解候选人，获取候选人直接信息的过程。例如，仪表举止、业务知识水平、表达能力、工作经验、求知动机等。同时，求职者可以通过面试进一步加深对企业的了解，比较自己的期望与企业的发展是否一致。因此，面试是员工招聘过程中非常重要的一环。面试有以下几种类型。

（1）从面试所达到的效果来看，面试可分为初步面试和诊断面试。

初步面试的主要目的是增进企业与候选人之间的相互了解，将不合适的人员或对企业不感兴趣的应聘者筛选掉。形式是人力资源主管人员向候选人介绍企业情况，解释职位招募的原因及要求。候选人向企业介绍自己的基本情况，企业对应聘者的求职动机进行了解。初步面试类似于面谈，它比较简单、随意。

诊断面试是对经初步面试筛选合格的应聘者进行实际能力与潜力的测试，它的目的在于双方补充了解深层次的情况，如对应聘者的表达能力、交际能力、应变能力、思维能力的了解。这种面试由用人部门负责，人力资源部参与，它更像正式的考试。对于高管人员的招聘，则企业的高层领导也将参加。这种面试对企业的录用决策与应聘者是否加入企业决策至关重要。

（2）根据参与面试过程的人员数量，可分为个别面试、小组面试和成组面试。

个别面试是一个面试人员与一个应聘者进行“一对一”的面谈。其优点在于面谈双方可以直接就许多问题交换意见，互相征询，从中确定对应聘者的评价，效率快，应聘者压力较小；但容易出现考官舞弊行为。

小组面试是由2~3人组成面试小组对应聘者进行“多对一”面试。由多位考官担任不同角色，从不同的角度考察应聘者，从而全面、准确地做出评价。

成组面试是由面试小组同时对若干个应聘者进行“多对多”面试。形式上通常是由面试者提出问题，然后应聘者进行讨论，通过这种方式，比较应聘者的表达、思维、组织、交际和解决问题的能力等。

(3) 根据面试的结构化程度，可分为结构化面试和非结构化面试。

结构化面试是指在面试之前有一个固定的框架或问题清单，面试考官根据面试框架控制整个面试过程，严格按照设计好的问题和有关细节逐一发问，要求严格按照这个框架对每一位应聘者进行相同的提问。这种面试的优点是对所有应聘者均按统一标准进行，可以提供结构与形式相同的信息，便于分析、比较，减少主观性，同时有利于提高面试的效率，且对面试考官的要求较少。

非结构化面试指无固定的模式，事先无须做太多的准备，面试者只要掌握企业、职位的情况即可。非结构化面试可以说是漫谈式的，无固定题目，无限定范围，问题多是发散型问题，而且具有隐蔽性。这种面试的主要目的在于给应聘者充分发挥自己能力与潜力的机会，着重考察应聘者理解与应变能力。通过观察应聘者的知识面、价值观、谈吐和风度，了解其表达能力、思维能力、判断能力和组织能力等。由于这种面试有很大的随意性，需要面试考官有丰富的知识和经验，以及掌握高度的谈话技巧，否则很容易使面谈失败。这种方法的优点是灵活自由，问题可因人而异，可深入浅出，可得到较深入的信息。但这种方法缺乏统一的标准，易带来偏差。

3. 招聘测试

招聘测试就是指在招聘过程中，运用各种科学方法和经验对应聘者的特殊兴趣、特征、知识、能力或者行为加以客观鉴定的各种方法的总称。这是在面试的基础上对应聘者进行了解的一种手段。其主要目的是通过这种方式，消除在面试过程中考官因主观因素对面试人员的干扰，提高招聘的公正性，剔除应聘者资料中与面试中的一些“伪信息”，提高录用决策的准确性。

(1) 笔试。

通过笔试主要了解应聘者是否掌握应聘岗位必须具备的基础知识和专业知识。如对会计人员的招聘，要考察其珠算、记账、核算等能力；对秘书则测试其打字、记录速度和公文起草能力；涉外经济部门对应聘者外语的书面和口头表达能力进行测试；对国家公务员要进行行政管理知识、国家方针政策、法律法规知识的考核；对管理人员要测试其管理的基本知识，等等。笔试一般在招聘初期进行，成绩合格者才能继续参加下一轮的测试。

（2）特殊认知能力。

特殊认知能力测试主要测量应聘者归纳推理和演绎推理能力、记忆能力和数字能力。这种类型的测试也称为才能测试，一般结合应聘职位所需的专业知识进行。

（3）性格和兴趣测试。

仅仅测试一个人的智力和体格，对于说明其能否有效完成工作是不够的。其他影响因素也很重要，比如个人的动机和内在技能，为了测试这些无形的影响个人绩效的因素，常常要引入性格和兴趣测试。

性格测试。个性是一个人能否施展才华、有效完成工作的基础。员工选拔就是要将应聘者个性与空缺职位应具有的个性标准进行比较，选拔两者相符的候选人。特定的工作需要特定的员工个性，如会计、秘书均需要细心的人才能胜任，而市场营销人员必须具备强烈的创新和开拓意识。

兴趣测试。兴趣测试的主要目的是为了了解应聘者的兴趣和爱好。如果从事的工作与其兴趣不相符合，那么无法保证他会尽职尽责、全力以赴完成本职工作。因此，如果能根据应聘者的职业兴趣进行职位与人员的合理配置，就可最大限度地发挥员工的潜力，保证工作效率。

（4）情景模拟测试。

情景模拟测试是根据工作岗位的特点、性质和要求，设计一种与岗位工作近似的情景，让应聘者置身其中处理一些比较棘手的问题，以观察和考察其能力。情景模拟测试的重点主要是考察应聘者对拟担任岗位工作的熟练程度、工作效率，以及在处理和本岗位有关问题时的技巧和分析能力、创造能力、决策能力、交际能力、组织领导能力和语言表达能力。情景模拟测试更适合选择服务人员、事务性工作人员、管理人员、销售人员时使用。情景模拟测试可通过多种方法进行，这些方法主要包括以下两种。

无领导小组讨论法，也称无会议主持人测试法。所谓“无领导”，就是没有指定人员充当讨论的主持人，也不布置议题和议程，更不提出任何要求。讨论一般围绕一个简单案例进行，其中隐藏一个或多个待决策和解决的问题，以引导小组开展讨论。待讨论结束后，测评者根据讨论中各应聘者的表现及所起作用进行评分。

公文处理模拟法，也称公文筐测试。它是测评人将一批待处理的文件提交给设定的某一岗位的应聘者，限定其在一定条件下进行处理，以考核应聘者有关能力和素质的测试方法。实践证明，这是一种测试管理干部的有效方法。

4. 背景调查和体检

(1) 背景调查。

背景调查通常是用人单位通过应聘者原来的雇主、同事，以及其他了解应聘者的人员对应聘者的情况进行了解和取证。背景调查的内容通常是对应聘者的教育状况、工作经历、个人品质、工作能力、个人兴趣进行调查。假学历、假成绩单、虚无的工作经历与经验、言过其实的工作能力、精心伪装的个人品质与兴趣，都会严重妨碍人员选拔的公正性、准确性，挫伤企业内部员工的积极性，给企业带来不必要的损失。

背景调查的方法包括打电话、访谈、要求提供推荐信等。背景调查核实也可以聘请调查代理机构进行，这些代理机构通过与求职者的过去的雇主、邻居、亲戚和证明人的书面或口头上的沟通来收集资料。

(2) 假文凭的识别方法。

观察法。有些文凭做工比较低劣，如纸质硬度不够、学校公章模糊、钢印不清等，通过肉眼可以观察出来。但有些假文凭制作比较逼真，简单地凭肉眼很难识别，可以将它与真文凭进行比较，识别假文凭。

提问法。根据文凭中的专业，面试人员可以提问一些专业性的问题，通过应聘者对问题的反应可以初步判断文凭的真假。如果面试考官对专业了解，可以使用提问技巧，判断文凭的真伪性。

核实法。招聘单位可以与文凭所在学校的学籍管理部门取得联系，让学校协助调查文凭的真伪性。

网上查询。国家教育部建立了全国高等教育学历网上查询系统，用人单位若想查询 20 世纪 90 年代以来的毕业生，上网便可查到。

(3) 体检。

这里所说的体检不同于一般的身体健康检查，它包括健康检查、身体运动能力测试。

企业内的员工不仅要有健康的体魄，而且必须具备一定的运动能力。一般来说，体检通常放在所有选择方法使用之后进行，这样做的好处是节约费用。体检的主要目的是确定应聘者的身体状况是否能够适应应聘岗位的要求，特别是能否满足工作对应聘者身体素质的特殊要求，体检还可以降低缺勤率和事故，发现员工可能不知道的传染病。但在这一过程中要注意避免出现歧视。

小故事：

博士应聘

某公司一个重要部门的经理要离职了，董事长决定找一个德才兼备的人接替这个职位，但连续应聘的几个人都没有通过董事长的“考试”。

这天，一个30来岁的留美博士前来应试，董事长却通知他凌晨三点去他家考试，这个青年人于是凌晨三点就去按董事长家的门铃，却未见人来开门，一直到八点钟，董事长才让他进门。考试题目由董事长口述，董事长问他：“你会写字吗?”年轻人说：“会。”董事长拿出一张白纸说：“请你写一个白色的‘白’字。”他很认真地写完了，却等不到下一个问题，疑惑地问：“就这样吗?”董事长静静地看着他，回答：“对，考完了!”

思考：

1. 你认为在面试的时候考察候选人什么样的技能更重要？是硬性的还是软性的？为什么？

2. 有人认为，招聘工作只是人力资源部门的工作，你认为如何？

3. 请问，以上故事中：(1) 他被录用了吗？(2) 本次考试考了哪些方面的素质？

表4－2至表4－5是某企业招聘工作所用到的表格，可以作为参考。

表4－2　应聘申请表

登记时间：　　年　月　日

<table>
<tr><td>应聘岗位一</td><td colspan="2"></td><td>应聘岗位二</td><td colspan="4"></td></tr>
<tr><td>姓名</td><td></td><td>出生日期</td><td></td><td>性别</td><td colspan="2"></td><td rowspan="3"></td></tr>
<tr><td>身高</td><td></td><td>政治面目</td><td></td><td>民族</td><td colspan="2"></td></tr>
<tr><td>学历</td><td></td><td>学位</td><td></td><td>婚否</td><td colspan="2"></td></tr>
<tr><td>身份证号</td><td colspan="2"></td><td>特长/爱好</td><td colspan="4"></td></tr>
<tr><td>毕业院校</td><td colspan="3"></td><td colspan="2">所学专业</td><td colspan="2"></td></tr>
<tr><td>毕业时间</td><td colspan="3"></td><td colspan="2">现从事专业</td><td colspan="2"></td></tr>
<tr><td>技术职称</td><td colspan="3"></td><td colspan="2">获得时间</td><td colspan="2"></td></tr>
<tr><td>具备何种
职业资格证</td><td colspan="7"></td></tr>
<tr><td>何种外语
及等级</td><td colspan="3"></td><td colspan="2">计算机等级</td><td colspan="2"></td></tr>
<tr><td>学习及培训简历
（从大学起）</td><td colspan="7"></td></tr>
<tr><td>工作经历</td><td colspan="7"></td></tr>
<tr><td>科研情况</td><td colspan="7"></td></tr>
<tr><td>受过何种处分</td><td colspan="7"></td></tr>
</table>

续表

通讯方式	家庭所在地： 工作单位： 电话：
自愿保证：本人保证表内所填的内容真实，如有虚假，愿受解职处分。 申请人签名：　　　　　　　　　　日期：	

表 4－3　面试通知

人力资源部： 　　请通知__________于_____年_____月____日（星期____）上午（下午）带各种证件原件参加公司__________部________岗的初试（复试）。 　　面试地点：__________ 　　主 持 人：__________ 经理： 年　　月　　日

表 4－4　面试评价表

（很好＝5　好＝4　一般＝3　差＝2　很差＝1）

项目	评价项目	评价
(1)	仪表、仪态	□5　□4　□3　□2　□1
(2)	谈吐、应对	□5　□4　□3　□2　□1
(3)	领悟力	□5　□4　□3　□2　□1
(4)	态度、理念	□5　□4　□3　□2　□1
(5)	计划能力	□5　□4　□3　□2　□1
(6)	沟通能力	□5　□4　□3　□2　□1
(7)	团队精神	□5　□4　□3　□2　□1
(8)	责任感	□5　□4　□3　□2　□1
(9)	组织能力	□5　□4　□3　□2　□1
(10)	专业技能	□5　□4　□3　□2　□1

表 4－5　面试中常见问题及考察方向

常见问题	考察方向
自我介绍	仪表仪态、表达能力、应变力
这个职位对企业为什么重要？你具备哪些优势？	对企业岗位的认识
你如何看待自己的专业？印象态度如何？	职业趋向和业务水平
你学过哪些与应聘岗位相关的专业知识？	专业素质
你认为自己最大的长处和短处是什么？	自我认识能力
你与同学、同事相处得如何？	团队精神
你在过去的学习、工作中，解决过哪些问题？取得过哪些成就？	解决具体问题的能力
家在什么地方？家里人是否干预你找工作？	生活、住宿、流失情况
你希望的薪水是多少？	对企业忠诚度、认同度、个人职业定位

任务四　员工录用和招聘评价

任务描述

某公司招聘一名人事经理，经过多轮选拔，最后确定了两名候选人：小王和小李。但是招聘小组对两名候选人的最终人选意见不一。面试中，两人表现旗鼓相当。招聘小组两方各执一词：一方认为，小王踏实、稳重，有多年的管理经验；另一方认为，小李擅长人际沟通技巧，专业基础扎实，有多年的工作经验。双方争执不下，最后依据定量化考评要素分析的结果，做出录用决策。

请针对该公司出现的上述情况制定员工录用和评价标准。

知识支撑

（1）录用前事先应形成统一的评价标准；

（2）当 HR 与用人部门在选人意见上出现分歧，尊重用人部门的意见；

（3）因岗定人：选择合适的而非优秀的；

（4）留有后备人选名额。

4.4 员工录用和招聘评价

4.4.1 员工录用决策和标准

1. 员工录用的决策

员工录用是依据选择的结果做出录用决策并进行安置的活动，其中最关键的内容是做好录用决策。录用决策是依照人员录用的原则，避免主观武断和不正之风的干扰，把选择阶段多种考核和测验结果组合起来，进行综合评价，从中择优确定录用名单。

一般来说，人员录用的主要策略有以下几种。

（1）多重淘汰式。即每种测试方法都是淘汰性的，应聘者必须在每种测试中都达到一定水平，方能合格。该方法是将多种考核与测试项目依次实施，每次淘汰若干低分者。对全部考核项目通过者，再按最后面试或测验的实得分数，排出名次，择优确定录用名单。

（2）补偿式。即不同测试的成绩可以互为补充，最后根据应聘者在所有测试中的总成绩做出录用决策。例如，分别对应聘者进行笔试与面试选择，再按照规定的笔试与面试的权重比例，综合算出应聘者的总成绩，决定录用人选。值得注意的是，由于权重比例不一样，录用人选也会有差别。假设在甲、乙两人中录用一人，两人的基本情况与考核评分情况如表4－6所示。到底谁被录用？最后的录用决策是什么？这里关键要看不同项目的权重系数。

表4－6　各种项目的权重情况

个人情况 / 得分	专业能力	学历	对企业的忠诚度	组织领导能力	责任心	解决问题能力	适应能力
甲的得分	0.9	0.5	1	1	0.8	0.8	1
乙的得分	0.7	0.9	0.8	0.8	1	1	0.7
权重 W1	1	1	1	1	1	1	1
权重 W2	1	0.5	1	0.8	0.8	0.7	0
权重 W3	0.5	1	0.8	1	0.8	0.7	0.6

如果各考核因素的权重均相同，则甲综合得分为6分，乙为5.9分，甲为优；如果突出专业能力与对企业的忠诚度，则甲综合得分为4.75，乙为4.51，甲为优；如果突出学历与组织领导能力，则甲的综合得分为4.55，乙为4.61，乙为优。

（3）结合式。在这种情况下，有些测试是淘汰性的，有些是可以互为补偿的，应聘者通过淘汰性的测试后，才能参加其他测试。

2. 录用决策的标准

人员录用决策的标准是衡量应聘者能否被企业选中的一个标尺。从理论上讲，录用决策的标准是以工作描述与工作说明书为依据而制定的录用标准，又称为因事择人。这应该是录用效果最佳的方法。但在现实中，录用决策的标准将随着招聘情况的不同而有所改变，有可能出现人选工作和人与工作双向选择现象。

假设在一次招聘中分别测定众多求职者，并把他们安排到多种不同性质的职位上。做出录用决策的过程是职位和人之间进行匹配的过程，既包括了对人员的选择，也包括对人员进行合理的安置，适用于同时招聘多人，此方法成本也较低。表 4－7 列出了 10 位应聘者在 5 种职位上的综合测试得分。

表 4－7　10 位应聘者在 5 种职位上的综合测试得分

职位＼应聘者	A	B	C	D	E	F	G	H	I	J
1	4.7	3.5	2.0	2.0	1.5	1.5	4.0	2.5	2.0	1.0
2	3.5	3.0	2.5	2.5	2.5	2.0	3.5	2.0	2.5	0.5
3	4.0	2.0	3.8	3.0	0.5	2.5	3.0	3.0	1.0	1.5
4	3.0	3.0	2.5	1.5	2.0	2.0	3.5	2.0	0.5	0.5
5	3.5	4.7	2.5	1.0	2.0	2.0	1.5	1.5	1.0	0.5

如果假设职位 1、职位 2、职位 3、职位 4、职位 5 所需的最低测试分数分别为 3.5，2.5，2.5，3.0，3.5，要从这 10 个人中选出 5 人来担当不同的职位，有多种方法，由于其录用决策依据不同，录用结果也不同。

人员录用决策标准有以下三种。

（1）以人为标准。

即从人的角度出发，按每人得分最高的一项给其安排职位，这样做可能出现同时多人在某职位上得分都最高，结果会因只能选择一个人而使优秀人才被拒之门外。

根据表 4－7 的数据资料，如果是以人为标准，其结果为：

职位＼应聘者	A	B	C	D	E	F	G	H	I	J
1	4.5	3.5	2.0	2.0	1.5	1.5	4.0	2.5	2.0	1.0
2	3.5	3.0	2.5	2.5	2.5	2.0	3.5	2.0	2.5	0.5
3	4.0	2.0	2.5	3.0	0.8	2.5	3.0	3.0	1.0	1.5
4	3.0	2.0	2.5	1.5	2.0	2.0	3.5	2.0	0.5	0.5
5	3.5	4.5	2.5	1.0	2.0	2.0	1.5	1.5	1.0	1.5

若考虑空缺职位的影响，其录用人员的平均分数为（4.5＋4.5＋3.5＋2.5＋0）÷5＝3.0；

若不考虑空缺职位的影响，则其录用人员的平均分数为（4.5+4.5+3.5+2.5）÷4=3.75。

（2）以职位为标准。

即从职位的角度出发，每个职位都挑选最好的人来做，但这样做可能会导致一个人同时被多个职位选中。

根据表4-7的数据资料，如果是以职位为标准，其结果为：

职位 \ 应聘者	A	B	C	D	E	F	G	H	I	J
1	4.5	3.5	2.0	2.0	1.5	1.5	4.0	2.5	2.0	1.0
2	3.5	3.0	2.5	2.5	2.5	2.0	3.5	2.0	2.5	0.5
3	4.0	2.0	3.5	3.0	0	2.5	3.0	3.0	1.0	1.5
4	3.0	2.0	2.5	1.5	2.0	2.0	3.5	2.0	0.5	0.5
5	3.5	4.5	2.5	1.0	2.0	2.0	1.5	1.5	1.0	0.5

若考虑空缺职位的影响，其录用人员的平均分数为（4.5+4.5+3.5+0+0）÷5=2.5；若不考虑空缺职位的影响，则其录用人员的平均分数为（4.5+4.5+3.5）÷3=4.17。

（3）以双向职位为标准。由于单纯以人为标准或单纯的职位为标准均有欠缺，都可能造成职位空缺，因此综合使用这两种方法，即从职位和人员双向选择的角度出发，才能合理配置人员。

根据表4-7的数据资料，如果以双向选择为标准，其结果为：

职位 \ 应聘者	A	B	C	D	E	F	G	H	I	J
1	4.5	3.5	2.0	2.0	1.5	4.0	4.0	2.5	2.0	1.0
2	3.5	3.0	2.5	2.5	2.5	3.5	3.5	2.0	2.5	0.5
3	4.0	2.0	3.5	3.0	0.5	3.0	3.0	3.0	1.0	1.5
4	3.0	2.0	2.5	1.5	2.0	2.0	3.5	2.0	0.5	0.5
5	3.5	4.5	2.5	1.0	2.0	2.0	1.5	1.5	1.0	0.5

其录用人员的平均分数为（4.5+4.5+3.5+3.5+2.5）÷5=3.7。

以双向选择为标准的录用决策得分最高，由于它平衡了以人为标准和以岗位为标准两方面的因素，同时又是现实的，从总体的效率看是最好的。

4.4.2 招聘效果评估

招聘效果评估主要指对招聘的结果、招聘的成本和招聘的方法等方面进行评估。

一般在一次招聘工作结束之后，要对整个评估工作做一个总结和评价，目的是进一步提高下次招聘工作的效率。

招聘效果评估的作用，具体体现在以下几个方面。

（1）有利于企业节省开支。

招聘效果评估包括招聘结果的成效评估（具体又包括招聘成本与效益评估、录用员工数量与质量评估）和招聘方法的成效评估（具体又包括招聘的信度与效度评估），因而通过招聘效果评估中的成本与效益核算，就能够使招聘人员清楚费用支出情况，对于其中非应支项目，在今后招聘工作中加以去除，因而有利于将来节约招聘支出。

（2）检验招聘工作的有效性。

通过招聘效果评估中录用员工数量评估，可以分析招聘数量是否满足原定的招聘要求，及时总结经验（当能满足时）和找出原因（当不能满足时），从而有利于改进今后的招聘工作和为人力资源规划修订提供依据。

（3）检验招聘工作成果与方法的有效性程度。

通过对录用员工质量评估，可以了解员工的工作绩效、行为、实际能力、工作潜力与招聘岗位要求之符合程度，从而为改进招聘方法、实施员工培训和为绩效评估提供必要的、有用的信息。

（4）有利于提高招聘工作质量。

通过招聘效果评估中招聘信度和效度的评估，可以了解招聘过程中所使用的方法的正确性与有效性，从而不断积累招聘工作的经验与修正不足，提高招聘工作质量。

招聘效果评估分为招聘成本评估和录用人员评估两个方面。

1. 招聘成本评估

（1）招聘成本评估的含义。

招聘成本评估是指对在招聘过程中发生的费用进行检查、核实，并对照预算进行评价的过程。招聘成本评估的鉴定是招聘效率的一个重要指标，如果成本低，录用人员质量高，就意味着招聘效率高；反之，则说明招聘效率低。招聘选拔的成本通常用下面的公式进行计算：

$$招聘成本 = 招聘总费用 \div 最终聘用人员数$$

一般来说，招聘总费用应包括以下三项内容。

①人事费用：招聘工作人员的薪酬、福利、差旅费、生活费补助和加班费。

②业务费用：通信费、专业咨询与服务费、广告费、体检费、信息服务费、物资用品费。

③一般开支：设备租用费、办公用设备费、水电及物业管理费等。

在计算成本时，应仔细分析费用来源，以免漏算或重复，导致成本估算产生偏差，不利于今后招聘筛选有效性的评价工作。

(2) 招聘预算。

企业每年在进行财政预算时，招聘预算应该作为全年人力资源开发与管理总预算的一部分。招聘预算主要包括：招聘广告预算、招聘测试预算、体格检查预算、其他预算，一般按 4∶3∶2∶1 的比例分配预算较为合理。其中，招聘广告预算占据相当大的比例，不同的企业可以根据自己的实际情况来决定招聘预算。

(3) 招聘核算。

招聘核算是指对招聘的经费使用情况进行度量、审计、计算、记录等的总称。通过核算可以了解招聘中经费的精确使用情况是否符合预算，以及主要差异出现在哪个环节上。

2. 录用人员评估

(1) 录用人员评估的含义及作用。

录用人员评估是指根据招聘计划，对录用人员的质量和数量进行评价的过程。在大型招聘活动中，录用人员评估显得十分重要。如果录用人员不合格，那么招聘过程中花费的时间、精力、金钱都浪费了；只有全部招聘到合格的人员，才能说全面完成了招聘任务。

(2) 录用人员的数量和质量评估。

①录用人员数量的评估。

录用人员的数量可用录用比、招聘完成比、应聘比三个数据来表示。

录用比 = 录用人数 ÷ 应聘人数 × 100%

招聘完成比 = 录用人数 ÷ 计划招聘人数 × 100%

应聘比 = 应聘人数 ÷ 计划招聘人数 × 100%

各种数据的评析如下。

- 录用比越小，相对来说，被录用人员的素质越高；反之，被录用人员的素质越低。
- 招聘完成比等于或大于 100%，则说明在数量上全面或超额完成招聘任务。
- 应聘比越大，说明发布招聘信息的效果越好，可能录用人员的素质就会越高。

②录用人员质量的评估。

录用人员质量评估的实质是对录用人员的能力、潜力、素质等方面所做的后继的考核，因而其方法与招聘中的测试方法相似。主要评估三个方面：录用人员受教育程度，可以反映录用人员的知识水平；录用人员参加工作的年数，可以反映录用人员从事工作的经验和能力；录用人员担当的职位，可以反映录用人员的重要程度。

课程回顾

本章讲述了企业员工招聘的概念、原则和意义；分析了内外部招聘的利弊与主要方法；强调了面试的类型和主要测试方法；介绍了录用决策的方法；讲述了招聘过程的评估内容和评估方法。

温故知新

一、单项选择题

1. 相对于内部招聘而言，外部招聘有利于（　）。

A. 培养员工的忠诚度　　B. 促进团结、消除矛盾

C. 招聘到高质量人才　　D. 激励员工、鼓舞士气

2. 相对于外部招聘而言，内部招聘具有的优势是（　）。

A. 树立组织形象　　B. 有利于吸收新观点

C. 有利于招到高质量人才　　D. 选拔出的人员较为可信，准确性高

3.（　）不是内部招聘的优点。

A. 激励性强　　B. 适应较快

C. 准确性高　　D. 费用较高

4. 有可能影响内部员工积极性的员工招聘方式是（　）。

A. 校内招聘　　B. 网络招聘

C. 内部招聘　　D. 外部招聘

5. 选择招聘渠道的首要步骤是（　）。

A. 分析招聘人员的特点　　B. 确定适合的招聘来源

C. 分析单位的招聘要求　　D. 选择适合的招聘方法

6. 选择招聘渠道的主要步骤有：①分析单位的招聘要求；②确定适合的招聘来源；③分析潜在应聘人员的特点；④选择适合的招聘方法。下列排序正确的是（　）。

A. ③①②④　　B. ④①③②

C. ③①④②　　D. ①③②④

7. 参加招聘会的主要步骤有：①准备展位；②招聘会后的工作；③招聘人员的准备；④与协作方沟通联系；⑤招聘会的宣传工作；⑥准备资料和设备。下列排序正确的是（　）。

A. ①⑥③④⑤②　　B. ⑥③④⑤②①

C. ⑥①③④⑤②　　D. ③①⑥④⑤②

8. 下列属于外部招聘的是（　）。

A. 选拔法　　B. 布告法

C. 熟人推荐　　D. 档案法

9. 内部招聘有效的方法是（　）。

A. 推荐法　　B. 考察法

C. 笔试法　　D. 试用法

10. 在招聘时，当企业要招聘的人员集中在某个专业领域，时间、地点限制不太重要时，企业发布招聘信息的媒体是（　）。

A. 电视　　B. 杂志

C. 报纸　　D. 户外广告

二、多项选择题

1. 外部招聘的不足主要体现在（　）。

A. 进入角色慢　　B. 筛选的难度大且时间长

C. 招聘成本高　　D. 影响内部员工的积极性

E. 决策风险大

2. 内部选拔的缺点有（　）。

A. 容易出现不公正现象　　B. 容易抑制创新

C. 带来新思想和新方法　　D. 树立新的形象

E. 有利于招聘一流人才

3. 外部招聘的优势主要体现在（　）。

A. 适应性较快　　B. 有利于招聘一流人才

C. 带来新思想　　D. 有利于树立良好形象

E. 带来新方法

4.（　）属于内部招聘方法。

A. 推荐法　　B. 校园招聘

C. 档案法　　D. 网络招聘

E. 布告法

5. 在中央电视台发布招聘广告时，比较适用的情况有（　）。

A. 候选人地区分布较广　　B. 企业需要迅速扩大影响

C. 空缺岗位迫切需要补充　　D. 行业或职业的流失率较高

E. 候选人相对集中于某个专业领域

6. 简历的筛选应涉及（　）等几个方面。

A. 审查应聘者的隐私　　B. 审查简历中的逻辑性

C. 分析简历内部结构　　D. 审查简历的客观内容

E. 对简历的整体印象

7. 在面试过程中，考官应该做到（　）。

A. 让应聘者充分理解和尊重自己　B. 创造一个融洽的会谈气氛
C. 让应聘者了解应聘单位的情况　D. 了解应聘者的知识和技能
E. 决定应聘者是否通过本次面试

8. 劳动环境优化的内容包括（　）。

A. 办公桌安排　B. 噪声
C. 温度和湿度　D. 空气
E. 照明与色彩

9. 从激励角度来看，内部招聘的作用在于（　）。

A. 能够给员工提供发展的机会
B. 使员工更加了解单位运营模式，更快适应工作
B. 强化员工为企业工作的动机
D. 增强员工对企业的责任感
E. 减少企业因岗位空缺而造成的间接损失

10. 选择招聘渠道的主要步骤是（　）。

A. 分析单位的招聘要求　B. 选择适合的招聘方法
C. 制订严格的招聘计划　D. 分析招聘人员的特点
E. 确定适合的招聘来源

三、简答题

1. 什么是企业员工招聘?
2. 做好员工甄选的意义是什么?
3. 分析内部招聘与外部招聘的利弊。
4. 试述企业员工甄选的基本流程是什么?
5. 在甄选中如何识别假文凭?

四、讨论题

1. 有人认为，招聘与甄选的技术只适用于大型企业，而对小型企业没必要，你认为呢?

2. 如果你到一家企业参加应聘，你最感兴趣的是哪些方面?

五、案例分析题

2014 年 11 月，著名的 TZ 超市在 H 市人才市场召开了专场招聘会，拟在 H 市招聘 15 名销售部门经理。招聘当天，TZ 超市的招聘工作人员把 H 市人才市场的 2 楼大厅布置得井井有条。楼梯上贴着 TZ 超市的宣传画，三楼门口放着一台电视机连续播放着介绍 TZ 超市的录像。

负责 TZ 超市招聘工作的邢女士说："TZ 超市重视流程管理，招聘工作也不例外。我们在招聘时早已做了充分的准备，制订了详细的招聘计划。我们只要在招聘的各个

流程环节中把好关，招聘的质量就不会有问题。”TZ 超市的招聘工作主要有以下几个步骤。

(1) 领表。进场的应聘者要先在入口处领取一张申请表，填写有关个人资料、教育程度、家庭状况、为什么来 TZ 工作等问题。领表，这个看似简单的过程却能淘汰掉不少应聘者。比如，有些人到 TZ 超市来应聘，却没有准备简历和照片等基本资料，TZ 超市认为他们可能缺乏策划组织能力，不太适合做零售业的部门经理，TZ 超市通常不会给此类应聘者机会。

(2) 初选。应聘者填好表格，将其交给人力资源部的工作人员，由他们进行初选。邢女士说，在这个过程中 TZ 超市会认真地审查申请表，询问应聘者一些问题，淘汰一些明显不适合到 TZ 超市发展的应聘者。

(3) 初试。通过 TZ 超市的初选后，应聘者就可以到部门经理那里面试了。TZ 超市的一个门店的 7 位部门经理（包括 4 个销售部门的经理、人力资源部经理、收银处经理和财务经理）参加面试。经理们都会问一些问题，根据每一位应聘者回答的情况，都会写下 A、B、C、D 的评语。通常被评为 A 或 B 的应聘者才有可能参加复试。

(4) 复试。通过了初次面试的人员，一周内会接到 TZ 超市人力资源部的复试电话通知。接下来还要经过至少 2 次面试，最后才接受总经理的面试。这时，初试过关的 10 位人员中大约有 1 位能够成为 TZ 超市的员工。

资料来源：http：//www. 233. com/ht/Assistant/momiti/20140930/1548593242. html (有改动).

请回答下列问题：

(1) TZ 超市在 H 市人才市场召开招聘会要做哪些准备工作？

(2) TZ 超市招聘流程初选阶段，审查申请表时，你认为应该注意哪些问题？

(3) 假如你是 TZ 超市销售部门的经理。在招聘的初试阶段担任主考官，请你采用开放式的提问方式，向应聘者提出 4 个问题。

六、实训训练

在教师的指导下，以班级为单位组织一场模拟招聘会，并由学生亲自设计应聘申请表，由某些学生组成专家组，进行现场提问。

实验内容与步骤如下。

1. 实验内容

(1) 企业发布人员需求；(2) 企业委托相应人员完成人员招聘；(3) 毕业生制作简历，并完成投发简历的工作，等待面试通知；(4) 委托机构初步完成面试，企业主管完成复试，通知录用。

2. 实验步骤

(1) 发布招聘信息（渠道的选择）；(2) 毕业生投简历（简历的制作）；(3) 企

业通知面试（面试注意事项）；(4) 企业进行复试（人员招聘选拔的方法）；(5) 通知录用（注意事项）。

收获与建议

通过本章学习，学生能够采集、整理、分析需求信息；能够确定人员招聘的具体来源；能够草拟招聘信息并设计招聘广告；能够设计招聘申请表并撰写公司简介；能够对应聘人员进行初步筛选以及背景调查。建议学生对招聘广告设计企业、人才市场招聘服务项目进行全面的了解和熟悉。

第二篇

员工培训、开发与职业发展

项目五　员工培训与开发

学习指南

1. 岗位要求

设计员工培训需求调研方案；制订员工培训、开发计划；设计选择合理的培训方案。

2. 素质能力标准

能清晰描述培训的概念和重要性，熟悉培训的分类、内容，熟练培训的程序和方法。

3. 学习任务

任务一　员工培训与开发概述

任务二　培训与开发的组织管理

4. 知识点

员工培训的概念和内容；员工培训的类型及日常管理要求；员工培训的方式和方法；员工培训成本的构成及核算。

5. 技能点

编制培训计划、选择培训形式、核算培训成本。

6. 学习重点、难点

重点：员工培训的概念、类型，培训的方式、方法，培训成本核算。

难点：培训的方式、方法，培训成本核算。

任务一　员工培训与开发概述

任务描述

面对激烈的市场竞争，归根结底是员工综合素质水平的竞争。假如你是人力资源部门负责人，如何通过培训提高员工的工作效率，进而增强企业的活力和竞争力呢？请结合实际，运用人力资源培训与开发理论，制订员工培训与开发计划，提出切实可行的员工培训方案。

知识支撑

企业以各种方式挑选、招聘员工的根本目的，就在于保证企业生产和经营的不断发展。但是，企业所选聘的员工能不能适合工作岗位、能否人尽其才、企业能否留住人才、员工能否适应企业不断发展的需要，都需要企业通过做好员工培训与开发工作才能实现。而企业又总是处在不断变化的社会经济技术环境中，为适应外部环境的变化，企业需要不断地调整。因此，不仅是新员工需要培训，即使是企业原有的老员工，同样需要通过培训及开发来更新知识、转变态度、提高技能。培训是为员工、为企业不断注入新的血液，以利于企业在不断的创新中发展、壮大。

在现代企业里，有句流行的话叫作“培训是最好的福利”，可见培训的重要性。员工培训与开发是企业对其员工学习的投资，“培训是投资，而非消费”，这种由“培训成本”到“投资”观念的转变，预示着人们开始用长期的、战略性的眼光来看待企业的员工培训与开发，同时也意味着学习将成为企业的战略性考虑。更重要的在于，对于员工学习的投资是企业创造内部劳动力市场的一条途径，并且以逐渐提升员工技能为目标的培训与开发政策也减少了企业对外部技能资源的依赖性。

案例欣赏

A公司是美国一家生产厨具的小型企业，大约有100名员工，这个行业的竞争性很强，A公司努力使成本保持在最低的水平上，由于成本问题，所以A公司对于在岗员工培训一直不重视。

甲是A公司的人事部经理，在过去的几个月中，甲发现A公司因为产品不合格问题已经失去了好几个重要客户。经过深入的调查，甲发现A公司的次品率为15%，而行业平均水平为5%。部门经理们在一起讨论后认为问题不是出自工程技术上，而是因为操作员缺少适当的质量控制培训。甲认为应该实施一个质量控制的培训项目，将次品率降低到一个可以接受的水平上，总经理起初很担心培训课程可能会耽误生产进度，甲强调说培训项目花费的时间不会超过9个工时，而且是分开同时进行的。总经理的疑虑消失后，就授权甲负责设计和实施操作培训这一项目。然后，甲向所有一线主管发出了一个通知，要求他们检查工作记录，确定哪些员工存在生产质量方面的问题，并安排他们参加培训项目。通知还附有一份讲授课程的大纲。在培训设计方案的最后，甲为培训项目设定了培训目标：将次品率在几个月内降低到5%。培训计划包括课程、案例研讨。在准备课程时，培训人员把讲义中的大部分内容印发给每个员工。在培训过程中，员工花费了相当多的时间来讨论教材中每章后面的案例，这样可以让他们更好地了解生产中的问题所在。此外，在案例研讨这一环节后，培训人员还会组织员工观看相关的影视作品，看完后会要求员工发表自己的想法。这样员工就不会觉得整个培训过程很枯燥，从而提高培训效率。由于A公司只是一家普通的小企业，所以没有专门的培训场所，于是培训被安排在公司的餐厅中进行，时间安排在早餐与午餐之间，也就是餐厅的工作人员清洗早餐餐具和准备午餐的时间。这样就不会耽误员工的就餐时间，也不会影响食堂的工作。

一个月后，总经理再次检查公司的次品率时，发现次品率虽然降低了，但还是没有达到目标。

资料来源：http：//www. doc88. com/p－2455513318576. html（有改动）.

案例启示

从这个案例我们可以看出甲经理的培训方法还是存在一定缺陷的。首先，HR培训包括许多内容：人力资源规划、招聘与配置、培训与开发、绩效管理、薪酬与福利管理、劳动关系管理、现代企业管理、组织行为等。甲经理只注意到了培训的一个方面，而忽略了其中对员工最重要的绩效与薪酬福利问题。其次，在进行案例研讨时，不仅仅需要员工在一起讨论，还需要部门经理和员工一起讨论，这样才能有好的效果。再次，要及时地评估反馈培训结果，甲经理并没有做到这一点。其实在开始时还应该对参与培训的员工进行问卷调查，以便更好地了解员工；或通过面谈的方式，让员工明确自己在公司中承担的具体责任，端正自己的工作态度。最后，甲经理忽略了客户这一重要环节，要想更深入地了解为什么客户会对公司不满意，重要的是要了解客户想要什么样的产品或自己的产品到底什么地方让客户不满意了。

5.1 员工培训与开发概述

5.1.1 员工培训与开发的含义

1. 员工培训

员工培训是指企业为了使员工获得、改进或提高与工作有关的知识、技能、态度和行为，以便提高员工的认知水平、工作绩效，最大限度地发挥其内在潜力，从而进行的一系列有计划、有组织的各种活动和过程。

2. 员工开发

员工开发是指以发掘、培养、发展和利用员工技能和能力为主要内容的一系列有计划、有组织的活动和过程。

员工培训与开发作为企业人力资源管理的重要内容，既有联系又有区别。培训是开发的手段之一，而开发则是对培训的延伸与发展。但二者之间仍然存在着一定的差别。首先，目的不同。培训的目的是通过培训，使培训对象获得与其目前工作相宜的知识、能力和工作态度；而开发则是为了更好、更长远、更大程度地发挥其潜在能力。其次，层次不同。培训是人力资源管理的最基本的方式，是战术性的；而开发则是人力资源管理的重要方式，是战略性的。最后，着眼点不同。培训着眼于眼前，而开发着眼于长远。

3. 员工培训与开发的目的

员工培训与开发的目的在于，通过培训，使员工掌握必要的知识和技能；培养和提高员工分析问题、解决问题的能力；提升员工的规划、创造能力。

视野

培训的发展阶段

培训起源于心理学和科学管理领域。培训理论随着管理科学理论的发展，大致经历了传统理论时期的培训、行为科学时期的培训、系统理论时期的培训三个发展阶段。

5.1.2 员工培训与开发的意义

人力资本培训理论和终身教育培训理论在西方众多关于培训的理论中是影响较大的。

小资料

人力资本培训理论

早在20世纪60年代，人力资本培训理论的代表美国经济学家舒尔茨就通过对农业经济发展的实证分析得出一个创新性结论：在现代社会，人的素质（知识、经验、技能和健康）等的提高，对社会经济增长所起的作用比资本和劳动（指非技术性劳动）的增加所起的作用要大得多，而人的知识技能基本上是投资（特别是教育投资）的产物。

法国成人教育专家保尔·朗格朗在1965年出版的《终身教育引论》一书中率先提出了终身教育培训的创新理念。终身教育概而言之，即指人的一生的教育与个人及社会生活全体的教育总和。终身教育应该是个人或组织为了自身的提高，而通过每个个人的一生所经历的一种人性的、社会的、职业的过程。这是在人生的各种阶段及生活领域，以带来启发及向上为目的，包括全部的、正式的、非正式的学习在内的一种综合和统一的理念。

企业培训与开发工作，作为人力资源管理的核心内容，受到越来越多的企业的重视，因为培训工作给社会、企业及个人带来了不同程度的影响，使得企业与员工个人对培训的需求也越来越多。员工培训与开发的意义具体表现在以下几个方面。

1. 员工培训与开发有利于员工素质的提高

实践证明，企业员工素质的高低将直接影响企业的发展。素质主要分为思想品德修养和技能素质。员工素质问题解决的途径，除了从基础教育入手，提高全民族整体文化水平之外，更主要的则需要通过实施员工培训与开发来实现。针对我国企业的现状，企业员工培训与开发工作，应侧重转岗培训和转业培训，同时更要加强员工思想品德教育，大力倡导爱岗敬业。通过培训与开发工作，可以使员工更适应工作岗位。

2. 员工培训与开发有利于调动员工的积极性

企业能否提供员工成长与发展的环境，已成为人们择业的重要标准。企业中的员工，虽然因学历、背景、个性的不同，而有不同的需求导向，但就其大多数而言，都希望不断充实自己、完善自己，充分发挥自己的才智。企业通过培训与开发工作，能够满足员工自尊、自我实现的需要，将激发员工深刻而持久的工作动力。

3. 员工培训与开发有助于实现组织的人事相宜

人事相宜表现为“因事择人”和“使人适事”。伴随着社会的发展、科技的进步，劳动分工越来越细，也越来越复杂，使得人与事的结合始终处于动态的矛盾之中，各种岗位对员工的智力与非智力素质提出了越来越高的要求。一方面可以通过人才流动实现“因事择人”的人事相宜；另一方面则可以通过员工培训与开发工作，实现“使人适事”的人事相宜。

4. 员工培训与开发有助于增强并保持企业的竞争力

现代企业的竞争归根结底是人才的竞争。高素质的企业员工队伍，是企业在激烈的市场竞争中获胜的保证。加快人力资源培训与开发，提高劳动者素质已成为企业管理的第一要务。企业通过实施员工培训与开发活动，首先，可以提高员工的知识水平、工作热情和合作精神，使得员工拥有新的工作理念、积极向上的工作态度及敬业精神；同时，也有利于建立良好的工作环境和工作气氛，提高员工的工作满意度和成就感，从而提高员工队伍的整体素质，并成为企业生存与发展的不竭源泉。其次，可以激发员工的首创精神和创新能力。通过员工培训与开发工作，员工增强了掌握新知识、新技能的能力，实现技术创新，而技术创新正是增强企业竞争力最为关键的一环。最后，可以提高员工的劳动熟练程度，进而提高劳动效率，有利于企业效益的提高。因此，员工培训与开发真正实现了增强企业竞争力的目标。

5. 员工培训与开发有助于提升企业文化

企业文化的建立有赖于员工培训与开发的规范和提高。成功的培训与开发工作能够塑造良好的企业文化。一是因为企业精神是企业文化的核心和基石，是企业的一种无形资产。二是因为提高员工的文化素质有助于增强企业的竞争力。加强企业的员工培训与开发，充分按照现代企业制度的要求创建现代企业教育培训和人力资源开发管理机制，有利于提高企业员工的综合素质。三是企业培训能够融入企业文化的内涵并形成制度，更好地树立良好的企业形象，增强企业的辐射力。

5.1.3 员工培训的原则

为了做好人力资源培训与开发工作，在实际的人力资源培训过程中应遵循一定的原则与要求。

1. 理论联系实际、学以致用的原则

员工培训的目的，就是使员工通过培训更加适合岗位要求，因此在培训中要强调员工培训的针对性和实践性，从工作的实际需要出发，充分考虑职位的特点，同时结合培训对象的思想、年龄、知识与能力结构等个性特征，这样才能真正收到实效、达到培训的目的。

2. 技能培训与组织文化培训兼顾的原则

培训的内容应与工作岗位职责相衔接。企业中的任何岗位，要求员工既要掌握必备的岗位知识和技能，又要了解并遵守企业的制度，同时，要求具有基本的职业道德。员工要达到或符合这些岗位要求，一方面可以通过招聘考察来保证，另一方面可以通过不断的培训加以强化。因此，在企业培训过程中既要安排文化知识、专业知识、专业技能的培训内容，也要安排理想、信念、价值观、道德观等方面的内容。

3. 全员培训与重点提高相结合的原则

员工培训是就企业全员而言，因此企业应有计划、有步骤地对在职的各级各类人员进行培训，提高全员素质。同时，本着企业发展的需要，重点培训一批技术骨干、管理骨干，特别是对中高层管理人员要进行重点培训。

4. 因人施教的原则

企业不仅岗位繁多，员工水平也参差不齐，而且员工在态度、智力、兴趣、知识、经验和技能方面，都存在着个性差异。因此，对担任工作所需具备的各种条件，各员工所具备的与应具备的亦有所不同，对这种已经具备与需要具备的条件的差异，在培训时应该给予充分重视。企业员工培训应该因人而异，不能采用“齐步走”的方式培训员工。应针对每位员工的实际技能、岗位要求和个人发展意愿等开展员工培训工作，培训方式和方法要切实符合员工个人的性格特点和学习能力，有的甚至要针对个人制订培训发展计划，以保证培训效果。

5. 激励的原则

由于企业存在不同的利益主体，为了做好培训工作，应通过激励调动其参与培训的积极性。企业的利益主体有员工、部门及主管、企业自身。在培训过程中应特别注意将员工培训与员工任职、晋升、奖惩、工资福利等结合起来，可以使接受培训的员工受到不同程度的鼓励，形成工作和学习的动力，以使员工内在潜力得到最大限度的开发，形成巨大的企业发展推动力。

小资料

影响员工培训的因素

外部因素：政府的政策、法规、经济状况、科技发展水平、工会、劳动力市场、行业竞争。

内部因素：企业发展需要、员工及管理人员素质。

5.2 员工培训与开发的形式与内容

5.2.1 员工培训与开发形式分类

1. 以培训开发与工作的关系为依据

以培训开发与工作的关系为依据，可将培训分为在职培训、脱产培训、半脱产培训。

（1）在职培训是指受训人员不需脱离工作岗位，利用现有的人力、物力实施的培训，不需要额外添置场所、设备，不脱离工作岗位，有时甚至也不需要专职教员进行的培训。

（2）脱产培训是指受训者脱离工作岗位，集中时间和精力，专门接受的培训。

（3）半脱产培训是指介于在职培训和脱产培训两种培训形式之间的，而又较好地兼顾了培训费用和培训质量的一种培训形式。

思考：在职培训与脱产培训对企业及员工个人的影响有何区别？

2. 以培训开发目的为依据

以培训开发目的为依据，可将培训分为企业文化教育、基础知识教育、学历教育和技能培训。

（1）企业文化教育是指对企业历史、价值观及规章制度的培训。

（2）基础知识教育是指对员工进行的与其工作相关的文化知识的补习。

（3）学历教育是指对员工进行的系统的、规范的较高层次的专业素质培训。

（4）技能培训是指从工作实际需要出发，有针对性地对企业员工所进行的岗位专业知识培训。

3. 以培训开发层次为依据

以培训开发层次为依据，将培训分为员工培训、监督指导层培训、管理层培训、经营层培训。

（1）员工培训包括在职员工和新员工培训。在职员工培训是指对已在岗的员工进行的培训。新员工培训是针对刚刚进入企业的员工进行的培训。

（2）监督指导层培训是指针对在企业生产一线，直接对生产工人进行指导监督、担负着生产劳动组织的终端职能的基层管理人员或从工人中新提拔上来的新基层管理人员所进行的培训。

(3) 管理层培训是指针对从事企业一般决策性工作的人员所进行的培训。

(4) 经营层培训是指针对企业最高领导层或即将晋升为领导层的人员进行的培训。

5.2.2 员工培训与开发的方式

对于企业而言，培训是企业获取竞争优势的重要途径，选择不同的培训方式将会产生不同的培训结果。因此，企业应针对自身的实际需要，选择适宜的培训方式，更好地开展企业培训工作。培训的方式方法很多，各种培训方式方法又有其自身的优缺点，为了提高培训质量，达到培训目的，往往需要将各种方法结合起来，灵活运用，下面着重介绍和分析职业模拟培训、环境体验式培训、职务轮换培训、案例剖析培训、独立学习式培训、学徒式培训、网上培训、跨文化管理培训等培训方式。

1. 职业模拟培训

职业模拟培训又称角色扮演法。就是假设一种特定的工作情景，受训者在培训教师设计的工作情景中扮演各种特定的角色，代表不同的组织或个人，针对特定的条件、环境及工作任务进行分析、决策和运作。例如，模拟公关部经理处理其员工申请岗位调整事宜，在模拟中需要受训人员分别扮演不同角色，并需要进行角色及环境设计。职业模拟培训旨在让受训者身临其境，有真实感，在模拟实际中不仅使受训人员提高了对所学理论的理解，同时提高了受训人员自身的适应能力和处理实际问题的能力。但职业模拟培训较为费时，所以使用该方式应注意加强时间管理。该方法适于对企业经营管理层人员所进行的培训。

2. 环境体验式培训

环境体验式培训是培训者利用自然环境设计一些训练项目，让受训者在应对挑战时，磨炼意志、陶冶情操、完善人格、熔炼团队。在环境体验式培训中，学员是主角。环境体验式培训可以提高受训人员的环境适应能力及团队合作精神。

3. 职务轮换培训

职务轮换培训是员工通过各种不同岗位的职务轮换，全面掌握企业各种职能的管理知识和艺术。通过职务轮换培训可以拓宽管理人员或潜在管理人员的知识面，有利于培养出全能人才。该方法适于对管理人员进行的培训。

4. 案例剖析培训

案例剖析培训是由培训师向培训对象提供社会经济生活中确实存在的事例并提出

具有启迪性的问题，让培训对象在独立分析思考问题的基础上，提出解决问题的方案和办法。同时，组织、引导培训对象进行课堂讨论。最后，由培训师做案例点评，点评时应注意激发学员思考、探索与创新。案例剖析培训有利于培训对象从多角度、多层次、多渠道去解决案例中要解决的问题，有利于培训对象对企业实际问题的解决。该方法适于对企业经营管理层人员进行培训。

5. 独立学习式培训

独立学习式培训就是让受训人员独立完成一项具有挑战性的工作。在整个培训过程中，受训者必须合理地安排每一个工作步骤，在工作中遇到困难的时候，需要受训者自己独立思考，提出一些具有创造性的解决方案。独立学习式培训有利于培养受训人员独立思考和创造能力，有利于促进受训人员为独立完成工作去学习新的技能，迎接更大的挑战。

6. 学徒式培训

学徒式培训是向新员工提供高技能的工作所要求的理论和实践方面的综合培训。学徒式培训将在职培训和课堂培训结合在一起完成。该方法适于对新员工进行的培训。

小资料

现代学徒制

现代学徒制是指企业培训与学校教育相结合的职业教育，是现代职业教育制度的重要组成部分。

现代学徒制的内涵与特点：

1. 使学徒（学生）获得“职业资格”，通过相关专业知识和技能的资格鉴定；
2. 培养综合职业能力，即针对职业工作任务提供全面的解决方案；
3. 在真实的工作环境中获得实践知识；
4. 促进职业认同感的建立与发展。

资料来源：“现代学徒制”的内涵、管理特征与实践创新（北师大职教所，赵志群）

7. 网上培训

网上培训是指培训师将培训内容存储于网上，借助企业的内部网、外部网、因特网对员工进行同步或非同步培训。网上培训由于形式灵活，费用较低，内容趣味性强，培训效率较高。

8. 跨文化管理培训

跨文化管理培训是指伴随着经济贸易及各领域全球化的发展趋势，越来越多的企业参与跨国经营，面对不同国家、不同文化给企业带来的新的挑战，对于企业各级各类管理人员进行的有关各国文化及由此形成的价值观的培训。

跨文化管理培训的理论依据是荷兰学者霍夫斯泰德等人的学说。他们认为可以用三个因素解释各种文化差异的成因：一是人们的个性发挥程度；二是尊重权威的程度；三是喜欢还是厌恶变化无常。通过培训使受训者掌握有关的文化背景知识，掌握与不同文化背景的人沟通的技巧，把这种差异所带来的不利转化为企业竞争的优势。该方法适于对管理人员特别是经营人员进行的培训。

小资料

基于跨文化的人员培训

跨国经营企业除了有计划地对员工进行技能深化和知识拓展培训外，还要特别注重跨文化培训。

对管理人员的培训，一是对外派管理人员的跨文化培训，二是对在东道国招聘的管理人员的培训。

对一般员工的培训，培训的类型分为在职培训和脱产培训。

资料来源：跨国经营企业跨文化人力资源管理问题及对策．陈艳红（价格月刊总第 382 期．2009. 3)

5.2.3 员工培训的基本内容

企业对不同层次的员工，应施以不同形式、不同内容的教育培训与开发。在培训内容的设计上，应当结合企业实际，根据培训对象的接受能力，由浅入深、循序渐进地设置培训内容，坚持理论与实际的统一，使得培训内容更具有可接受性、亲近性和可操作性。企业系统的培训一般按照员工层次设计培训内容。

1. 一般员工培训

（1）新员工培训。

每一个新员工上岗之前都应该接受岗前培训，这关系到员工进入工作状态的快慢程度和对自己工作的真正理解以及对自我目标的设定。这种培训一般由人事主管和部门主管进行，除了对工作环境的介绍和同事间的介绍之外，最重要的是对企业文化的介绍，包括企业的经营理念，企业的发展历程和目标等。企业可以通过组织介绍、实地参观、部门培训及面谈等方式，使新员工尽快熟悉并适应工作。有效的岗前培训，对新员工能够产生即刻的和持久的影响，甚至决定他们的成败。

新员工培训的内容包括以下几方面。

①企业文化。为了培养员工的归属感、忘我的敬业精神，树立良好的职业道德，以及集体主义和团结合作的作风。需要让员工了解企业的历史、企业宗旨、企业精神、企业哲学、企业发展目标、企业规章制度、福利和报酬等。

②业务培训。向新员工介绍业务知识与技能、部门职能、部门业务周边关系、工作流程、工作岗位职责和责任、操作要领以及安全和事故预防等。

③环境了解。为了让新员工更好地适应工作，除了企业文化教育和业务培训之外，还需要让员工了解并熟悉与其工作、生活关系密切的有关部门和场所，如餐厅、休息室、消防器材放置地点、衣物柜、准许出入的通道、饮水处、供应室与维修部、管理人员办公区、卫生与安全办公室、洗手间、吸烟区及活动室等。

④财务制度。向新员工介绍费用报销程序及相关手续办理流程以及办公设备的申领使用。

新员工的培训流程如下。

①先介绍新员工认识自己的上下级和平级同事。

②学习《员工手册》及《岗位指导手册》。

③给予阅读材料或利用多媒体或安排专人讲解企业的情况，包括企业概况，各种守则及制度，由部门经理讲解部门业务流程、岗位职责、工作程序及方法等。

视野

海尔：新员工培训四步

好的培训方式能引导帮助大学生正确、客观地认识企业，进而留住他们的心！海尔作为一个世界级的名牌企业，每年招录上千名大学生，但是离职率一直很低，离开的大部分是被淘汰的（海尔实行 10/10 原则，奖励前 10% 的员工，淘汰后 10% 的人员），真正优秀的员工多半会留在最后。那么海尔是怎样进行新员工培训的呢？

第一步：使员工把心态端平放稳。

第二步：使员工把心里话说出来。

第三步：使员工把归属感“养”起来。

第四步：使员工把职业责任心树立起来。

小资料

培养归属感

归属感是指一个人对某人、某事或某组织的从属感觉，是一种主观的个人感受。

一个人的归属感可以影响他对事物的忠诚度。因此，在企业文化及规章制度规定的前提下，在新员工培训过程中，可以通过采用多种形式的培训项目，增强新员工对企业的价值认同度、文化融入度、感情交流度、成长自信度和管理参与度，以切实培养新员工的归属感。

(1) 欢迎信。通过电子邮件、微信等多样手段将企业的一封简短欢迎信传递给各位新员工，使其感到受尊重。

(2) 见面会。由专人为新员工引见自己的上司、同事或下属。如果是新员工集体报到，可安排一个专门接待室，让新员工尽快熟悉团队，培养员工之间的情感。

(3) 与新环境的情感接触。新员工入职第一天应为其提供一个整洁的、办公用品齐备的、舒适而亲和的环境，使其很快地产生自己得到接纳的感受。

(4) 影响新员工对企业的判断。设计系统、科学、清晰简明的新员工培训计划，并在第一时间让新员工了解；在执行上，充分准备培训各个阶段的各种材料，并实施有效组织，这是新员工对企业形成良好印象的一个重要因素。

(5) 企业文化介绍。安排专人或使用多媒体工具讲解企业文化。一方面可以让新员工感受企业人性化的关怀，另一方面可以侧重引导新员工去关注企业希望其关注的重点（如企业的福利等）。

(6) 培训形式和培训场地的多样化和灵活性。灵活多样的培训形式和培训场地有助于树立企业的人性化形象，进一步增进新员工对企业的归属感。

（2）在职员工培训。

在职员工培训是企业培训体系的主体，伴随着社会进步、经济发展和科技进步，企业原有的工作环境、工作内容都不同程度地发生了变化，为适应这种变化，老员工同样需要企业提供诸如专业知识、经济基础理论、法律常识、计算机基础、公共关系知识及与专业相关的学科知识的培训。特别是中小企业由于员工素质相对较低，应适当增加基础文化知识的补习，以使其尽快适应岗位要求。在职员工的具体培训内容如下。

①员工技能培训。

员工技能培训是指培训员工掌握完成本职工作所必需的技能，例如，操作技能、谈判技能、处理人际关系的能力等。员工技能培训应在掌握基本技能的基础上，通过培训重点提高员工操作的熟练程度，增强创新能力。

②员工态度培训。

员工工作态度不仅关系到员工士气，而且关系到企业的生存与发展。例如，有的企业员工接受了技能培训后，确实技能得到了提高，也满足了岗位的需要。这说明对员工进行培训无疑对企业和员工都是有益的，然而一些员工却在接受培训之后就跳了槽，使企业“人财两空”。当然，正常的人才流动是必要的，但这种跳槽如果经常发生在企业培训之后，就要分析原因，采取相应的对策。企业可以采取法律、行政方法或采取分阶段、因时、因人制宜地进行培训，以防范员工在培训之后跳槽现象的发生。除了上述方法之外，更有效的方法是对症下药。

员工跳槽可能是多种因素所致，但不可忽视的原因之一是忽略了员工职业道德的强化培训。以往的员工培训更注重操作技能的培训。技能培训对于企业经营管理工作固然重要，但员工不仅仅是经济人，更是社会人，正是由于培训中忽略或缺乏对员工进行有关职业道德教育方面的培训，淡漠了员工的归属感和责任感，于是就可能导致培训后的员工跳槽。因此，在员工培训过程中，作为培训组织者，更应当意识到用系统的观念对待员工培训，只有将技能培训和工作态度、职业道德、集体主义精神等更好地结合起来，并且加大关于员工的职业道德、集体主义精神等方面内容的培训，才能达到既培养了企业需要的人才、又留住了人才的目的。

③规则培训。

规则培训强调员工必须了解并熟知企业的规章制度，以保证工作秩序、工作效率和工作质量。

④员工安全和健康培训。

企业在降低劳动保护相关成本的同时，要确保工作场所的安全与人员健康。特别是在当前的企业培训中，根据企业的实际情况，培训内容应更多地涉及如何处理工作压力和建立健康的生活方式问题。

2. 经营管理人员培训

（1）监督指导层培训。

由于监督指导层的管理人员身处生产经营第一线，直接对作业工人进行指导，担负着生产劳动组织的终端功能，地位重要，因此对其培训的重点应放在如何对下属进行工作指导、如何改善工作方法以及工作中的人际关系方面。

（2）管理层人员培训。

管理层人员工作中有较多的决策性内容，其工作内容除了实施纵向指挥系统的沟通外，还要进行广泛的横向协调。因此，管理层人员培训的重点主要是管理理论、沟通与协调能力。

(3) 经营层人员培训。

经营层教育是以企业最高领导层或即将升入最高领导层的人员为培训对象。其教育的目的不是学习生产现场的管理知识，而是形成作为经营者应具有的战略眼光和开拓创新精神，掌握统领全局的领导能力。因此，经营层人员培训的重点是相关的战略管理理论、创造精神。

5.2.4 民营企业培训

1. 最受民营企业青睐的培训模式

随着众多民营企业对人员培训的逐渐重视，对培训课程的要求也逐步提高，他们越来越注重实战经验的传播，越来越注重培训的专业化和系统化，并希望培训课程涉及企业的各个领域和各个层面，而且具有持续性。但是，由于我国的民营企业大多数是中小型企业，本身没有完善的人员培训系统，由此产生了对商业性培训业务的极大渴求。所以，许多专门为中小型民营企业服务的培训公司应运而生，各种灵活的模式和方法使他们在这块培训市场的巨大空缺中迅速成长。

(1) 培训超市。

培训超市也被称为 AA 制培训形式，其特点是企业在卡内存入一定数量的资金，培训公司把全年的课程安排都告知企业，企业可以自由选择适合本企业员工特点的课程；很多企业共同参加同一名师课程的操作模式。

(2) “戴尔”式培训。

“戴尔”式培训模式 = 订单式 + 集成化 + 高品质 + 低价位

所谓订单式、集成化，是指集成开课、自主选择。企业培训的目的是通过改变企业的行为而提高业绩。所以，企业在选择培训之前要做好培训需求分析。企业在做好了严格的需求分析后，可以根据自己的需要自主选择合适的课程。“戴尔”式培训兼具灵活性和系统性，企业可以整体大批采购，也可以挑选一些最适合的课程自由搭配，免除了企业四处选课的麻烦，大大节省了时间和精力，而且课时短、针对性强，课程流程比较长，有利于受训者持续学习。先参加培训后实践，接着再学习，可行性和即时性都得到保障。这种培训模式有较好的市场前景。

2. 民营企业培训应注意的问题

(1) 民营企业的培训重点是建立团队、增强管理能力和领导力。

(2) 注意选择培训机构、培训课程，量力而行，做到既适合又经济。

视野

员工培训与开发模式

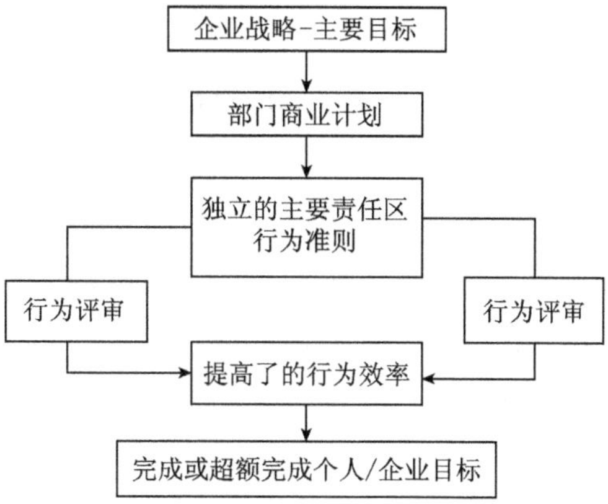

图5－1　企业战略－主要目标模式

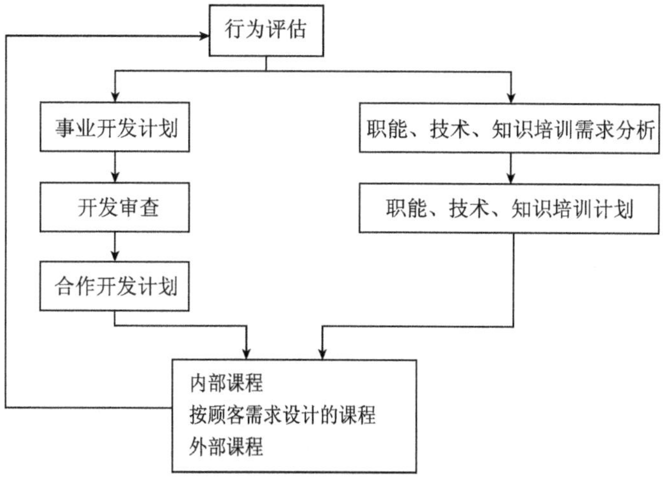

图5－2　行为评估模式

任务二　培训与开发的组织管理

任务描述

RB 公司是一家皮鞋制造企业，拥有近 400 名员工。针对公司生产线频频出现质量事故，公司领导决定举办专门的质量管理培训课程来解决这些问题。课程被安排在每周五晚上七点至九点进行，为期 10 周。员工可以自愿听课，公司不给员工支付额外的工资。培训课程由质量监控部门的李工程师主讲。培训形式包括讲座、放映有关质量管理的录像片及一些专题讨论。课程刚开始时，听课人数平均在 60 人左右。在课程快要结束时，听课人数下降到 30 人左右。而且，因为课程是安排在周五的晚上，所以听课的人员都显得心不在焉，有一部分离家远的人员课听到一半就提前回家了。

如果李工程师授课不是造成问题的主要原因，请你找出培训不成功的原因。

知识支撑

培训管理不是一件事，而是一系列工作的合理结合，培训的计划、培训需求信息的搜集整理、培训时间地点的安排、培训后的考核以及培训结果的评价都是保证培训良好效果的必备条件。

5.3　培训与开发的组织管理

5.3.1　培训与开发的工作流程

培训与开发工作流程一般分为培训需求分析、培训设计和实施及培训评估三个阶段，如图 5-3 所示。

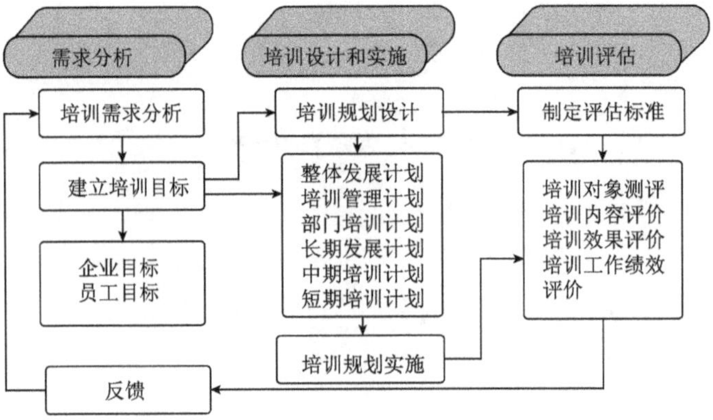

图 5-3　培训与开发流程

1. 需求分析阶段

需求分析又称需求评估，就是判断是否需要培训及确定培训内容的一种活动或过程。需求分析是企业人力资源培训与开发工作的基础，反映了企业要求具备的理想状态与现实之间的差距。需求分析关系到培训的方向，对培训的质量具有决定性作用。为了做好培训需求分析工作，应首先确立培训的目标，其次应当具体分析引起企业培训需求的原因，一般应从不同层次、不同方面、不同时期、不同方式对培训需求进行分析。

（1）培训需求范围分析。

①需求层次分析包括组织分析、工作分析及个人分析。

组织分析是依据企业所面临的环境、企业未来的发展战略，以及企业培训资源的可获取性，确定企业范围内的培训需求。组织层面的需求分析，可以说明一个企业是否需要从整体上对员工进行培训，同时，通过组织分析可以保证培训计划符合企业整体目标与战略需求。

工作分析主要是依据不同岗位的员工达到理想的工作业绩所必须掌握的技能和能力，来确定培训的需要及需要培训的内容。这一层次的培训需求决定了培训的主要内容。

个人分析是将员工目前实际工作情况与员工的工作标准进行比较，分析是否存在差距，并以此为依据确定目前乃至未来的培训需求。

②需求对象分析包括新员工培训需求分析、在职员工培训需求分析及经营管理人员培训需求分析。

③需求时段分析包括目前培训需求分析和未来培训需求分析。

视野

表5-1　麦吉和塞耶的判定培训需求的方法

分析	目的	方法
组织分析	决定组织中哪里需要培训	根据组织长期目标、短期目标经营计划判定知识和技术需求 将组织效率和工作质量与期望水平进行比较 制订人事计划，对现有雇员的知识/技术进行审查 评价培训的组织环境
任务分析	决定培训内容应该是什么	对于个人工作，分析其业绩评价标准、要求完成的任务和成功地完成任务所必需的知识、技术、行为和态度
人员分析	决定谁应该接受培训和他们需要什么培训	通过使用业绩评估，分析造成业绩差距的原因 收集和分析关键事件 对员工及其上级进行培训需求调查

（2）培训目标。

在明确了员工培训需求以后，企业应当以此为依据，确定员工培训的目标。培训目标可以起到指导培训内容、确定培训方法和选择评价手段的作用。一般从两个方面来考察培训目标。

①企业方面。一是以提高员工适应企业经营管理活动所需要的知识、技能和态度为培训的目标；二是以提高员工作为一名社会人或公民应具备的知识、修养为目标。

②员工方面。以员工达到自我实现为培训目标。

以上两方面的结合就是企业进行培训所要达到的目的，将其具体细分为三个方面，即知识目标、行为目标及结果目标。知识目标是指员工经过培训以后，懂得并且能够掌握相关的知识；行为目标是指员工经过培训以后，明确将在工作中能够做什么；结果目标是指通过培训以后，将获得何种最终结果。例如，对于新招聘的营销人员而言，培训的知识目标，就是必须让他们了解营销的原理、营销的策略；培训的行为目标，就是使他们懂得如何有效率地完成工作，包括营销的技巧、营销的方法；培训的结果目标，就是使所有的新招聘的营销人员能够适应营销岗位的需要，较为规范地、有效地从事营销工作。

（3）培训需求分析方法。

①问卷调查法。用事先设计的问卷调查培训需求。一般做法是列出一份有效从事某项工作所需的技能清单，要求员工选出他们认为需要进行培训的技能，如图 5－4 所示。

说明：仔细阅读培训内容后回答问题。如果你认为哪项技能需要培训，在“是”上打“√”，这项技能或者在现职工作中使用，或者为晋升到更好的职位做准备。如果不确定，在“？”上打“△”。如果你认为哪项技能不需要培训，在“否”上打“×”。

1. 如何更有效地利用时间	是	？	否
2. 如何更快地适应新环境	是	？	否
3. 如何处理工作中的压力	是	？	否
4. 如何提高沟通能力	是	？	否
5. 如何更规范地操作	是	？	否
6. 如何实施柔性管理	是	？	否
7. 如何协调劳动关系	是	？	否
8. 如何进行项目管理	是	？	否
9. 如何预防职业损伤	是	？	否

图 5－4　需求问卷（节选）

优点：信息量大；节约时间；资料容易进行分类整理。

缺点：问卷设计时间长；费用高；问卷回收率难以保证；缺乏真实性。

② 座谈法。座谈法是通过与受训者一起讨论工作满意度、工作态度等诸多问题，而确定培训需求的方法。

优点：信息量大；获取资料直接。

缺点：费时；资料不易进行分类整理。

2. 培训设计和实施

（1）培训设计和实施的程序（如图5－5所示）。

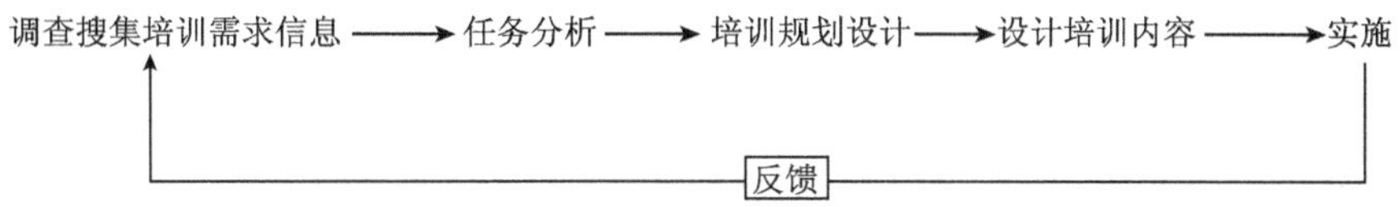

图5－5　培训设计和实施的程序

（2）培训设计和实施的内容。

培训设计的内容要适应企业实际需求，突出能力培训，并使得培训内容满足企业长远发展需要。设计内容一般包括培训的目的、原则、确定培训对象、培训计划、具体培训内容、培训教师、组织者、考评方式、培训费用，以及培训时间、地点、形式等。

明确了具体的培训目标和内容以后，设计培训规划是一项重要的培训实施工作。培训规划是多层次、多方面的，将通过不同层次、不同时间的具体培训计划体现出来。培训计划应列明：培训依据、培训目的、培训项目、培训对象、培训负责人、培训时间、培训内容、培训进度、师资来源和培训费用预算等诸多内容（如表5－2所示）。在制订培训计划时，首先由人力资源管理部门（或者培训主管单位）提供培训需求调查表，经各级单位人员讨论、填写完毕并经过直属主管核定后，再由人力资源管理部门汇总，拟定培训草案，提请上一级主管审定，在年度计划会议上讨论通过。具体的培训计划分类有以下几种。

①按员工发展规划的层次，培训计划可以分为整体发展计划、培训管理计划和部门培训计划（如表5－2所示）。整体培训计划对企业培训工作起着全局性的指导、控制作用，主要涉及培训总体目标、企业培训资源；培训管理计划是企业整体发展计划的细化，是企业各部门制订实施计划的依据；部门计划是各部门具体的培训工作计划，是企业整体培训计划的具体体现。部门计划包括部门培训计划、培训实施工作细则、教育训练纲要等。

②按员工发展规划的时间，培训计划可以分为长期计划、中期培训计划和短期培训计划（如表5－3所示）。长期发展计划一般以1～3年为期，是为了明确企业整体培训的目的、培训的方向性与现实之间的差距，以及资源配置问题。

表 5-2　员工培训计划表

培训编号：　　　　　　　　　　　　培训部门：

培训名称		培训时间	自　　　至

培训课程时数及负责人											
课程	培训教材	培训教员	培训时间	负责人	培训费用	课　程	培训教材	培训教员	培训时间	负责人	培训费用

参加人员：　　　　共　　　　人名单如下：														
单位	职务	姓名	学历	专长	单位	职务	姓名	学历	专长	单位	职务	姓名	学历	专长
费用预算：										每人分摊费用：				

批准：　　　　　　　　审核：　　　　　　　　拟订：

表 5-3　年度培训计划

序号	培训类别	培训班名称	举办部门	培训人数	培训时间	培训内容	教师	教材	培训地点	备注

（3）培训计划在实际操作过程中，应该注意几个问题。

①注重培训与考核相结合。培训是持续性的心智改造过程，所以应当注意观察培训过程中受训者的反应及意见，做好控制工作。

②注重弹性管理与例外管理相结合。对于一般性的训练，应由人力资源管理部门主要负责。对于特定性的培训，应采用例外管理，由各个单位根据具体情况弹性处理。

③注重事前沟通。通过培训前的有效沟通，便于营造良好的学习氛围，从而有利于加强学习互动，使企业逐步演变成学习型组织。

3. 培训评估

所谓培训评估，是指对培训项目、培训过程和效果进行评价。其实质是对培训信息进行加工、处理及应用的过程。一般分为培训前评估、培训中评估和培训后评估。培训前评估指培训前对受训者的知识、能力和工作态度进行分析，作为制订培训计划的根据，以保证培训项目组织合理、运行顺利，保证受训者对培训项目有较高的满意度；培训中评估指培训实施过程中对受训者进行的评估，其目的是能够更好地控制培训实施的有效程度；培训后评估是对受训者最终培训效果进行的评价，是培训评估中最为重要的部分，通过这一阶段的评估分析，能够明确培训项目选择得是否适宜、了解培训预期目标的实现程度，为以后的培训计划、培训项目的制订与实施等提供决策依据。

（1）培训评估的意义。

培训评估是通过对培训过程的监控、收集培训成果信息，以衡量、评价培训是否有效的过程。通过培训评估，可以把握企业培训计划与实际适应情况，发现企业培训过程中存在的问题，评价培训决策水平，便于企业今后更好地进行人力资源配置与利用。

（2）评估内容。

评估内容大致分为：受训人员的知识、技能、工作态度评估；培训内容、进度和效果监测评估；培训机构、工作绩效评估。

（3）培训评估标准及方法。

①反应评估。反应评估是培训人员对培训计划的接受程度。反应评估涉及的内容十分广泛，包括计划内容、计划结构和格式、指导技巧、指导者能力和风格、学习环境的质量、培训目标实现程度和改善建议等。通过问卷、面谈、角色扮演、技能测试等方式，了解员工对培训目的、培训内容、培训方式及培训教材和资料等是否满意。反应评估问卷样本如图 5－6 所示。

培训计划名称：______________

指导者：______________

日期：______________

1. 你如何评价整个培训计划？

□非常好　□很好　□好　□一般　□差

说明______________

2. 将来你愿意参加同类培训计划吗？

□愿意　□不愿意　□不确定

说明______________

3. 该计划与你现在工作的相关程度如何？

□高度相关　□某种程度相关　□不相关

说明______________

4. 培训教师的能力和风格如何？

□非常好　□很好　□好　□一般　□差

说明______________

5. 对未来计划的其他说明和建议：

签名（可选项）：______________

图 5－6　反应评估问卷

②学习评估。学习评估是培训人员通过培训，在知识及技能方面有多少提高。一般可借助考试、实地操作等形式，测定员工受训后，在观念、原理、知识和技能等方面是否得到改善。

③行为评估。行为评估是培训人员经过培训，自身行为及员工整体行为是否改变。通过观察、问卷、面谈等形式，由上级或同事观察员工在培训前后是否发生变化，以及是否有助于推动个人及部门工作。

④结果评估。结果评估主要是衡量企业是否因为培训而经营得更好。一般的培训计划的结果是成本降低、人员流动率降低。

表 5－4 至表 5－8 是某公司培训工作的系列表格。

表 5－4　员工培训成果检测表

	第 1 次评价	第 2 次评价
公司的经营理念		
1. 了解公司的经营理念		
2. 随口能背出经营理念		
3. 会逐渐喜欢经营理念		
4. 以经营理念为荣		
5. 以经营理念为主题，写出感想		

续表

企业的存在意义		
1. 了解公司的社会存在意义		
2. 了解本公司的社会使命		
3. 了解何谓利益		
4. 了解创造利益的重要性		
5. 了解什么是工资与福利		
公司的组织、特征		
1. 以简单的图解表示出公司的组织		
2. 了解各部门的主要业务		
3. 了解公司的产品		
4. 能说出公司产品的特征		
5. 能说出公司的资本额、市场比例等数字		
业界的理解		
1. 能说出公司所属的业界		
2. 了解业界的现状		
3. 了解公司在业界的地位		
4. 能提出如何提高公司在业界地位的建议		
5. 强烈地关心业界的整体动向		
上班、下班的规则		
1. 比规定的上班时间更早到公司		
2. 早晨的问候很清脆、有精神		
3. 不会在下班时间之前就收拾准备回家		
4. 整理收拾桌上或周围东西后才下班		
5. 确实做到下班打招呼		
问候、措辞		
1. 与上司或同事打招呼时声音清脆、愉快		
2. 措辞不会像学生时代那样草率		
3. 确实地回答是或不是		
4. 了解敬称的用法		
5. 上班中不闲聊		

表 5－5　年度训练计划汇总表

<table>
<tr><th>部　门</th><th>班　次</th><th>人　数</th><th>时　间</th><th>费用（元）</th><th>备　注</th></tr>
<tr><td></td><td></td><td></td><td></td><td></td><td></td></tr>
<tr><td></td><td></td><td></td><td></td><td></td><td></td></tr>
<tr><td></td><td></td><td></td><td></td><td></td><td></td></tr>
<tr><td></td><td></td><td></td><td></td><td></td><td></td></tr>
<tr><td></td><td></td><td></td><td></td><td></td><td></td></tr>
<tr><td></td><td></td><td></td><td></td><td></td><td></td></tr>
<tr><td colspan="3">教育训练部</td><td>主　管</td><td colspan="2"></td></tr>
</table>

表 5－6　在职训练结报表

部门：______部______ 单位

年　月　日　　　　　　　　　　　　　　经办：

<table>
<tr><td colspan="2">课程名称</td><td colspan="2"></td><td>课程编号</td><td></td></tr>
<tr><td colspan="2">项　目</td><td>举办日期</td><td>训练时数</td><td>参加人数</td><td></td></tr>
<tr><td colspan="2">计　划</td><td></td><td></td><td></td><td></td></tr>
<tr><td colspan="2">实　际</td><td></td><td></td><td></td><td></td></tr>
<tr><td colspan="2">项　目</td><td>预算金额</td><td>实际金额</td><td colspan="2">异　常　说　明</td></tr>
<tr><td rowspan="4">训练费用</td><td>讲师费</td><td></td><td></td><td colspan="2"></td></tr>
<tr><td>教材费</td><td></td><td></td><td colspan="2"></td></tr>
<tr><td>其　他</td><td></td><td></td><td colspan="2"></td></tr>
<tr><td>合　计</td><td></td><td></td><td colspan="2"></td></tr>
<tr><td rowspan="3">训练检查及审核</td><td>学员意见</td><td colspan="4"></td></tr>
<tr><td>讲师意见</td><td colspan="4"></td></tr>
<tr><td>会计部</td><td colspan="2"></td><td>教育训练部</td><td></td></tr>
</table>

表5－7　在职训练费用申请表

课程名称：　　　　　　　　　　　　　　　　　　　　　　　　申请日期：　　年　　月　　日

单位	姓名	人员代号	□讲授科目	时数	钟点数	总计（元）	盖（签）章
			□教材名称	字数（千字）	教材费		
会计部		教育训练部				单位	

表5－8　新员工培训成绩评核表

单位		职务		姓名		学历		专长	
培训期间		培训项目			培训部门		培训负责人		
一、新进人员对所实施培训工作项目了解程度如何？									
二、对新进人员专门知识（包括技术、语文）评核。									
三、新进人员对各项规章、制度了解情况。									
四、新进人员提出改善意见评核，以实例说明。									
五、分析新进人员工作专长，判断其适合何种工作，列举理由说明。									
六、辅导人员评语。									

5.3.2　企业培训工作管理

1. 建立健全企业培训组织

企业应配备专职的部门和人员从事培训工作。企业培训的机构有两类：企业外部培训机构和企业内部培训机构。外部机构主要包括专业培训公司、院校以及跨公司间的合作。内部培训机构则包括专门的培训实体，或由人力资源部履行其职责。一般来讲，规模较大的企业拥有自己的培训机构，如吉利公司的吉利大学，万向集团的万向职业技术学院等。规模较小的企业特别是中小企业最好借助外部培训机构。

2. 设置、选择适宜的培训课程及教材

培训课程是一个直接为企业服务的具有实践性、针对性、时效性等特性的课程系统。课程设置必须目的明确、模式科学、时间合理。

培训教材是保证培训课程培训效果的重要手段。而教材则应突出其实用性，教材的类型多样化，如果有条件，最好开发企业自己的培训教材，从课程和教材两方面把好培训关。

3. 做好教师选聘工作

科学的课程设置、适宜教材的选用，是搞好培训的重要条件，但能否产生预期的效果则在很大程度上取决于教师的讲授效果。因此，必须选聘好培训教师。

培训教师可以通过企业外部聘用和内部开发两条途径来选择。

4. 教学计划的制作顺序

培训教师要以下列的基本顺序来制作教学计划。

（1）确定讲义目的。

确定课程整体的评鉴和重要性，明确教学重心和教学目的。

（2）决定授课题目（教学名称）。

题目最好能清楚明白并具有弹性。例如以“公司的生产管理”代替“生产管理体制的概要。”

（3）检查教材内容。

检查教材全部的内容，并将重点项目列举出来。内容要以听讲者能够接受的程度为准，稍微简单一点比较好。

（4）决定教学方法。

即决定教学以教材为主进行，还是以边教边讨论的方式进行。

（5）选定教材和辅助工具。

为了提高教学效果，使用辅助工具和教材是必要的。在这个阶段就必须决定要使用幻灯片或录放影机。

（6）设计进行方式。

这是整个教学计划的重心，所以必须多花一些时间来讨论。

（7）时间的分配。

完成所有程序之后，最后就是计算分配时间。要使整个课程能很顺利地进行，最好在课程结束前5分钟做总结，使时间不会显得太紧或过多。

5. 教学计划书的写法

范围和每个项目都决定之后，最后就是添入教学计划书中，可以将计划书当作是讲义的笔记，其内容如下。

（1）要写明培训名称以及培训对象，如新进员工教育，或女性员工教育等。

（2）写明培训所需要的时间以及培训形式，如授课或讨论，或是事例研究等形式。

（3）写明培训需要强调的部分。

（4）培训内容按照每个要点、项目（细项）分类记录并附上文字说明。

（5）在需要强调的地方划红线。

（6）每个项目都配有事例，讲课时间多出来时，可利用这些事例来控制时间。

6. 讲义资料的整理

完成教学计划的同时也要开始整理讲义资料。整理资料有一些原则，为了提高教学效果，最好能照此原则来整理。

（1）资料的种类。

资料分类的方法：有按照目的来区分的，也有用颜色来区分的，目的是为了更容易区别。

①整理资料。通常所谓的资料就是指整理资料，就是将讲义的要点或补充说明整理并写出来的资料。又可分为包括所有讲义内容和只包括重点的资料两种。

②课题资料。是假设性案例或思考问题的资料，在授课过程中分发，当做习题。

③资讯资料，又称情报资料。是靠讲课无法完全说明的内容或专门用语的解说资料，用来补充讲课的不足，所以多在事前分发。

④摘要。所谓摘要就是只记下讲义的项目名称的资料，不写具体的内容，项目和项目之间可以记录讲义内容，可以当作笔记簿兼资料。摘要也有资料之外的讲义目录的意思。

（2）讲义资料制作的原则。

讲义资料的制作与使用要根据以下的原则。

①在教学中使用呢？还是教学后当参考资料呢？按照使用方法来决定内容的量与组合。

②教学中使用的资料最好是整理成一页。

③分项目来写，越简洁越好。

④资料不要在事前全部一次分发，说明的时候才分发。

⑤附上装订夹，便于大家保管。

课程回顾

本章主要分析了员工培训与开发的意义及必要性，员工培训与开发的形式与方法，培训与开发的一般流程管理，重点分析了员工培训与开发的需求分析、培训设计与实施以及培训评估。

温故知新

一、单项选择题

1. 人员培训活动的起点是（　）。

A. 培训目标的确定　　B. 培训计划的确定

C. 培训师资的选定　　D. 培训需求的确定

2. （　）不是培训前期的准备工作。

A. 准备培训需求调查　　B. 建立员工背景档案

C. 与主管领导沟通　　D. 写出行动计划

3. （　）不属于企业培训需求信息的收集方法。

A. 重点团队分析法　　B. 观察法

C. 工作岗位分析法　　D. 面谈法

4. 在对在职员工进行培训需求分析时，用（　）来评估其在工作中所需要的技能。

A. 绩效分析法　　B. 组织分析法

C. 任务分析法　　D. 工作分析法

5. （　）能够更好地评估在职员工的培训需求。

A. 绩效分析法　　B. 调查分析法

C. 问卷分析法　　D. 会议调查法

6. 对新员工的培训需求分析效果最佳的方法为（　）。

A. 绩效分析法　　B. 任务分析法

C. 组织发展需求分析法　　D. 工作岗位培训

7. 以下提法中，（　）不是培训需求的对象分析和阶段分析。

A. 新员工培训需求分析　　B. 在职员工培训需求分析
C. 目前与未来需求分析　　D. 新员工工作需求分析

8. 对培训对象的培训需求进行分类，要求各类培训对象的培训需求有（　）。
A. 类似性　　B. 差异性
C. 多样性　　D. 特殊性

9.（　）旨在对员工培训需求提供一个连续的反馈。
A. 全面任务分析模型　　B. 循环评估模型
C. 绩效差距分析模型　　D. 阶段评估模型

10. 在制定培训规划时，排序的基本依据是（　）。
A. 任务说明的结果　　B. 绩效分析的结果
C. 需求分析的结果　　D. 工作分析的结果

二、多项选择题

1. 根据培训阶段的不同，培训需求分析可以分为（　）。
A. 长期培训需求分析　　B. 目前培训需求分析
C. 中期培训需求分析　　D. 未来培训需求分析
E. 短期培训需求分析

2. 根据培训对象的不同，培训需求分析可分为（　）。
A. 业务部门培训需求分析　　B. 新员工的培训需求分析
C. 管理部门培训需求分析　　D. 在职员工培训需求分析
E. 设计部门培训需求分析

3. 培训需求信息的主要收集方法有（　）。
A. 面谈法　　B. 观察法
C. 调查问卷　　D. 重点团队分析法
E. 工作任务分析法

4. 培训需求分析就是采用科学的方法，弄清（　）。
A. 培训什么　　B. 培训方法
C. 为什么要培训　　D. 培训方式
E. 谁最需要培训

5. 培训需求分析是（　）的前提。
A. 确定培训目标　　B. 进行培训评估
C. 设计培训计划　　D. 培训经费预算
E. 有效实施培训

6. 培训需求分析报告包括（　）。

A. 附录　　B. 报告提要
C. 阐明分析结果　　D. 需求分析实施的背景
E. 概述需求分析实施的方法和过程

7. (　) 属于培训需求分析模型。
A. 循环评估模型　　B. 绩效差距分析模型
C. 全面性任务分析模型　　D. 薪酬差距分析模型
E. 前瞻性培训需求分析模型

8. 分析培训需求要重点（　）。
A. 关注培训成本　　B. 了解受训员工的现状
C. 考虑培训计划的可行性　　D. 了解受训员工在工作中面临的困难
E. 关注员工通过培训后要达到的效果

9. 分析与输出培训需求结果的过程包括（　）。
A. 对培训需求调查信息进行归类　　B. 对培训需求调查信息进行整理
C. 对培训需求进行分析　　D. 对培训需求进行总结
E. 撰写培训需求分析报告

10. 起草培训制度草案，一般应包括（　）。
A. 企业员工培训开发的战略目标　　B. 企业员工培训制度的解释与修订
C. 实施企业员工培训的基本宗旨　　D. 企业员工培训制度的核准与实施办法
E. 制定企业员工培训制度的依据

三、简答题

1. 员工培训对企业人力资源管理有何意义?
2. 分析不同培训方法的优点和不足。
3. 培训过程由哪几个阶段构成?

四、讨论题

1. 剖析员工培训的关键是什么?
2. 如何为企业选择理想的培训师?

五、案例分析题

飞天制造公司是一家生产厨具和壁炉设备的小型企业，大约有150名员工，比尔是这家公司的人事经理。这个行业的竞争性很强，飞天公司努力使成本保持在最低的水平上。

在过去的几个月中，公司因为产品不合格问题已经失去了三个主要客户。经过深入的调查，发现次品率为12%，而行业平均次品率为6%。副总裁斯皮尔和总经理索洛在一起讨论后认为问题不是出在工程技术上，而是因为操作员工缺乏适当的质量控制培训。

索洛使斯皮尔相信实施一个质量控制的培训项目将使次品率降低到一个可以接受的水平上，然后他接受了斯皮尔的授权，负责设计和实施操作培训项目。斯皮尔很担心培训课程可能会引起生产进度问题，索洛强调说培训项目花费的时间不会超过 8 个工时，并且分解为 4 个单元，每个单元 2 小时来进行，每周实施一个单元。

然后，索洛通过人事经理比尔向所有一线主管发出了一个通知，要求他们检查工作记录，确定哪些员工存在生产质量方面的问题，并安排他们参加培训项目。通知还附有一份讲授课程的大纲。在培训设计方案的最后，索洛为培训项目设定了下述的培训目标：将次品率水平在 6 个月内降低到标准水平 6%。

培训计划包括讲课、讨论、案例研究和一部分录像。在准备课程时，教员把他讲义中的很多内容印发给每个学员，以便于学员准备每一章的内容。在培训过程中，学员花费了相当多的时间来讨论教材中每章后面的案例。

由于缺少场所，培训被安排在公司的餐厅中举办，时间安排在早餐与午餐之间，这也是餐厅的工作人员准备午餐和清洗早餐餐具的时间。

本来应该有大约 50 名员工参加每个培训单元，但是平均只有 35 名左右出席。在培训检查过程中，很多主管人员向索洛强调生产的重要性。有些学员对索洛抱怨说，那些真正需要在这里参加培训的人已经回到车间去了。

索洛认为评价这次培训最好的方法是看在培训项目结束后培训目标是否能够达到。结果，产品的次品率在培训前后没有发生明显的变化。索洛对培训没有能够实现预定的目标感到非常失望。培训结束 6 个月后，次品率水平与培训项目实施以前一样。索洛感到自己压力很大，他很不愿意与斯皮尔一起检查培训评估的结果。

资料来源：http：//www. docin. com/p－75783570. html（有改动）.

分析要求：

（1）索洛的培训项目在设计方面有哪些问题？培训目标的设定存在什么问题？如何改进？

（2）你认为应该如何评估该公司此次培训的需求？

（3）质量控制中的问题总是可以通过员工培训来解决吗？你认为可以使用哪些其他的培训方法和技术来解决该公司的次品率问题？

六、实训训练

拟订一份新员工培训计划并写明实施要点。

1. 培训需求调查

（1）模拟设计培训需求调查表。

（2）分析汇总培训需求调查表。

2. 根据培训需求设计培训方案

（1）策划一次通用技能培训。

（2）策划一次新员工培训。

收获与建议

通过本章学习，学生能够搜集培训需求信息、草拟岗前培训方案，核算培训成本费用。因此，建议学生拓展一些财务、会计核算方面的知识。

项目六　员工职业生涯

学习指南

1. 岗位要求

为企业制定一套合理的人才储备库，或结合职业生涯制作个人职业生涯规划书。

2. 素质能力标准

能清晰描述职业和职业生涯的含义与职业生涯规划的重要性，能为员工规划职业生涯，知道如何设计自己的职业生涯。

3. 学习任务

任务一　员工职业生涯概述

任务二　员工职业生涯规划

任务三　员工职业生涯管理

4. 知识点

职业生涯、职业生涯发展路径、职业生涯管理。

5. 技能点

制订简单的员工职业发展计划。

6. 学习重点、难点

重点：职业生涯设计、理解员工职业生涯的路径、职业生涯管理的方法和步骤。

难点：职业生涯设计。

任务一　员工职业生涯概述

任务描述

伴随格兰仕制造规模的持续扩大，俞尧昌、赵静、陈署明等一大批人才在这个舞台上快速成长，他们在达成公司目标的同时，也顺理成章地实现了自己的人生价值。这一切得益于格兰仕长期不懈地帮助员工做好职业生涯规划。那么，如何才能做好员工的职业生涯规划呢？

知识支撑

企业吸引人才的最重要条件之一就是提供足够合适的发展空间，即所谓“选择了一个企业，就是选择一种生活”。如果企业领导者可以树立长远的经营目标，摆脱短期化经营行为，就是赢得人才信任的关键一步。

小资料

职业生涯规划最早起源于1908年的美国。有“职业指导之父”之称的帕森斯(Frank Parsons)针对大量年轻人失业的情况，成立了世界上第一个职业咨询机构——波士顿地方就业局，首次提出了“职业咨询”的概念。从此，职业指导开始系统化。到20世纪五六十年代，舒伯等人提出“生涯”的概念，于是生涯规划不再局限于职业指导的局面。

思考：员工职业发展与企业发展和管理者经营三者之间存在何种关系？

6.1　员工职业生涯概念

员工要想在自己所从事的职业上谋求发展，需有意识地制定职业发展规划，而企业为了使员工适应企业发展规划，也必须重视对员工职业生涯的管理。所以，职业生涯管理是现代企业人力资源管理的重要内容之一，应看作是企业不断满足管理者、员工、企业三者需要的一个动态过程。只有这样，企业才能留住优秀的员工，为企业长期持续发展注入活力。同时，劳动力市场的繁荣给择业人员带来了机遇，也给人力资源管理人员带来了挑战。

6.1.1 职业生涯概念

职业生涯也叫作职业发展，职业生涯有广义与狭义之分。广义的职业生涯，是从职业兴趣的培养、选择职业、就职，直至最后完全退出职业这样一个完整的人生过程。因此，其上限从零岁起始，其下限到劳动力能力终止。狭义的职业生涯，仅指直接从事职业工作的这段时间，即从就业到退职这段时间，是一个人从接受职业教育培训开始，到寻找职业、就业、重新选择职业，直至完全脱离工作的整个人生职业历程。两种含义的职业生涯考察角度不同，但有如下共同的规律。

（1）职业生涯是个体的行为经历，是一个人一生中的工作任职经历或历程，他与每个人的知识、技能、能力、兴趣、价值观等息息相关，又与企业提供给自身的发展目标、政策、计划、机遇等紧紧相连。

（2）职业生涯是时间概念，而且实际中的职业生涯对不同的人而言有长有短，是不一样的。

（3）职业生涯是一个发展动态的概念，包含了职业发展、变更的全过程。

6.1.2 影响员工职业发展的因素

员工的职业发展与诸多因素有关。因此，要有效地进行职业生涯管理，必须对各有关因素加以分析，帮助员工确定适宜的职业生涯发展目标，并根据各种因素的变化，对员工的职业生涯发展做出适当的调整。主要因素有以下几个。

1. 个人因素

（1）个人的心理特质。每个人都有其独特的心理特质和个性，如智能、情绪能力、性格、潜能、价值观、兴趣、动机等。每个人的心理特质是不同的，不同个性的人从事的工作各有不同。所以，组织应努力把人们的个性与相适宜的工作加以匹配，从而提高人力资源利用率和工作效益，更好地激发员工的工作热情，降低员工的不满情绪和离职率。个人选择和规划自己的职业时，也应认真考虑自己的个性特点与职业特点相互匹配问题，在寻找工作时，千万不要“赶潮流”，而要“量体裁衣。”

（2）生理特质。包括性别、身体状况、身高、体重以及外貌等。

（3）学历经历。包括所受教育的程度、训练经历、学业成绩、社团活动、工作经验、生涯目标等。

（4）家庭背景。包括父母的职业、社会地位、家人的期望等。一个人最初是通过对父母职业角色的观察甚至是模仿才获得对职业的了解，所以父母所担负的工作角色，他们的价值观、态度、行为等对个人选择职业会产生很大的影响。

2. 环境的因素

(1) 内部组织环境的影响：企业的特色、企业发展战略、企业中的现有人力资源状况。

通过对组织环境的分析，个体可能确认该企业是否是自己所偏好的职业环境，自己在企业中的发展空间和发展机会如何，从而决定是在该企业中寻求发展，还是脱离该企业、到其他企业中去另求高就，判断哪些类型的企业将是适合自己未来发展的企业。

(2) 外部社会环境影响：社会各行业对人才需求的状况、社会中各种人才的供给状况、社会政策、社会价值观的变化等因素。

每个人都处在一定的社会环境与组织环境之中，因此在进行个人职业生涯设计时，也必须要考虑社会环境与组织环境的不同特点、环境的发展变化、个体与环境的关系、环境对个体提出的要求、环境对个体的有利条件与不利条件，等等。只有对这些环境因素进行充分的了解与分析，才能设计合理的职业发展路线。

6.2 职业生涯的路径

6.2.1 职业性向的确定

职业咨询专家约翰·霍兰德认为，人格是决定一个人选择职业的重要因素。他特别提到决定个人选择何种职业的六种基本的“人格性向”。

1. 实际性向

具有实际性向的人，通常表现为害羞、真诚、持久、稳定、顺从、实际等个性特征，会被吸引去从事那些包含着体力活动，并且需要一定的技术、力量和协调性才能承担的职业。如：机械师、装配线工人、农场主、森林工人等。

2. 调研性向

具有调研性向的人，通常表现为分析、创造、好奇、独立等个性特质，会被吸引去从事那些需要思考、组织和理解的活动。如：化学家、经济学家、数学家、新闻记者等。

3. 社会性向

具有社会性向的人，通常表现为社会、友好、合作、理解等个性特质，会被吸引去从事那些包含着较多人际交往，帮助和提高别人活动内容的职业。如：社会工作者、外交工作者、临床心理学家等。

4. 常规性向

具有常规性向的人，通常表现为顺从、高效、实际、缺乏想象力、缺乏灵活性等个性特质，会被吸引去从事那些包含着大量结构性的且规则较为固定的职业，在这些职业中，员工个人的需要往往要服从于组织的需要。如：会计、档案管理员、业务经理等。

5. 企业性向

具有企业性向的人，通常表现为自信、进取、精力充沛、盛气凌人等个性特质，会被吸引去从事那些包含着大量以影响他人或获得权利为目的职业。如：法官、律师、公关专家、管理人员等。

6. 艺术性向

具有艺术性向的人，通常表现为富有想象力、无序、杂乱、理想、情绪化、不实际等个人特质，会被吸引去从事那些包含着大量自我表现、艺术创造、情感表达以及个性化活动的职业。如：艺术家、广告制作者、音乐家、室内装饰家等。

然而，大多数人实际上并非只有一个性向。约翰·霍兰德认为，这些性向越相似或相容性越强，则一个人在职业选择时所面临的内在冲突和犹豫就会越少。如果这些性向是相互对立的，那么在进行职业选择时将会面临较多的犹豫不决的情况，这是因为多种兴趣将驱使人们在多种不同的职业之间进行选择。

6.2.2 职业生涯的路径

职业生涯路径是指企业为内部员工设计的自我认知、成长和晋升的管理方案。员工的职业发展与诸多因素有关。不同特质的人，不同的社会环境和组织环境，不同的机会都会影响员工的职业发展。因此，作为企业管理者，必须从企业和员工出发，充分考虑各种影响因素，对员工的职业生涯进行规划，以求个人与企业的双赢。员工的职业生涯路径因人而异，但可有以下几种途径。

1. 横向发展

最初，员工选择的工作不一定是自己最合适的，经过一段时间，如果发现其另有所长，可以在企业内重新选择。但也可能由于企业内部没有足够多的高层职位为每个员工都提供升迁的机会，使得长期从事同一项工作的员工感觉枯燥无味，从而影响工作效率。因此，也常采取横向调动来使工作具有多样性，使员工焕发新的活力，迎接新的挑战。

2. 纵向发展

（1）专业技术性发展。这是指沿着技术开发、维修、财会、人事、计算机等专业方向发展，比如从助理工程师到工程师，再到高级工程师。

(2) 行政管理型发展。一般是让员工先下基层锻炼，表现出才能和取得成绩后获得提升，先担任基层主管，然后担任中层领导乃至高层领导。

(3) 专业技术－行政管理型发展。先从事技术工作，然后担任技术部门的基层主管，再到技术部门负责人，最后成为企业分管技术工作的副职乃至企业高级领导。

3. 横向－纵向型发展

从工程技术工作转到人事工作属于横向发展，再从普通人事管理人员晋升为人事主管，乃至企业分管人事工作的副职或高级领导，这种类型属于纵向发展。

任务二　员工职业生涯规划

任务描述

职业生涯规划本身对员工应该具有足够的激励作用，充满诱惑力的承诺本身具有缺陷——员工认为你是在贿赂他，而不是正在为他的发展进行考虑；一旦承诺无法兑现，员工就认为受到了欺骗而适得其反。员工的职业生涯规划可以由企业为员工做，也可以由员工本人做。我们怎样才能让企业的职业生涯规划行之有效呢?

知识支撑

企业的经营目的是利润最大化，而其实现的条件在于企业中每位员工工作效率的最大化。影响员工工作效率最大化的最主要因素，就是员工的职业爱好与身体特质，而这两个因素恰恰就是影响和决定员工职业生涯的两大因素。企业应当积极地协助员工，与其共同发现他们自己的爱好和特长，而不能简单地运用激励理论，一味地对员工进行物质、精神上的激励，因为在众多条件具备的情况下，兴趣爱好和身体特质对员工的工作效率起着决定性的作用。

6.3 职业生涯设计

6.3.1 职业生涯设计的原则

职业生涯设计就是指个人和组织相结合，在对一个人职业生涯的主客观条件进行测定、分析、总结研究的基础上，确定其最佳的职业奋斗目标，并为实现这一目标做出行之有效的安排。职业生涯设计的目的绝不只是协助个人按照自己的资历条件找一份工作，达到和实现个人目标，更重要的是企业帮助个人真正了解自己，为自己订下事业大计，筹划未来，拟订一生的方向，进一步详细估量内、外环境的优势和限制，在“衡外情，量己力”的情形下，设计出合理且可行的职业生涯发展方向。因此，在职业生涯设计中应遵守以下几个原则。

1. 全程性原则

全程性原则也称系统性原则。即将职业生涯发展的整个历程作全程考虑，同时将职业生涯计划实施当成一个系统工程，并纳入企业的发展战略之中。从横向上，企业的各级组织、管理及决策者、员工本人都积极参与；从纵向上，贯穿企业的整个工作过程，贯穿员工的整个人生。

2. 差异性原则

差异性原则，主要是指在进行职业生涯设计时要充分考虑企业、个体和环境等三方面的差异性因素。掌握好差异性原则，有利于体现职业生涯设计更加个性化和有针对性的特征。

（1）企业的差异性因素。这主要指企业内部各职业之间的差异、各岗位之间的差异、各专业之间的差异、各职级之间的差异。

（2）员工的差异性因素。这主要指员工个体之间的性别差异、年龄差异、个性差异、文化背景差异、家庭及社会背景差异等。

（3）环境之间的差异。这主要指社会环境、组织环境及与之相关的差异性因素和实现职业生涯目标的多种背景差异。

3. 阶段及时限性原则

所谓阶段及时限性原则，主要指在进行职业生涯设计时，要充分考虑组织和个体所处的不同发展阶段，有目的、有步骤、有计划地调整和安排各个不同阶段的职业生涯计划。职业生涯设计的阶段性时限主要划分为短期、中期和长期三个阶段。

（1）短期计划。一般为三年，这一阶段职业生涯计划主要是确定近期目标和明确期间需要完成的任务。

（2）中期计划。一般为五年，这一阶段职业生涯计划的重点是要规划出 3～5 年内的职业生涯的目标与任务以及具体实施途径。

(3) 长期计划。一般为5～10年，这一阶段的职业生涯计划重点是要设定较长远的目标。

4. 发展性原则

发展性原则，主要是指在制定和采取职业生涯的具体实施措施时，要充分考虑变化与发展性因素，如目标或措施是否能依环境、组织及个体的变化发展性因素而做调整，调整的幅度及范围有多大。因此，要从促进员工发展的理念出发，把岗位发展与培训工作结合起来，使员工和组织都能在职业生涯计划的实施过程中获益。

6.3.2 职业生涯设计的程序

职业生涯设计基本上可以分为自我与环境评估、确立目标、职业的选择、职业生涯策略、评估与反馈等五个阶段，如图6－1所示。

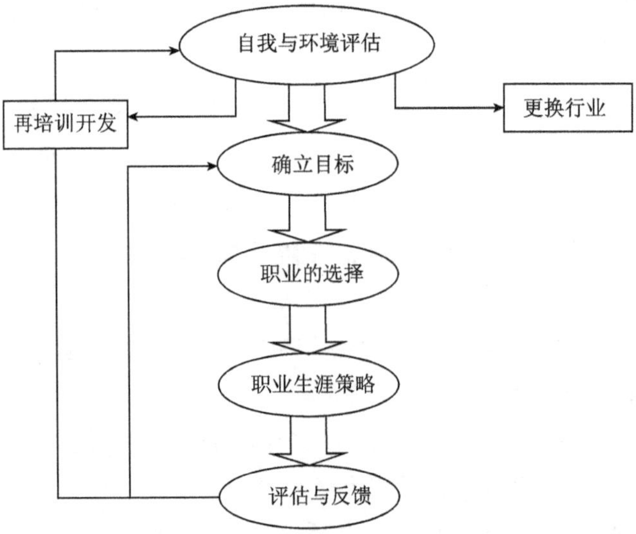

图6－1 员工职业生涯设计程序

1. 员工自我与环境评估

员工自我评估的目的是认识自己、了解自己。只有认识了自己，才能对自己的职业做出正确的选择，才能选定适合自己发展的职业生涯路线，才能对自己的职业生涯目标做出最佳选择。自我评估包括自己的性格、兴趣、特长、学识、技能、思维、道德水准等。环境评估主要是评估各种环境因素对自己职业生涯发展的影响，每一个人都处在一定的环境之中，离开这一环境便无法生存与成长。所以，在进行职业生涯设计时，要分析环境条件的特点、环境的发展变化情况、自己在这个环境中的地位、环境对自己提出的要求以及环境中对自己的有利因素和不利因素等。只有对这些环境因素充分了解，才能做到在复杂的环境中趋利避害，使得职业生涯设计具有实际意义。

2. 确立目标

确定目标指的是员工形成长短期职业生涯目标的过程。俗话说："志不立，天下无可成之事。"志向是事业成功的基本前提，没有志向，事业成功也就无从谈起；没有目标，如同驶入大海的孤舟，四野茫茫，不知该走向何方。因此，确定目标是进行职业生涯设计的关键。

在制定就业目标时，员工应根据个人特征和对内外环境的分析，一方面认识自己，另一方面了解内外环境的职业发展机会，从而根据自身的特点和环境条件，为自己选择适宜的职业目标。

例如：根据社会经济的发展趋势，在考虑国有企业单位的同时，也应该考虑非国有企业、欠发达地区企业和艰苦行业，用发展的眼光、长远的观点来指导自己择业。服从社会需要是职业选择的前提条件，劳动者要从事生产劳动，先决条件是社会对劳动力的需求。只有社会上客观存在着劳动就业的可能性，才谈得上对职业的选择。大学生应以社会利益为重，从社会需要出发选择职业方向。

3. 职业的选择

据统计，在选错职业的人当中，有 80% 以上的人在事业上是失败者。因此职业选择的正确与否，直接关系到人生事业的成功与失败。在选择职业的过程中要考虑性格与职业的匹配，兴趣与职业的匹配，特长与职业的匹配，内外环境与职业的相适应等。良好的职业选择是以自己的最佳才能、最显性性格、最大兴趣、最有利的环境等信息为依据进行的。社会上的职业多种多样，不同的职业，对从业人员的知识、技能、素质等要求不同，而毕业生的自身条件也不一样，不同的个体所具有的素质也是有差异的，所以，大学生对职业的选择，一方面要从社会需要出发，同时也要考虑自身的实际情况，扬长避短，只有这样才能做到人尽其才，才尽其用。爱因斯坦是世界著名的科学家，以色列国会曾邀请他回国当总统，被他婉言谢绝。爱因斯坦认为：自己的性格适合当科学家，搞研究，不适合当总统，搞政治。我们设想一下，如果爱因斯坦真的去当总统，结果会怎样？极有可能是以色列多了一位无足轻重的总统，而人类却少了一个伟大的科学家。

4. 职业生涯策略

职业生涯策略是指为实现职业生涯目标的行动计划，一般都是具体的、可行性较强的。在确定具体的职业选择目标后，行动成了关键环节。没有达成目标的行动，目标就难以实现，也就谈不上事业的成功。这里所指的行动主要是指落实目标的具体措施，主要包括教育、培训、实践等方面的措施。例如，在职业素质方面，你计划学习哪些知识？掌握哪些技能？开发哪些潜能等？

5. 评估与反馈

俗话说："计划赶不上变化。"尤其在现代职业领域，只有变化是永恒的主题。影响职业生涯设计的因素诸多。有的变化因素是可以预测的，而有些则难以预料。人是善变的，环境也是多变的。成功的职业生涯设计需要时时审视内外环境的变化，不断对自己的设计进行评估、反馈和修订并调整自己的前进步伐。

任务三　员工职业生涯管理

任务描述

员工职业生涯规划是对员工职业生命的精细化管理，是指将个人发展与组织发展相结合，对决定员工职业生涯的主客观因素进行分析、总结，确定事业奋斗目标，并选择实现这一事业目标的职业，编制相应的工作、教育和培训的行动计划，对每一步骤的时间、顺序和方向做出合理的安排。

员工职业生涯规划包含在员工职业生涯管理中，那么，完整的职业生涯管理还应该包含哪些内容呢？

知识支撑

职业生涯规划管理工作包括以下几个步骤。

（1）职业通道体系设计。（2）自我评估体系。（3）编制《职业生涯规划设计书》，确定职业目标。（4）开展员工评估，明确与职业目标的差距。（5）依据自我差距，制订行动计划。（6）构建匹配的职业发展支持体系。

6.4 职业生涯管理

6.4.1 职业生涯管理的概念及类型

1. 职业生涯管理的概念

职业生涯管理是指企业帮助员工制定职业生涯规划和帮助其职业生涯发展的一系列活动。

职业生涯管理是现代企业人力资源管理的重要内容之一，是企业不断满足员工、管理者、企业三者需要的一个动态过程。

（1）在现代企业中，员工个人最终要对自己的职业发展计划负责，这就需要每个人都清楚地了解自己所掌握的知识、技能、能力、兴趣、价值观等。而且，还必须对职业选择有较深的了解，以便制定目标、完善职业计划并使其实现。

（2）管理者则必须鼓励员工对自己的职业生涯负责，在进行个人工作反馈时提供帮助，并提供员工感兴趣的有关组织工作、职业发展机会等信息。

（3）企业则必须提供自身的发展目标、政策、计划等信息，还必须帮助员工做好自我评价、培训、发展等。

当个人目标与组织目标有机结合起来时，职业生涯管理就会意义重大。因此，职业生涯管理就是从企业出发的职业生涯规划和职业生涯发展。

2. 职业生涯管理的类型

职业生涯管理主要包括两种：一是组织职业生涯管理，是指由组织实施的，旨在开发员工的潜力，留住员工，使员工能自我实现的一系列管理方法；二是自我职业生涯管理，是指社会行动者在职业全程中，对于职业发展计划、职业策略、职业进入、职业变动和职业位置的一系列变量的设计与管理。

3. 职业生涯管理的意义

（1）职业生涯管理是企业资源合理配置的首要问题。

人力资源是一种可以不断开发并不断增值的资源，因为通过人力资源的开发能不断更新人的知识、技能，提高人的创造力，从而使无生命的“物”的资源充分尽其所用，特别是随着知识经济时代的到来，知识已成为社会的主体，而掌握和创造这些知识的就是人，因此企业更应注重人的智慧、技艺、能力的提高与全面发展。所以，加强职业生涯管理，使人尽其才、才尽其用，是企业资源合理配置的首要问题。如果离开人的合理配置，企业资源的合理配置就是一句空话。

（2）职业生涯管理能充分调动人的内在的积极性，更好地实现企业组织目标。

职业生涯管理的目的就是帮助员工提高在各个需要层次的满足度，使人的需要满足度从金字塔形向梯形过渡，最终接近矩形，既使员工的低层次物质需要逐步提高，又使他们的自我实现等精神方面的高级需要的满足度逐步提高。因此，职业生涯管理不仅符合人生发展的需要，而且也立足于人的高级需要，即立足于友爱、尊重、自我实现的需要，真正了解员工在个人发展上想要什么，协助其制定规划，帮助其实现职业生涯目标。这样就必然会激起员工强烈的为企业服务的精神力量，进而形成企业发展的巨大推动力，更好地实现企业组织目标，真正做到双赢。

（3）职业生涯管理是企业长盛不衰的组织保证。

任何成功的企业，其成功的根本原因是拥有高质量的企业家和高质量的员工。人的才能和潜力能得到充分发挥，人力资源不会虚耗、浪费，企业的生存成长就有了取之不尽、用之不竭的源泉。发达国家的主要资本不是有形的工厂、设备，而是他们所积累的经验、知识和训练有素的人力资源。通过职业生涯管理，努力提供员工施展才能的舞台，充分体现员工的自我价值，是留住人才、凝聚人才的根本保证，也是企业长盛不衰的组织保证。

6.4.2 职业生涯管理中员工和组织的职责

职业生涯管理是现代企业人力资源管理的重要内容之一，他从人的本质出发，把每个人的职业生涯设计与组织的培养使用计划有机地结合起来。因此，在组织和员工个人对职业生涯进行决策、设计、规划、开发、执行、监控和调整的综合性过程中，员工和组织各自扮演着不同的角色，双方只有共同努力，才能推进员工的职业生涯发展和组织目标的实现。

1. 员工在职业生涯管理中的职责

（1）具备学习职业生涯设计和规划的能力。要正确认识自己，了解自己，对自己的职业生涯规划负责，还要结合外部条件做出合理的职业决策。

（2）具备接受新知识、新技能的能力，更好地适应新环境的变化。

（3）与主管人员及时进行沟通和反馈，讨论自己的职业生涯目标是否切实可行，并虚心征求专家的意见，改正自己的不足。

（4）对职业生涯的目标、规划等做出调整。每个人的职业生涯都要经历许多个特点不同的职业阶段，在不同的职业阶段，自己的知识水平、职业偏好、职务期望以及需要都明显不同。因此，必须根据职业生涯的不同发展阶段，适当地调整自己的职业目标和发展规划。

（5）最终选择一个自己最适合的职业领域，并努力在这个领域取得成功。

2. 组织在职业生涯管理中的职责

（1）管理者必须鼓励员工对自己的职业生涯负责，有效指导员工进行职业生涯的设计和规划，在进行个人工作反馈时提供帮助，并提供员工感兴趣的有关组织工作、职业发展机会等信息。

（2）企业必须提供自身的发展目标、政策、计划等信息，还必须帮助员工做好自我评价、培训、发展等。

（3）在招聘和选择过程中，要保证员工个人职业规划与企业计划的最佳结合。

（4）将人力资源的配置规划与员工的职业决策和规划统一起来。

（5）企业为员工提供广泛的培训和开发活动，帮助员工获得职业生涯决策所需的知识技能，以便顺利实现个人的职业设计与开发。

（6）及时公开提供职业发展的信息，为员工参与公平的竞争打下基础。

6.4.3 职业生涯管理的方法和步骤

一般企业都有自己的职业生涯管理系统，不同的企业在职业生涯管理系统的复杂程度以及对于职业生涯管理过程各组成部分的侧重点上存在很大的差别。但是，总的来说，企业职业生涯管理主要包括以下主要内容并按一定的步骤进行。

1. 自我评价

自我评价一般是通过心理专家的帮助来测验获得，这些心理测试包括职业性向的测试、职业技能的测试、心理素质测试等。自我评价可以帮助员工确定自己的兴趣、价值观、资质、行为取向以及自己对待工作和休闲的各种偏好等。自我评价为个人的职业生涯管理提供了前提条件，在了解自己的基础上进行职业规划与开发，管理效果才能更显著。

2. 对组织的了解

一个员工进入一个企业后，要想制订出一个切实可行的、符合企业需要的个人职业发展计划，就必须获得企业内部的有关信息，对企业的了解应深入到以下几个方面。

（1）对企业的性质、结构、规模、经营状况、竞争能力、企业文化、领导风格等方面的了解。

（2）对企业内部的工作性质、工作任务、工作要求、工作条件等方面的了解。

（3）对企业内部的发展机会、职位变动和空缺岗位、职业发展途径、人事政策、工作报酬等方面的了解。

员工可通过企业内部报刊、公告或口头传达等获得有关企业的信息，并对不同企业之间的工作性质、工作内容、工作特征加以分析比较；结合个人兴趣、价值观、资质、行为取向以及自己对待工作和休闲的各种偏好等特征，最后选择那些自己感兴趣又符合自己职业发展方向的企业作为工作单位，开始职业生涯的发展。

3. 目标设定

在评估、认识自己以及了解和选择企业的基础上，员工来确定他们的短期和长期职业目标。这些目标通常与期望的职位、技能的获得、工作的设定等联系在一起。

职业生涯目标的设定是制定职业生涯规划的核心，也是职业生涯规划最重要的一点。一个人事业的成败，很大程度上取决于有无正确适当的目标，抉择是以自己的最佳才能、最优职业性向、最大兴趣、最有利的环境等条件为依据的。

4. 制订行动方案并适时调整

在这一阶段，员工要根据设定的个人短期、中期和长期目标，设计自己的行动方案来实现这些目标。这里所指的行动方案，是指落实目标的具体措施，主要包括参加一些培训、轮岗、训练、开发等方面的活动。

人们由于各种原因，对最初的职业选择和设计并非十分满意，也可能在不同的职业生涯周期内，又有了更切合实际的想法，同时各种影响要素都在不停地变化，因此一个成功的职业生涯设计方案要适时审视内外环境的变化，并且调整自己的前进步伐，不断修正自己的目标，才能立于不败之地。

小资料

“职业锚”管理

平常我们所说的“锚”，是指船舶在靠岸或遇到风浪时沉入水底的铁质物质。“职业锚”是一种人们选择和发展自己的事业所围绕的中心。它是指当一个人不得不做出职业选择时，他无论如何都不会放弃职业中的那种至关重要的东西或价值观。

“职业锚”有五大类型：技术能力型、管理能力型、安全型、自主型和创造型。

课程回顾

本章讲述了职业生涯的概念，职业生涯的主要路径；分析了影响职业发展的主要因素；讲解了职业生涯设计的程序；学习了职业生涯管理的步骤、内容和方法。

温故知新

一、单项选择题

1. 职业生涯规划的焦点在于（　）与现实可行的机会的配合上。

A. 组织目标　　B. 组织发展前景

C. 个人目标　　D. 个人可能获得的机会

2. 在职业生涯规划与管理中，个人应该做的是（　）。
   A. 积极进行培训　　B. 提供及时的考核
   C. 提供职业发展信息　　D. 提供多种职业选择
3. 员工职业生涯发展的一般规律不包括（　）。
   A. 由垂直上升到水平飞行　　B. 由专才到通才
   C. 由管理工作到技术工作　　D. 由全时工作到部分时间工作
4. 组织职业管理的主要内容有（　）。
   A. 组织对员工个人能力和潜力的评估
   B. 员工个人对自己的能力、兴趣以及自己职业发展的要求和目标进行分析和评估
   C. 企业及时提供在本组织内职业发展的有关信息，给予公平竞争的机会
   D. 以上都包括
5. 职业生涯规划说明中，行动计划包括（　）。
   A. 工作岗位发展路线　　B. 教育培训
   C. 具体计划　　D. 以上都包括
6. 在职业规划与管理中，直线经理应该做的是（　）。
   A. 积极与公司协调　　B. 跨业学习，开创新机
   C. 沟通公司使命　　D. 提供发展的机会与支持
7. 在一个优秀的企业中，企业员工的第一福利是（　）。
   A. 高薪　　B. 高职位
   C. 丰富的经验　　D. 培训
8. 个人测评分析中包括（　）。
   A. 专业知识　　B. 能力
   C. 个人特质　　D. 以上都包括
9. 在职业生涯规划与管理中，企业应该做的是（　）。
   A. 定期检讨　　B. 提供培训和发展机会
   C. 参与员工职业生涯的讨论　　D. 提供及时考核
10. 在员工职业生涯的哪个阶段，会有比较高的潜力，但是有比较低的生产率（　）。
   A. 介入阶段　　B. 成长阶段
   C. 饱和阶段　　D. 成熟阶段

二、简答题

1. 什么是职业生涯？影响员工职业生涯选择的因素有哪些？
2. 员工的职业发展与企业发展有什么联系？为什么企业人力资源管理必须重视员工的职业发展？

3. 在职业发展中，如何才能使员工的职业选择和职业定位与企业需要结合起来？

4. 职业发展的主要路径包括哪些？你认为你应如何选择自己的职业？

三、讨论题

1. 有人认为职业生涯设计的目的就是企业帮助个人按照自己的资历条件找一份自己满意的工作，你同意这个观点吗？

2. 人们普遍认为，学历越高，就越容易找到好工作。你如何看待这种观点？

四、案例分析题

美国惠普是世界知名的高科技大型企业，它的被称为“惠普之道”的独特而有效的管理模式被很多人所称道。该公司聚集了大量素质优秀且训练良好的技术人才，他们是惠普最宝贵的财富，是其发展与竞争力的主要根源。惠普能吸引来、保留住和激励起这些高级人才，不仅靠丰厚的物质待遇，更重要的是靠向这些员工提供良好的提高、成长和发展机会，其中，帮每位员工制订令他们满意的、有针对性的职业发展计划是一个重要因素。

该公司的科罗拉多泉城分部开发出一种职业发展自我管理的课程，要三个月才能学完。这门课程主要包含两个环节：先是让参加者用各种测试工具及其他手段进行个人特点的自我评估；然后将评估中的发现结合其工作环境，编制出每人自己的一份发展途径图来。

把自我评估当作职业发展规划的第一步，当然不是什么新方法。自我帮助的书籍已在书店泛滥成灾多年了。不过这些书本身却缺乏一种成功的要素，那就是在一种群体（小组或班组）环境中所具有的感情支持，在这种处境里大家可以共享激动和劲头，并使之长久维持不衰。

这家公司从哈佛 MBA 班第二学年的职业发展课里搞到以下六种工具，用在这门课程的学习里，来取得每个人的特点资料。

（1）一份书面的自我访谈记录。给每位参加者发一份提纲，其中有 11 道问及他们自己情况的问题，要他们提供有关自己生活（有关的人、地、事件）、他们经历过的转折以及未来的设想，并让他们在小组中互相讨论。这篇自传摘要将成为随后的自我分析所依据的主要材料。

（2）一套“斯特朗－坎贝尔个人兴趣调查问卷”。这份包含有 325 项的问卷填好后，就能据此确定他们对职业、专业领域、交往的人物类型等的喜恶倾向，为将每人和不同职业中各种成功人物的兴趣进行比较提供依据。

（3）一份“奥尔波特－弗农－林德西价值观问卷”。此问卷中列有多种相互矛盾的价值观，每人需对之做出 45 种选择，从而测定这些参加者对多种不同的关于理论、经济、美学、社会、政治及宗教价值观接受和同意的相对强度。

（4）一篇 24 小时活动日记。参加者要把一个工作日及一个非工作日全天的活动如实而无遗漏地记下来，用来对照其他来源所获同类信息是否一致。

（5）对另两位“重要人物”（指对他们有较重要意义的人）的访谈记录。每位参加者要对自己的配偶、朋友、亲戚、同事或其他重要人物中的两个人，就自己的情况提出一些问题，看看这些旁观者对自己的看法。这两次访谈过程需要录音。

（6）生活方式描述。每位参加者都要用文字、照片、图片或他们选择任何其他手段，把自己的生活方式描绘一番。

这项活动的关键之处就在于所用的方法是归纳式的而非演绎式的。一开始就让每位参加者收集并总结出有关自己的新资料来，而不是先从某些一般规律去推导出每人的具体情况。这个过程是从具体到一般，而不是从一般到具体。参加者观察和分析了自己收集的资料，才从中认识到一些一般性规律。他们先得把六种活动中所获得资料分批研究，分别得出初步结论，再把六种活动所得资料合为一体，进行综合分析研究。

每人都做好了自我评估后，部门经理们逐一采访参加过此活动的下级，听取他们汇报自己选定的职业发展目标，并记录下来，还要写出目前在他们部门供职的这些人的情况与职位。这些信息便可供高层领导用来制定总体人力资源规划，确定所要求的技能，并拟定一个时间进度表。当公司未来需要的预测结果与每位学习参加者所制定的职业发展目标对照后相符时，部门经理就可据此帮助他的部下绘制出自己在本公司内发展升迁的路径图，标明每一升迁前应接受的培训或应增加的经历。每位员工的职业发展目标还得和绩效目标与要求结合起来，供将来绩效考评时用。部门经理要监测他的部下在职业发展方面的进展，还要负责对他们提供尽可能的帮助与支持。

资料来源：http：//www. docin. com/p－444356140. html（有改动）.

阅读上述案例并思考：惠普公司员工的职业生涯设计与管理有什么特点？你认为这套方法在保留和激励惠普公司的人才方面会不会有效？为什么？

五、实训训练

气质也会影响人的职业取向，所谓气质是由先天固有并在后天社会实践中形成的较稳定的个性特征。由中国健康教育研究所编制的气质测量 60 题，是目前国内外应用较广的一种气质测量工具，它既可以用于群体测量，也可用于自测。测量时间一般为 15～20 分钟。

下面 60 道题，可以帮助你大致确定自己的气质类型。在回答这些问题时，你认为符合自己情况的，在题后面记 2 分，比较符合的在题后记 1 分，介于符合与不符合之间的记 0 分，比较不符合的记 －1 分，完全不符合的记 －2 分。

1. 做事力求稳妥，不做无把握的事；

2. 遇到可气的事就怒不可遏，想把心里的话全说出来才痛快；

3. 宁肯一个人干事，不愿许多人在一起；
4. 到一个新的环境很快就能适应；
5. 厌恶那些强烈的刺激，如尖叫、噪音、危险的镜头；
6. 和人争吵时，总是先发制人，喜欢挑衅；
7. 喜欢安静的环境；
8. 善于与人交往；
9. 羡慕那种能克制自己感情的人；
10. 生活有规律，很少违反作息制度；
11. 在多数情况下情绪是乐观的；
12. 碰到陌生人觉得很拘束；
13. 遇到令人气愤的事，能很好地自我控制；
14. 做事总是有旺盛的精力；
15. 遇到问题常常举棋不定，优柔寡断；
16. 在人群中从不觉得过分拘束；
17. 情绪高昂时，觉得干什么都有兴趣，情绪低落时，又觉得干什么都没意思；
18. 当注意力集中于一件事情时，别的事情很难使我分心；
19. 理解问题总比别人快；
20. 碰到危险情景，常有一种极度恐惧感；
21. 对学习、工作、事业怀有很高的热情；
22. 能够长时间做枯燥、单调的工作；
23. 符合兴趣的事情，干起来劲头十足，否则就不想干；
24. 一点小事就能引起情绪波动；
25. 讨厌做那种需要耐心、细致的工作；
26. 与人交往不卑不亢；
27. 喜欢参加剧烈的活动；
28. 爱看感情细腻、描写人物内心活动的文艺作品；
29. 工作学习时间长了，常感到厌倦；
30. 不喜欢长时间讨论一个问题，愿意实际动手干；
31. 宁愿侃侃而谈，不愿窃窃私语；
32. 别人看我总是闷闷不乐；
33. 理解问题常比别人慢一些；
34. 疲倦时只要短暂的休息就可精神抖擞，重新投入工作；
35. 心里有话宁可自己想，不愿说出来；
36. 认准一个目标就希望尽快实现，不达目的誓不罢休；

37. 学习、工作同样一段时间后，常比别人更疲倦；
38. 做事有些莽撞，常常不考虑后果；
39. 老师讲授新知识、新技术时，总希望他讲慢一些，多重复几遍；
40. 能够很快忘记那些不愉快的事情；
41. 做作业或完成一件工作总比别人花的时间多；
42. 喜欢运动量大的剧烈体育活动，或参加各种文体活动；
43. 不能很快地把注意力从一件事情转移到另一件事情上去；
44. 接受一个任务后，希望把它迅速完成；
45. 认为墨守成规比冒风险强些；
46. 能够同时注意几件事；
47. 当我烦闷的时候，别人很难使我高兴起来；
48. 爱看情节起伏跌宕、激动人心的小说；
49. 对工作抱认真严谨、始终一贯的态度；
50. 和周围人们的关系总是相处不好；
51. 喜欢复习学过的知识，重复做已经掌握的工作；
52. 希望做变化大、花样多的工作；
53. 小时候会背诗歌，我似乎比别人记得清楚；
54. 别人说我“出语伤人”，可我并不觉得这样；
55. 在体育活动中，常因反应慢而落后；
56. 反应敏捷，头脑机智；
57. 喜欢有条理而不甚麻烦的工作；
58. 兴奋的事常使我失眠；
59. 对老师讲的新概念常常听不懂，但是弄懂之后就很难忘记；
60. 假如工作枯燥无味，马上就会情绪低落。

通过下列步骤确定自己的气质类型。

1. 将每题得分填入下面表中相应的得分栏。

多血质	题号	4	8	11	16	19	23	25	29	34	40	44	46	52	56	60	总分
	得分																
胆汁质	题号	2	6	9	14	17	21	27	31	36	38	42	48	50	54	58	总分
	得分																

续表

黏液质	题号	1	7	10	13	18	22	26	30	33	39	43	45	49	55	57	总分
	得分																
抑郁质	题号	3	5	12	15	20	24	28	32	35	37	41	47	51	53	59	总分
	得分																

2. 计算各种气质类型的总分。

3. 确定气质类型。

（1）如果某气质类型得分明显高于其他三种，均高出 4 分以上，则可定为该气质类型，如果该气质类型得分超过 20 分，则为典型型；如果该气质类型得分在 10～20 分，则为一般型。

（2）两种气质类型得分相近，其差异低于 3 分，而且又明显高于其他两种，高出 4 分以上，则可定为这两种气质类型的混合型。

（3）三种气质类型得分相接近而均高于第四种，则为三种气质类型的混合型。

需要注意的是，运用短时间的观察和检测来确定气质类型，有一定的局限性，只是一种基本的测定，仅做参考。

收获与建议

通过本章学习，学生能够制定自己的职业生涯规划，并知道如何管理员工的职业生涯规划才能有效，建议学生扩展人力资源测评方面的知识。

第三篇

员工激励

项目七　员工绩效评估

学习指南

1. 岗位要求

会使用绩效评估工具。

2. 素质能力标准

能清晰描述绩效的含义及绩效评估的作用，熟悉绩效评估的程序，会使用绩效评估的方法。

3. 学习任务

任务一　绩效评估概述

任务二　绩效评估的方法与程序

任务三　绩效评估的常见问题与防范

4. 知识点

绩效评估、绩效评估的方法、绩效考核的程序、绩效考核面谈、绩效评估。

5. 技能点

发现绩效评估工作中存在的问题，运用适当的评估方法和形式组织和指导员工进行绩效评估。

6. 学习重点、难点

重点：绩效评估的含义以及绩效评估的原则，绩效评估的程序，绩效评估的方法及其应用，绩效评估面谈及注意事项，实施绩效评估时存在的问题及其改善措施。

难点：绩效评估的方法及其应用。

任务一 绩效评估概述

任务描述

A 企业对后备人才培养虽有所准备，但一直跟不上企业的发展速度，骨干员工的流失对所有员工的士气打击很大，曾一度使企业陷入瘫痪。究其原因，我们发现 A 企业骨干员工的流失主要有以下三个原因：一是企业绩效管理过程中缺乏沟通，出现了常见的“鞭打快牛”现象，同时对任务目标的完成情况缺乏明确的绩效考核标准；二是缺乏与绩效考核密切相关的薪酬激励配套措施，即过多地注重员工的付出而缺乏与其付出相符的回报；三是长期以来形成的“可以共患难，不能同富贵”的文化特色，使得核心员工对眼前的利益关注较多。

如果你是该企业的人力资源高管，如何解决这些问题？

知识支撑

绩效管理是一个过程管理，不能指望单纯的绩效管理来实现对员工的有效激励，必须与薪酬制度相结合。只有对绩效管理理念有深入的认识之后，才能真正发挥绩效管理的作用。

7.1 绩效评估

案例欣赏

新星公司所面临的员工考评问题

新星公司是一家小型公司。创业初期，降低成本、提高销售额成为公司的总目标。由于业务繁忙，公司没有时间制定一套正式的完整的绩效考评制度，只是由以前公司老总王某兼任人力资源总监，采取了一些补救措施。如：他会不定期地对工作业务好的员工提出表扬，并予以物质奖励；也对态度不积极的员工提出批评；一旦员工的销售业绩连续下滑，他会找员工谈心，找缺陷，补不足，鼓励员工积极进取。

现在公司规模大了，已经由最初的十几个人发展到现在的上百人。随着规模不断扩大，管理人员和销售人员增加，问题也出现了：员工的流失率一直居高不下，员工的士气也不高。王某不得不考虑，是否该建立绩效考评的正式制度，以及解决如何应对管理人员考评等问题。

资料来源：http：//wenku. baidu. com/new/00af8474809951e7968927db. html （有改动）.

案例启示：

（1）绩效管理对企业以及对员工都有着重要的作用。对企业而言，绩效管理的功能有：诊断功能、监测功能、导向功能、竞争功能等；而对员工而言，绩效管理的功能有激励功能、规范功能、发展功能、控制功能、沟通功能等。绩效管理制度是使企业的绩效管理这些功能能够正常发挥作用的制度性保证。

（2）新星公司现在已经有了一定的规模，需要一套正式的制度对员工的行为进行约束。

（3）在公司的发展中，出现了员工士气不高、员工流失率高的问题，这些问题都可以通过绩效管理的一些功能得以解决。

（4）目前对公司来说，稳定销售人员、管理人员的队伍尤为重要，这正是绩效管理的激励功能得以发挥的机会。

所以，对于新星公司来说，需要建立一套正式的绩效管理制度。

7.1.1 绩效评估的含义

要正确理解绩效评估的含义，首先，须对绩效和评估的含义有所了解。

绩效通常包括两方面的含义：一方面是指员工的工作结果，也就是员工所完成工作或履行职务的结果；另一方面则是指影响员工工作结果的行为、表现及素质等。

评估是指根据人力资源管理的需要，对员工的工作结果、履行现任职务的能力以及担任更高一级职务的潜力进行有组织的、客观的考核和评价的过程。

绩效评估概念的内涵和外延是随着企业管理的需要而相应地有所变化的。绩效评估的内涵就是对人和事的评价。它包括两层含义：一是对员工在工作中的素质、能力及态度进行评价；二是对员工的工作业绩或工作结果，即其在组织中的相对价值或贡献程度进行评价。绩效评估的外延则是指有目的、有组织地对日常工作中的人员进行观察、记录、分析，以此为依据对其进行尽可能客观的评价。它包括三层含义：一是从企业目标出发进行评价，并使评价和评价之后的人力资源管理活动有助于企业目标的实现；二是作为人力资源管理系统的组成部分，运用一套系统的、一贯的制度性规范、程序和方法进行评价；三是对员工在日常工作中显示出来的工作能力、工作态度和工作业绩进行以事实为依据的评价。

思考：绩效到底是什么？

7.1.2 绩效评估的目的

绩效评估作为企业重要的管理手段之一，在企业的人力资源管理活动中发挥着重要的作用。

1. 为员工培训与开发提供依据

有效的员工培训必须针对员工目前的表现、业绩和素质特征与其所在岗位的岗位规范、组织发展要求等方面的差距来进行，并合理地确定培训目标、培训内容，选择相应的培训方法。通过绩效评估，让员工了解自己工作的长处与不足、优势与劣势，从而根据实际需要，制订培训计划。通过定期的绩效评估来获得这些信息，因此绩效评估还有助于企业对员工培训效果进行评估，有助于员工的开发。

2. 为薪酬管理与奖惩提供依据

定期的、规范的绩效评估可以为员工报酬的确定提供客观有效的依据，使工资、奖金等物质报酬与员工的贡献大小相联系，那些忠于职守、踏实工作、业绩优异、为企业的发展多做贡献的员工要给予物质或精神上的奖励，而对于那些不负责任、偷工减料、业绩低劣的员工则要给予相应的惩戒，这种对员工的奖惩是以绩效评估的结果作为依据，从而使员工感到公平合理，才会有更多的工作积极性。

3. 为企业内部的员工流动提供依据

员工在企业内部的流动（提升与晋级）通常要以员工的业绩和能力作为依据。在企业中，具备晋升要求的人数往往多于可能得到晋升的人数，较为公平合理的做法就是依据客观的绩效评估结果择优晋升。同样，企业在做出员工工作调动（包括平级调动或降级调动）或辞退决策时，往往也要以绩效评估的结果作为依据。

4. 为员工的自我发展明确方向

对于员工在工作中取得的成绩以及员工在某一方面的卓越能力，通过绩效评估，可以得到组织的认可与肯定；而对于员工在工作中存在的不足以及工作能力方面的缺憾，通过绩效评估也可以使员工有清楚的认识，从而明确其未来的努力方向。绩效评估将鞭策员工不断地进行自我完善。

5. 促进上下级之间的沟通与交流

在绩效评估过程中，上级主管要通过面谈等方式将考评结果反馈给员工。通过这种途径，主管人员可以了解员工的反应和潜力，员工也可以通过与主管人员的交流明确自身的不足以及企业对自己的工作期望，并与主管人员一起商定下一步的努力方向及奋斗目标，从而增进上下级之间的沟通与交流，使管理人员与员工之间的工作关系得到持续改进。

思考：绩效评估是如何帮助企业增强竞争优势的？

7.1.3 绩效评估的内容

绩效评估包括工作业绩、工作能力、工作态度的评估等基本内容。这些内容并不是孤立存在的，它们之间相互关联，其关系如图7-1所示。

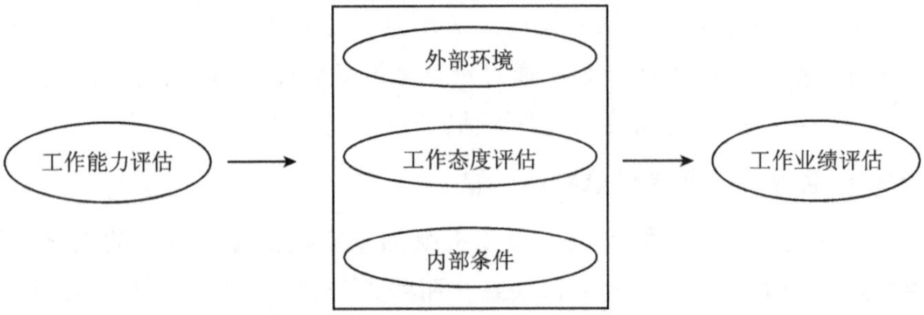

图7-1 绩效评估的内容

1. 工作业绩评估

对工作业绩的评估实质上是对员工行为的结果进行评价和认定，也就是考核员工在一定期间内对企业的贡献和价值。对员工工作业绩的评估通常从以下四个方面入手。

(1) 量的方面，即员工完成工作量的大小。

(2) 质的方面，即员工完成工作的质量。

(3) 员工对下属的指导和教育作用。

(4) 员工在本职工作中的自我改进和提高。

在对员工工作业绩进行评估时，有一个问题需要注意，即业绩评估是针对员工所担当的工作而言的，但员工对企业贡献的大小不仅仅取决于完成所担当的工作任务，有可能其所担当的工作本身就“无足轻重”，即使业绩很出色，对企业的贡献也未必会很大。因此，对员工的绩效评估，还要考虑到工作业绩以外的、更为深刻的内容。

2. 工作能力评估

能力评估是对员工从事工作的能力进行的考评。员工的能力包括三个方面：基础能力、业务能力和素质能力（如表7-1所示）。其中，前两种能力属于能力评估的范围，第三种能力即素质能力则主要通过适应性评估来评价。

在对员工的能力进行评估时需要注意，由于员工的能力是“内在的”，很难加以量化，因此，通常要通过对员工的业绩这一外显的标准来间接地考察员工的能力。在工作分配合理、员工本人的职务与其能力相适应的情况下，工作业绩大体能够反映员工的实际业务能力。但是在实际工作过程中，员工能力的发挥常常会受到外在因素的影响，从而影响对员工能力的客观评定。

表 7－1 员工的能力

能力	基础能力	知识：基础知识、专业知识、实务知识
		技能、技巧
	业务能力	理解力、判断力、决断力
		应用力、规划力、开发力
		表达力、交涉力、协调力
		指导力、监督力、统帅力
	素质能力	智力素质
		体力素质
		性格个性

3. 工作态度评估

从理论上说，员工的工作能力越强，其工作业绩就越好，对企业的贡献就越大。但在实际工作中，工作能力强的员工对企业的贡献有时远远不如那些能力一般但工作兢兢业业的人。所以，员工的绩效评估还要包括对工作态度的评估。

工作态度包括工作积极性、工作热情、协调性、责任感、自我开发等。由于这些因素较为抽象，因此通常只能通过主观性评价来评估，也就是说员工的工作态度通常只能由上级根据平时的观察予以评价。

视野： 绩效评估关注点包括考察员工最终劳动成果；员工在劳动过程中的表现；员工态度行为的表现；员工的心理品质和能力素质。

思考： 对员工的工作态度和责任心应如何评价？

7.1.4 绩效评估的原则

绩效评估必须遵循的基本原则有以下几条。

1. 客观公平原则

企业的绩效评估标准、评估程序和评估责任等都应当有明确的规定，而且向全体员工公开，针对客观评估资料进行评价。绩效评估者应当严格遵守这些规定，这样才能使员工对绩效评估工作产生信任感，尽量避免掺入主观性和感情色彩，对绩效评估结果抱理解和接受的态度。

2. 严格考核原则

绩效评估的严格性包括要有明确的考核评价标准、认真的考核评价态度、严格的考核评价制度与科学的程序与方法等内容。

3. 奖惩结合原则

运用绩效评估的结果，根据员工工作成绩的大小、好坏，有奖有罚、有升有降，这种奖惩、升降不仅与精神激励相联系，而且与物质奖惩挂钩，这样才能达到绩效评估的目的。

4. *注重反馈原则*

绩效评估的结果一定要反馈给被评估者本人，一方面有利于被评估者了解自己的优点和缺点，从而使评估成绩好的人再接再厉，使评估成绩不好的人心悦诚服；另一方面也有助于防止绩效评估中可能出现的偏差，保证绩效评估的公平与合理。

5. *有所差别原则*

绩效评估的等级之间应当有明显的差别界限，针对不同的评估等级，在员工工资、晋升等方面应区别对待，使评估带有激励性，鼓励员工的上进心。

思考：员工为什么会离职？本着以人为本的理念我们不妨把个人的优点想得多一些。

任务二　绩效评估的方法与程序

任务描述

老张是营业部的经理，他拿到人力资源部送来的考评表格，却不知怎么办。表格主要包括对员工工作业绩和工作态度的评价。工作业绩那一栏分为五档，每一档只有简短的评语，如超额完成工作任务、基本完成工作任务等。由于年初种种原因，老张并没有将员工的业绩目标清楚地确定下来。因此对业绩进行评估时，无法判断谁超额完成任务，谁没有完成任务。工作态度就更难填写了，由于平时没有收集和记录员工的工作表现，到了年底，仅对近一两个月的事情有一点记忆。

由于人力资源部催得紧，老张只好在这些考评表上勾勾圈圈，再加上一些轻描淡写的评语，交给人力资源部。想到这些绩效评估要与奖金挂钩，老张感到如此做有些不妥，他决定向人力资源部建议重新设计本部门营业人员的评估方法。老张在考虑，为营业人员设计评估方法应该注意哪些问题呢？

知识支撑

绩效评估的方法有很多，不同的岗位、不同等级员工采用的评估方法不尽相同，只有选择合适的方法，才能达到绩效评估的目标。

7.2 绩效评估的方法

绩效评估的方法有很多种，企业要根据实际需要来进行选择。比较有代表性的评估方法如下。

7.2.1 评级量表法

评级量表法是被普遍采用的一种评估方法。这种方法主要是借助事先设计的等级量表来对员工进行评估。使用评级量表进行绩效评估的具体做法是：根据评估目的和需要设计等级量表，表中列出有关绩效评估的项目，并说明每一项目的具体含义，然后将每一评估项目分成若干等级并给出每一等级相应的分数，由考评者对员工每一评估项目做出恰当的评价和记分，最后计算出总分，得出评估结果。评级量表法示例如表7－2所示。

表7－2 评级量表法示例

<table>
<tr><th>考核项目</th><th>考核要素</th><th>说明</th><th>评　定</th></tr>
<tr><td rowspan="2">基本能力</td><td rowspan="2">知识</td><td rowspan="2">是否具备现任职务所要求的基础知识和实际业务知识</td><td>A B C D E</td></tr>
<tr><td>10 8 6 4 2</td></tr>
<tr><td rowspan="8">业务能力</td><td rowspan="2">理解力</td><td rowspan="2">是否能充分理解上级指示，独立完成本职工作任务，不需要上级作具体的指示和指导</td><td>A B C D E</td></tr>
<tr><td>10 8 6 4 2</td></tr>
<tr><td rowspan="2">判断力</td><td rowspan="2">是否能充分理解上级指示，正确地把握现状，随机应变，恰当处理</td><td>A B C D E</td></tr>
<tr><td>10 8 6 4 2</td></tr>
<tr><td rowspan="2">表达力</td><td rowspan="2">是否具有现任职务所要求的口头表达能力，能否进行一般的联络说明工作</td><td>A B C D E</td></tr>
<tr><td>10 8 6 4 2</td></tr>
<tr><td rowspan="2">交涉力</td><td rowspan="2">在与企业内外的对手交涉时，是否具有使对方诚服、接受、同意或达成协商的表达交涉力</td><td>A B C D E</td></tr>
<tr><td>10 8 6 4 2</td></tr>
<tr><td rowspan="6">工作态度</td><td rowspan="2">纪律性</td><td rowspan="2">是否严格遵守工作纪律和规定，有无早退、缺勤等。是否严格遵守工作汇报制和报告制</td><td>A B C D E</td></tr>
<tr><td>10 8 6 4 2</td></tr>
<tr><td rowspan="2">协调性</td><td rowspan="2">在工作中，是否充分考虑到别人的处境，是否与上级、同级和企业外人员主动协调</td><td>A B C D E</td></tr>
<tr><td>10 8 6 4 2</td></tr>
<tr><td rowspan="2">责任感</td><td rowspan="2">对分配的任务是否主动积极，尽量多做工作，向困难挑战，主动进行改良、改进</td><td>A B C D E</td></tr>
<tr><td>10 8 6 4 2</td></tr>
</table>

<table>
<tr><td rowspan="3">评定标准
A——非常优秀，理想状态
B——优秀，满足要求
C——略有不足
D——不满足要求
E——非常差，完全不满足需求</td><td rowspan="3">最后评定分数换算
A——54分以上
B——53～32分
C——31分以下</td><td>合计分</td><td></td></tr>
<tr><td>评语</td><td></td></tr>
<tr><td>评定人签字</td><td></td></tr>
</table>

7.2.2 排序考评法

排序考评法是依据某一评估维度，如工作质量、工作态度或者依据员工的总体绩效，将被评估者从最好到最差依次进行排序。在实际操作中，有简单排序和交替排序两种方法。简单排序是依据某一标准由最好到最差依次对被评估者进行排序。交替排序则是先将最好的和最差的列出，再挑出次好的和次差的，依此类推，直至排完。即将所有员工的姓名都列出来。将绩效评价最高的员工的姓名列在第一位；将绩效评价最低的员工的姓名列在最后一位。然后将次好的员工姓名排列在第二位，将次最差的员工姓名排列在倒数第二位。依次交替进行，直到所有的员工姓名都被列出。

排序考评法最大的优点是简便易行，省时省力。不足之处：首先，没有具体的评估指标，在两个人业绩相近时，很难确定其先后顺序；其次，由于主要依靠评估者的主观判断进行排序，不同评估者的倾向性不同，会造成排序中的偏差；再次，缺乏具体的评估标准，无法比较同一企业中不同部门的员工；最后，被评估者仅仅知道自己的排序情况，不能明确自身优点和不足之所在。

排序考评法通常适用于小型企业的员工评估，而且被评估对象最好是从事同一性质的工作。

7.2.3 配对比较法

配对比较法也称为两两比较法或对偶比较法，是较为细化和有效的一种排序方法。其具体做法是：将每一位被评估者按照所有评价要素，如工作质量、工作数量、工作态度等，与其他员工一一进行比较，优者记为“+”或“1”，差者记为“-”或“0”，然后计算每一个被评估者所得正负号的数量或具体得分，排出次序。如表7-3所示，员工王刚的工作态度的绩效评估成绩是最差的。

表7-3 使用配对比较法对员工工作绩效的评估

就“工作态度”这一评价要素所做的比较					
被评估者姓名	李明	王刚	张勤	杨荣	赵齐
李明		+	+	-	-
王刚	-		-	-	-
张勤	-	+		+	-
杨荣	+	+	-		+
赵齐	+	+	+	-	

配对比较法实质上是将全体被评估者看作一个有机系统，其准确度较简单的排序考评方法高得多。但是，该方法在操作时较为烦琐，因而其运用受到被评估者人数的局限。

7.2.4 强制分布法

强制分布法也称为强制正态分布法。这种方法基于企业的所有部门都同样具有优秀、一般、较差的员工假设。因此，在运用强制分布法进行绩效评估时，要求考评人员依据“中间大、两头小”正态分布规律，预先确定评价等级以及各等级在总数中所占的百分比，具体的比例可以有所不同，但无论采用何种比例，其分布都要符合正态分布的规律，然后按照被评估者绩效的优劣程度将其列入其中某一等级，如表 7-4 所示。

表 7-4 强制正态分布表

等 级	优秀 10%	良好 20%	中等 40%	较差 20%	最差 10%
姓 名	李明 ……	王刚 ……	张勤 ……	杨荣 ……	赵齐 ……

强制分布法适用于被评估人员数量较多的情况，操作起来也比较简便。由于遵从正态分布规律，可以减少评估人员的主观性所产生的偏差。此外，该方法也有利于管理控制，尤其是适用引入员工淘汰机制的企业，它能明确筛选出被淘汰对象。但是，现实工作中有可能存在这样的情况，即某一个部门的所有员工工作绩效都很好，这时，使用强制正态分布的方法进行绩效评估所得到的结果就难以令人信服。

7.2.5 关键事件法

关键事件法是以记录直接影响绩效优劣的关键性行为为基础的评估方法。所谓关键事件，是指员工在工作过程中做出的对其所在部门或企业有重大影响的行为。这种影响包括积极影响和消极影响。使用关键事件法对员工进行评估，要求管理者将员工日常工作中的好的行为或不良行为认真记录下来，根据所做的记录来评估员工的工作绩效。

关键事件法通常可以作为其他评估方法的补充，它具有以下优点：首先，对关键事件的记录为评估者向被评估者解释绩效评估结果提供了一些确切的事实依据；其次，它可以确保在对员工进行评估时，所依据的是员工在整个考察周期内的工作表现，而不是员工在近期内的表现，减小近因效应所带来的评估偏差；最后，通过对关键事件的记录，管理人员可以获得一份关于员工消除不良绩效的实际记录。

关键事件法在实施时也存在一定的不足之处，最明显的是，存在管理人员可能漏记关键事件的情况。在很多情况下，管理人员都是一开始忠实地记录每一个关键事件，到后来失去兴趣或因为工作繁忙等原因而来不及记录，等到评估期限快结束时再去补充记录，这样有可能会夸大近期效应的偏差，影响绩效评估的客观性。

7.2.6 360°绩效反馈体系

360°绩效反馈是一种较为全面的绩效评估方法，它是指一个组织的员工（主要是管理人员）从与自己发生工作关系的所有主体那里获得本人绩效反馈的过程。这些信息的来源包括：上级监督者自上而下的反馈；下级自下而上的反馈；平级同事的反馈；员工的自我评估；企业外部的客户和供应商的反馈等（如图7-2所示）。

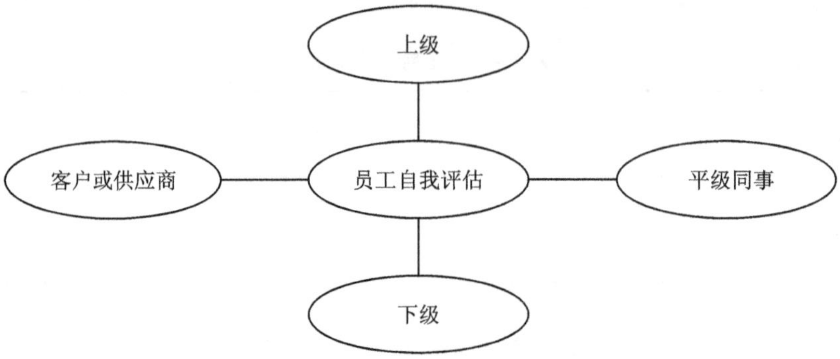

图7-2 360°绩效反馈体系模式

1. 360°绩效反馈模式

（1）员工自我评估。

通常员工自我评估是指员工在正式的上级评价之前对自己的工作进行回顾，对自己的业绩、能力等方面做出初步的评价。员工自我评估有诸多好处：员工直接参加评估，加深了员工对评估的投入程度；自我评估一般是鼓励员工回顾自己在评估周期所做的工作，而不是使其被动地接受上级的评价，所以可以降低员工对评估的抗拒心理，另外，自我评估也可以鼓励员工考虑自己未来的发展计划。

但是，员工自我评估也存在着不足之处，员工对他们自己的工作绩效所做出的评估一般要比其主管人员或同事所做出的评价高。因此，对员工自我评估的结果应该妥善运用。通常要将自我评估结果与上级、下级及其他方面的评估结果相结合，将其作为员工培训和发展的依据比单纯作为评估和比较的依据可能会更加有效。

（2）上级的评估。

员工的直接主管人员对员工的工作绩效进行评估是大多数绩效评估制度的核心所在。通常，员工的主管人员能够处于最佳的位置来观察员工的工作业绩，因而能够对员工的各方面情况有较为充分的了解，从而可以较好地掌握评估的事实依据。

上级对员工的评估，多数情况是由员工的直接主管做出，也有的企业是直接主管和2~3位其他方面的主管人员共同评估。例如，如果财务部门的某位员工常常与营销部经理和公关部经理一起工作，那么这两位经理就有可能一起参与对该员工的评估。这种多个评估者同时对员工的绩效进行评估有许多优点，通过对多个评估者的评估结果进行综合可以增加评估的客观性。

（3）同级的评估。

上级只能观察到员工工作表现的一部分，在很多情况下，员工的同事更能够全面地了解员工的工作情况。尤其是在主要依靠团队的企业中，团队成员之间的合作程度是工作成功的关键所在。因此，在参与评估的同事与被评估者之间很相似而且很熟悉的情况下，同事的评估可能具有较高的准确性，并且，对于员工晋升后的业绩，同级评估也具有较好的预测性。此外，如果同事参与评估工作，员工在工作中往往会注意与其他团队成员的合作与协调，而不是仅仅只关心自己的业绩。

（4）下级的评估。

在对管理人员的绩效评估过程中，下级的评估过程往往可以使企业的高层管理者对企业的管理风格进行诊断，认识企业中潜在的问题。如果这种由下级做评估的目的是为了对管理人员进行技能开发而不仅仅是对其进行实际的工作绩效评估，这种做法将更为有效。

（5）客户或供应商的评估。

客户的评估通常用来收集客户的抱怨和意见，尤其对于服务行业，如餐饮业、旅游业等，客户的意见对于员工绩效的改进和企业信誉的保持具有重要意义。供应商是企业的合作伙伴，对与供应商直接接触的员工进行评估时，其意见也具有一定参考价值。很多企业通过专门的调查公司或设计问卷等方式收集客户或供应商的意见，从而为员工工作态度、业务能力等方面的评估提供参考，据此制定相关的薪酬、奖惩决策。

2. 360°绩效反馈的优点与不足

360°绩效反馈的优点体现在以下几个方面。

（1）全方位、多角度的信息反馈。

360°绩效反馈的评估者来自于不同层面的群体，他们从不同的角度对被评估者的工作绩效进行评估，因此对被评估者的判断更为全面。这种多层面的反馈评估可以减少个人偏差及评分误差，评估的结果更为准确。同时，员工对管理者的直接评估也促进了员工参与管理。

（2）增进沟通，促进发展。

360°绩效反馈的实施可以促进来自不同渠道的信息在企业内部的交流，增进上下级之间、平级之间的信息沟通，有利于建立员工间更为和谐的工作关系。同时，既能增加员工的参与度，又能帮助管理者发现并解决问题，提高企业的整体绩效。此外，在360°绩效反馈的评估结果反馈中，通常都包含对员工个人发展计划的建议和指导，这些建议一旦被员工所接受，就能促进其职业生涯的发展。

当然，360°绩效反馈也存在不足，具体体现在以下几个方面。

（1）信息收集成本较高。

360°绩效反馈涉及的信息渠道比较多，因而在有关评估数据和信息的收集过程中，需要耗费大量的时间、人力、财力和物力，并且，数据处理和信息处理的成本也比较高。同时，由于有大量信息需要汇总，这种方法可能会变成机械的文字印刷材料的沟通。

（2）对人员素质有较高要求。

由于该方法要参考与被评估者有工作关系的每一个方面的意见，因此意见反馈者的评估公正与否将会直接影响所提供信息的公正性与准确性。例如，上级可能会担心员工利用360°绩效反馈体系发泄对其的不满，而下属则担心如实反映情况可能会被上级报复，来自于同事的信息也可能会由于彼此间利益关系的冲突而产生偏差。因此，360°绩效反馈体系最关键的是要建立评估者和被评估者相互之间的信任。

此外，客户和供应商对员工各个方面的观察有限，而且不同评估者所依据的评价标准可能不同。所以，在综合各方面的评价意见时，要特别注重事实依据。

思考：介绍了几种常用绩效评估的方法，每种方法都有相应的表格和步骤，介绍的方法是在企业实践中提炼出来的，对你的工作会有帮助吗？

7.3 绩效评估的程序

绩效评估通常包括四个阶段：制订评估计划；确定评估标准；实施绩效评估；评估结果的反馈与运用。

7.3.1 制订评估计划

评估计划是实施考评时的指导性文件。计划的内容通常包括：本次评估的目的、对象、内容、时间和方法。评估的目的不同，评估对象也不相同。例如，晋升评估与常规评估的对象就有差别，前者通常只是在具备晋升资格的员工中进行，而后者则往往在企业的全体员工中进行。评估目的和评估对象又进一步决定评估的具体内容、实施时间、实施地点以及所选择的评估方法等。

7.3.2 确定绩效评估标准

这一阶段就是要确定绩效评估的标准。评估标准的合理性直接决定着评估工作的有效性。首先，如果没有较为客观的评估标准，评估者就无法客观地对被评估者做出正确的评价；其次，如果评估标准制定得不合理，则评估结果和员工的实际情况之间就会存在偏差，从而影响评估的公正与公平。因此，根据评估目标和评估内容确定评估标准是绩效评估的重要环节。

一般来说，评估标准包括业绩标准、行为标准及任职资格标准等。

7.3.3 实施绩效评估

这一阶段是具体实施绩效评估。通常，评估人员以评估标准为依据对员工各个方面的表现进行评估，得出评估意见。这一阶段的工作往往是一个从定性到定量的过程，具体包括对每一评估项目评定等级，并对其进行量化；在此基础上对照员工的实际表现为每一个评估项目评分；最后，对各项指标的分数进行汇总分析，得出评估结果。

7.3.4 评估结果的反馈与运用

这一阶段是绩效评估工作的最后阶段。在评估工作结束后，企业有关部门要将评估结果通过一定的方式反馈给被评估者。反馈一般有两种形式。一是绩效评估意见认可，即评估者以书面的形式将评估意见反馈给被评估者，若被评估者同意，则签名盖章；若被评估者有异议，可以提出，并要求上级主管或人力资源管理部门予以裁定。二是绩效评估面谈，即评估者通过与被评估者进行面对面的交谈，将评估结果反馈给被评估者，绩效评估面谈是一种较为有效的反馈方法，下一节将进一步讨论。

思考：为什么绩效评估总像是在做无用功？

视野

绩效评估小流程的四大步骤：制定标准；记录绩效；根据标准进行反馈；结果的运用。绩效评估必须注重：过程 + 量化 = 结果

7.4 绩效评估面谈

评估结果的反馈是绩效评估工作的重要环节，而面谈则是信息反馈的有效手段

之一。

7.4.1 绩效评估面谈的必要性

绩效评估体系不仅仅要公开透明，而且也要把考核结果告知被评估者本人。这一点也是企业人力资源管理民主化不可缺少的条件。在企业中，如果对员工的评估过程是隐秘进行的，对其结果也缺乏反馈与沟通，那么要想获得员工的信赖几乎是不可能的。因此，有效的绩效评估面谈可以保证绩效评估目标的实现。

1. 有助于建立上下级之间双向交流的通道

面谈是一种极为有效的信息沟通方式，在企业管理过程中被广泛地运用。例如，新员工的招聘或调迁者初任时的指导面谈，为解决员工问题而做的个别谈话，为消除员工不满情绪而做的面谈以及员工退职时的面谈等。这些面谈方式，帮助企业建立起上下级沟通的有效通道。在评估或评定等紧张场面结束后进行的绩效评估面谈，可以有效地将评估结果反馈给员工，同时了解员工的反应与意见，从而使上下级之间的交流更为顺畅。

2. 有助于被评估者明确其改进方向

绩效评估不仅仅是要考核员工过去的表现，而且要在评估过去的基础上帮助完成未来对员工潜力的开发。因此，要使员工明确未来的改进方向，就必须将绩效评估的结果反馈给员工本人。将员工的优点告知本人，有利于激发其向上的动机；而告知员工其不足之处，则可以使其明确自己需要完善和改进的方向，同时认识到参与培训的必要性。

3. 有助于面谈技巧的学习

管理人员如果能够熟练地掌握各种面谈的技巧，对员工的日常管理会大有裨益。尤其是有关评估的面谈，是以当事人的业绩、能力、态度等为内容而进行的，通常会涉及面对面地讨论员工的长处、不足等敏感问题，因此对面谈技巧有很高的要求。在学会如何启发员工发挥长处、弥补不足、促进其自我完善或施以激励等有关的面谈技巧之后，每遇类似情况都可以当作温故而知新的机会，这对于管理者而言无疑是一种重要的定期技能培训。

7.4.2 绩效评估面谈的技巧

为了使绩效评估面谈顺利进行并达到预期目的，需要注意有关的面谈技巧。

1. 检查面谈计划表

在进行面谈之前，要仔细检查“面谈计划表”或“面谈进行计划表”，并重点注意那些绝对不可以遗漏的项目。

2. 创造良好的面谈气氛

被约谈者面对面谈往往较为紧张，因此管理人员不可显露出“我是评估者”这样的高姿态，以免给员工的心理带来更大的压力。为了使被约谈者能够在面谈中处于一种轻松自然的状态，管理人员要通过各种方式来创造一种良好的面谈气氛。例如，选择一个能让面谈双方都感到放松的地点，避免噪音以及其他干扰；在座位的设置上，要尽量拉近彼此间的距离；必要时可以掺杂一些脱离主题的闲谈，使双方放松心情，保持融洽、愉快的谈话气氛。

3. 开诚布公地对待员工

在面谈开始时，要清楚地让员工了解面谈的目的，可以简要说明绩效评估的作用、绩效评估系统的构建、绩效评估的具体实施，从而让员工明白评估不仅仅用于决定其薪酬和晋升。要将绩效评估的结果告诉员工，不必遮遮掩掩，但同时也要说明得出结果的依据。这样有助于在面谈中建立员工对管理人员的信任。

4. 鼓励员工说话

面谈是一种双向沟通。但有些员工可能会因为紧张、害羞或者性格上的原因而不敢说话。因此，管理人员要运用各种方法鼓励员工发表自己的意见。当然，建立彼此之间的信任有助于打开僵局，但有时可能需要管理人员提出具体的问题，才能让员工说话，因而灵活地运用各种提问技巧引导员工发言不失为一种好方法。例如，可以多提一些开放性的问题，像“你认为怎样才能使条件变得更好”；多用一些激励性的话语进行追问，像“还有呢”；但绝对不能说问题，如“这么简单的事情，你怎么就做不好呢”等话语。

5. 认真地倾听

要想从面谈中获得有用的信息，就必须做一个好听众。当员工发表自己的意见和看法时，管理人员要认真地倾听，尽量不要打断。这种倾听不是保持沉默，而是要真正地去听，去捕捉员工谈话中的关键信息。这种倾听也是一个动态的过程，管理人员要去发掘员工的想法和感受。当双方同时开口时，管理人员应该停下来让员工继续，这一点对于有的管理者而言较为困难，但是却有助于保持整个面谈过程双向的信息交流，这等于告诉员工：“你要说的比我要说的重要。”

6. 运用肢体语言

运用姿势、手势、表情等非语言手段也可以把自己想表达的心意传达给对方，这就是“肢体语言”。在面谈过程中，有时恰当地运用肢体语言可以收到比语言更好的效果。例如，倾听员工说话时，可以用点头表示赞同，可以使身体前倾或做一下笔记来表示对话题感兴趣，另外，注视说话人的眼睛也可以使对方感到自己的谈话受到重视。当然，管理人员在利用肢体语言传达自己心意的同时也要注意观察员工的表情、手势、动作等反应，以发现其中隐含的言外之意。

7. 小道具的运用

在面谈时，适当地运用一些小“道具”作为媒介，将有助于制造谈话的气氛。例如，倒杯茶给对方，可以产生双方亲近的感觉。尤其在谈话突然中断，陷于尴尬沉默的一刹那，运用类似的动作对双方都是一种援救，可以松一口气，再使谈话继续下去。

8. 避免与员工的冲突

面谈过程中，双方可以发表不同的见解，但是管理人员要避免造成对立及争辩的场面。虽然，这种场面有时会因为管理人员的权威而以一胜一负收场，但是这可能会破坏员工对管理人员的信心，从而导致员工不再愿意与其开诚布公地进行沟通。因此，管理人员在与员工的绩效评估面谈中要注意将重点集中在绩效而不是性格上，集中在未来的发展上，并且要注意优点与缺点并重。每一个员工都有不足之处，但也有优点，在讨论今后如何改掉缺点的同时，切不可忽略了员工的长处。

9. 妥善处理员工的对抗情绪

防御性反应是人们在适应社会的过程中自然形成的，在面谈过程中，当员工被指责表现差的时候，其第一反应往往是防御性的，因为承认自己的缺点对于任何人而言都比较困难。员工通常会为自己的行为找出各种各样的客观原因，甚至会变得异常恼怒并带有攻击性。此时，管理人员要明确员工这种防御行为的必然性，不要立刻批驳，待员工情绪较为平静时，再继续进行讨论。另外，管理人员还要明确一点，员工之所以会有这种反应是因为他预感自己会受到指责，因此，管理人员如果是以一种建设性的态度来讨论员工的不足，这种对抗性的反应会相应地减弱一些。

10. 把握面谈结束的时机与方式

如果主管人员认为面谈应该结束时，不管进行到什么程度都不要迟疑。如果原先预计的目标在面谈结束以前未能达成，可以等到下一次再继续。尤其是当以下情况中任何一种出现时，更应该及时结束面谈：彼此的信赖瓦解了；双方都急着要去其他地方；下班时间到了；面谈的进展停滞了；被约谈者面有倦容；有急事需要打断等。

此外，面谈结束的方式也很重要。一般在面谈的结尾，谈过的事情或约定的事项都应该互相再予以确认，要留一些继续面谈的可能性和话题给双方，以便最终全面达成面谈目标。

任务三　绩效评估的常见问题与防范

任务描述

小王在一家私营公司做基层主管已经有3年了。在去年年终考评时，小王的上司要同他谈话。在谈话中，上司对小王的表现总体上来讲是肯定的，同时，指出了他在工作中需要改善的地方。整个谈话过程是令人愉快的，离开上司办公室时小王感觉不错。但是，当小王拿到上司给他的年终考评书面报告时，小王感到非常震惊，书面报告中写了他很多问题、缺点等负面的东西，而他的成绩、优点等只有一点点。小王感到很是不安和苦恼。

作为公司领导，应该制定哪些绩效评估问题防范对策呢?

知识支撑

绩效评估是企业人力资源管理活动中的一项系统工作，具体实施过程中会受到各方面因素的影响，从而使评估面临诸多问题，这些问题不可避免地会对绩效评估的准确性与合理性产生影响。

7.5　绩效评估问题与防范

7.5.1　评估工作中经常遇到的问题

1. 缺乏标准

评估标准应该是在对工作进行分析的基础上产生的，这一标准必须与工作相关。没有评估标准，评估只能根据评估者的主观臆断或感觉去进行，评估的结果就失去了其客观性。这样的评估不可能是有效的。

2. 不现实的标准

评估的根本目的在于改进以后的工作，所以对评估标准的设置必须恰当，不能过高，避免使众人可望而不可即；也不能太低，使人人都安于现状。评估标准的设立应以能激励人们向上为目标。因此，这些标准应该是合理且有挑战性的。

3. 对工作行为的检测不当

为了增加评估结果的客观性和有效性，一些评估项目必须有可比性，即把评估标准或成绩量化，以数字说话。对一些抽象的标准也要尽量在质上有明确的规定。

4. 评估者的错误

评估者的错误包括评估者的偏见或偏爱、晕轮效应、近期效应、中心化倾向（不愿做“最好”“最差”的判断）、观察性误差等问题。

5. 向员工的反馈不够

评估的目的是使工作行为有效，因此评估标准或评估的方法必须通知员工，切忌秘密进行，否则会使员工产生一种被“调查”的感觉。

6. 运用评估资料失败

评估资料是与评估标准对照的依据，如果评估资料失真或运用不当，那么评估结果也必然受到影响，所以必须予以重视。

7.5.2 提高绩效评估效果的方法

1. 传递信息

评估不是为了制造员工间的差距，而是实事求是地发挥员工的长处，以扬长避短，使工作有所改进和提高。绩效评估是以尊重员工的价值创造为主旨，它虽是按行政职能结构形成的一种纵向延伸的评估体系，但它也应是一种双向的交互过程，这一过程包含了评估者与被评估者的工作沟通。通过沟通，评估者把工作要领、目标以及工作价值观传递给被评估者，双方达成共识与承诺。同时借助纵向延伸的评估体系，在企业中形成价值创造的传导和放大机制。

2. 改善方法和制度

绩效评估本身虽然很有运用价值，但也要在适当的方法和制度下才能发挥其效用。因此，组织和管理者应做好工作分析，了解工作内容，并以适当的评估方法和形式（如管理者记录员工工作上特别的事例和表现，定期与员工商讨其表现等）开展绩效评估工作，同时高层管理者要赋予中层管理者一定程度的奖惩权。

要进行工作分析，制定出切实可行的评估标准。人力资源部经理应通过调查问卷、访谈等方式，加强与各主管和员工之间的沟通与理解，在企业中为每位员工做出工作职位说明书，让员工对自己工作的流程与职责有十分明确的认识，也使员工从心理意识上进入状态，接受评估。不同的岗位有不同的职位说明书。评估指标也理所当然有所不同。当然，在对评估指标的把握上宜遵循：贵精不贵多，5 个左右即可满足；贵明确忌模糊，标准尽量量化；贵具体忌空泛，抓住关键绩效指标。

3. 培训评估人员

训练可以使管理者避免许多绩效评估的错误，例如只顾及评估者的优点而忽略了其需要改进的地方。因此，企业应该提供使管理者克服心理误区等方面的正式训练。

4. 注意员工参与

绩效评估是一个双向的互动过程，管理者应鼓励员工参与绩效评估过程、提供意见等。

管理者也应保持公正的态度，使员工对其有信心，通过绩效评估来增进相互了解和改进工作表现。

5. 完善绩效评估工作

任何制度或政策的实行都需要检讨和评核，组织可通过员工参与，利用问卷和面谈收集资料，衡量员工反应，尊重员工意见，尽量改善绩效评估制度。

最后要强调的是，绩效评估除了保持每半年或每一年定期正式地进行外，也需要不断做出非正式的绩效评估。

综上所述，要减少绩效评估工作中由于被评估者的问题而发生的偏差，就要注意对员工进行与评估有关的培训，通过培训使员工认识评估工作对于企业和员工的重要意义。此外，要尽可能地保证评估制度、评估过程的公开与公正，使员工对企业的绩效评估工作建立信任，并认同企业的评估系统。只有通过评估者和被评估者双方的合作和努力，绩效评估的根本目标才能最终得以实现。

课程回顾

本章讲述了绩效评估的含义、内容、原则、目的和作用；介绍了绩效评估的常用方法与技能；介绍了绩效评估程序和面谈方法；最后讨论了绩效评估的问题与防范。

温故知新

一、单项选择题

1. 绩效管理系统设计包括绩效管理程序的设计与（　　）。

A. 绩效管理目标的设计　　B. 绩效管理制度的设计

C. 绩效管理方法的设计　　D. 绩效管理内容的设计

2.（　　）是企业单位组织实施绩效管理活动的准则和行为的规范。

A. 绩效管理制度　　B. 绩效管理目标

C. 绩效管理方法　　D. 绩效管理内容

3.（　　）应当充分体现企业的价值观和经营理念，以及人力资源管理发展战略和策略的要求。

A. 绩效管理程序设计　　B. 绩效管理方法设计
C. 绩效管理制度设计　　D. 绩效评估标准设计

4. (　　) 应当从程序、步骤和方法上，切实保障企业绩效管理制度得到有效贯彻和实施。
A. 绩效管理程序设计　　B. 绩效管理制度设计
C. 绩效管理方法设计　　D. 绩效评估标准设计

5. 在绩效管理的各个阶段中，(　　) 是绩效管理活动的前提和基础。
A. 实施阶段　　B. 准备阶段
C. 评估阶段　　D. 总结阶段

6. 绩效管理活动实施过程中的中坚力量是（　　）。
A. 高层领导　　B. 一般员工
C. 各个层次的管理人员　　D. 人力资源部人员

7. 绩效管理的对象不应包括（　　）。
A. 高层领导　　B. 全体员工
C. 外部客户　　D. 人力资源部门人员

8. 企业绩效管理活动的基本单元是（　　）。
A. 上级主管与下属所形成的评估与被评估的关系
B. 企业领导层对人力资源战略的认同与执行情况
C. 通过岗位分析和岗位说明书形成绩效管理基础
D. 采取结果导向、行为导向，还是品质特征考核

9. 在绩效评估中，通常情况下（　　）评估的准确性和可靠性最难把握。
A. 同事　　B. 下级
C. 本人　　D. 客户

10. 在绩效管理实施过程中，最直接影响绩效评估质量和效果的人员是（　　）。
A. 高层领导　　B. 一般员工
C. 直接上级/主管　　D. 人力资源部人员

二、多项选择题

1. 国外专家认为，绩效管理主要由（　　）组成。
A. 考核　　B. 指导
C. 激励　　D. 奖励
E. 控制

2. 绩效管理系统的设计包括（　　）。
A. 绩效管理的目的　　B. 绩效管理设计的目的
C. 绩效管理的特点　　D. 绩效管理制度的设计

E. 绩效管理程序的设计

3. 绩效管理的总流程主要是（　　）阶段。

A. 准备　　B. 试行　　C. 考评

D. 总结　　E. 应用开发

4. 在绩效管理的准备阶段，绩效管理人员应完成的工作有（　　）。

A. 考评方法的选择　　B. 考评要素的确定

C. 绩效管理对象的确定　　D. 标准体系的确定

E. 对实施步骤提出具体要求

5. 下列关于评估时间确定的说法正确的是（　　）。

A. 用于晋升晋级的绩效评估，属于定期评估

B. 每年提薪的企业评估期为一年，应在年终评估

C. 以定期提薪和奖金分配为目的时，要随时评估

D. 每年分配两次奖金的企业，评估期控制在 3 个月

E. 员工提出培训申请时，可以进行用于培训的评估

6. 以培训和人才开发为导向的绩效评估，应由（　　）对员工进行评估。

A. 上级　　B. 客户　　C. 同事

D. 自己　　E. 下级

7. 从企业的一般情况来看，绩效管理的参与者一般主要涉及评估者和（　　）等人员。

A. 企业决策层　　B. 被评估者

C. 被评估者的同事　　D. 被评估者的下级

E. 企业外部人员

8. 绩效评估的类型有（　　）。

A. 上级评估　　B. 同级评估　　C. 下级评估

D. 自我评估　　E. 外人评估

9. 某企业在分解评估指标时，出现“指标平移”现象，即主管不经科学地分解而直接将自己的指标分派给下属，此时为主管设计的培训内容应侧重于（　　）。

A. 如何与下属进行绩效面谈

B. 评估者与被评估者的角色扮演

C. 考评的技术、技巧和要领

D. 绩效管理结果应用及岗位评估的基本理论

E. 绩效指标分解的程序、步骤以及实施要点

10. 绩效管理的实施阶段包括（　　）环节。

A. 绩效总结　　B. 明确目标

C. 制订计划　　D. 全面监督

E. 有效指导

三、简答题

1. 绩效评估的含义是什么?

2. 绩效评估应包括哪些内容?

3. 绩效评估的主要方法有哪些? 各有什么长处与不足?

4. 如何提高绩效评估面谈的效果?

四、讨论题

在实践中，绩效评估的问题主要来自于哪些方面? 可以采取哪些防范措施?

五、案例分析题

某企业的绩效管理主要采用以下步骤和方法:

第一步，对于部门主管以上领导干部，年终由主管领导召集其下属员工开会。共同听取其述职报告，再由员工及上级领导根据其一年来的表现填写“年度领导干部考核评议表”。

该表汇总后将分数按“领导、部门内同事、下属”(2:3:5 的权重) 加权平均得出总分。

第二步，全体员工共分四组排序：一般员工、主管、部门经理、高层领导。每组按考评结果分五个等级，每一等级所占比例如下表所示:

等级	A	B	C	D	E
比例 (%)	10	30	54	5	1

第三步，考评结果运用：A 等级范围的人有机会获得晋升，而 E 等级的将被淘汰或降级。

资料来源：http://www.docin.com/p-444356140.html (有改动).

(1) 请指出前两个步骤使用了哪些绩效评估方法。

(2) 上述评估方法有哪些不足之处? 请针对这些不足提出改进建议。

六、实训训练

针对某一超市员工薪酬的满意度问卷调查。

通过图书馆、互联网查找资料并结合问卷调查某超市，在教师指导下，由学生自由组合成 10~11 人为一组，并确定负责人。根据所学的薪酬管理的基本知识，对问卷调查的实际情况进行分析，最终以报告形式得出结论。

收获与建议

通过本章学习，学生能够发现绩效管理过程中存在的问题，能够运用已有的绩效评估方法进行评估，建议学生对各行业的工作描述多了解、多掌握，多练习面谈技巧。

项目八　员工薪酬管理

学习指南

1. 岗位要求

会计算薪酬点。

2. 素质能力标准

能清晰描述薪酬和薪酬管理的含义，熟悉薪酬管理的激励作用，学会薪酬设计的方法，拥有薪酬设计的理念。

3. 学习任务

任务一　薪酬管理

任务二　工资制度设计

任务三　工资结构设计

任务四　工资表的编制、工资的计算及相关台账

4. 知识点

薪酬管理、工资制度、工资计算、工资结构。

5. 技能点

采集岗位评价需要的信息、核算工资。

6. 学习重点、难点

重点：薪酬管理、工资制度、工资等级序列、薪酬设计方法。

难点：薪酬设计方法。

任务一　薪酬管理

任务描述

销售部是公司的“火车头”，A 公司领导一直非常重视销售部，给予的报酬同市场薪酬相比也比较有竞争力。然而公司总经理近来却感到非常困惑，向我们吐露了他的一些心声：“各个区域经理在公司从事销售工作已有多年，客户资源越积越多，很多已经形成了多年的关系户。在国家整体经济大环境比较好的情况下，客户的快速发展拉动对公司产品的需求，导致即使不开发新的客户，经理们的业绩也会出现较快的自然增长。当前经理们的主要收入来源之一，是按实际销售额乘以一个提成率得出的提成，该提成率已经有多年未变。在这种情况下，经理们即使不需付出多大努力，收入也可以获得不错的增长，导致其动力不足。”

你认为公司总经理应该如何改变薪酬方式才能有效激励员工？

知识支撑

在所有的人力资源管理中，薪酬体系的设计与管理始终是核心环节之一。企业能否建立完善而有效的薪酬激励机制，将直接影响其生存与发展。薪酬也是员工职业的原始动力，是其生存发展的物质源泉，是社会地位的表达形式，是自我价值的实现途径。科学的薪酬设计能够充分调动员工的积极性和创造力，形成紧密合作的团队。因此，使员工从薪酬上得到最大程度的满意，已经成为国内外现代企业日益关注的问题。

思考：现代企业如何做到让员工们“‘薪’心相印”？

案例欣赏

都是工资惹的祸？

云龙公司是一家中型食品企业，近年来在总经理王冰的领导下，进行了深化企业改革，企业运行机制进一步调整和转化，已从过去的计划经济逐步转向市场机制。企业逐步摆脱了困境，产品类型从面粉转向各种类型的食品。

随着产品的变化，企业经营机制的转化，企业的经济效益也随之提高，在同行业中处于领先地位。可是企业内部人才外流现象有增无减，这对企业的长久发展非常不利。造成这种情况的一个主要原因是青年技术人员经不住外企的高薪诱惑，千方百计地离开公司。王总经理深感忧虑，公司为此采取了一些措施：公司经过考察、评估，破格提拔几位青年技术人员为高级工程师，在公司里进行表彰，并在当地的媒体上进行报道。希望通过这些措施留住这些骨干的技术人员。但是，事隔几个月，就有一位刚被提拔的青年技工提出辞职。王总经理十分着急，召集有关人员商讨此事。

该技术人员叫李清，九年前大学毕业来公司工作，工作积极努力，业务精通，英语水平很高，能与外国专家商讨问题，工作中能独当一面。经调查得知，李清认为在公司这么多年，工资一直很低，住房面积小，只有三十多平方米，以后住房要市场化，以现在的收入根本不可能购买住房。虽然破格提拔为高工，但是实际的工资增长只有几十块钱。公司的领导阶层的年龄都是四十多岁，自己很难等到那个时候。现在有一家外企请他去当总工程师，月收入高了十倍，自己很难抵御这样的诱惑，因而想离开公司。

讨论中大家提出了多种应对策略。有人认为应严肃处理此事，对其进行党内处理，不予办理辞职手续；也有人认为可以辞职，但是公司的房子收回，培训费补交，家属调走；还有一种意见认为企业的确需要李清这样既懂专业又精通外语的人才，目前公司的对外业务日益增多，急需一位派驻国外合作企业的代表，可以任命他去做，这样可以给他提高待遇，提供更大的发展空间。

资料来源：http：//ww. doc88. com/p－852242823778. html（有改动）.

案例启示：

上述案例中问题的关键在于薪酬制度有问题，公司没事还好，一旦出了问题，领导就很着急，但这不是仅着急就能解决的问题。结合上述案例提供的材料，我们可以从以下几个方面来讨论：公司应如何处理李清的辞职问题？李清的问题出在什么地方？云龙公司今后应采取什么样的薪酬策略？

如何处理好类似的问题？重要的途径就是运用薪酬管理去解决问题。这就需要我们通过调查研究，运用工资制度的设计程序和工作评价的方法等，分析企业内外的薪酬水平的现状，然后根据企业的实力制定出合理的薪酬制度，最终让企业的员工感到满意，而这正是我们本章要探讨的问题。

8.1 薪酬管理概述

8.1.1 企业薪酬管理中的常见概念

随着企业管理理论和管理实践的发展，企业薪酬管理中出现了一些常见的概念。理解并掌握它们的含义，对科学、有效地进行薪酬管理研究与分析十分必要。

1. 工资

工资是使用最为普遍的一个薪酬的概念。它的基本含义是雇方付给被雇方合法的货币报酬。《关于贯彻执行〈中华人民共和国劳动法〉若干问题的意见》中提及：劳动法中的“工资”是指用人单位依据国家有关规定或劳动合同的约定，以货币的形式直接支付给本单位劳动者的劳动报酬，一般包括计时工资、计件工资、奖金、津贴和补贴、延长工作时间的工资报酬以及特殊情况下支付的工资等。工资是劳动者劳动收入的主要组成部分。

2. 薪金、薪水

薪金与工资之间的主要区别是支付对象和支付形式不同。在实际中，人们一般把以日、小时等计付的劳动报酬称为工资，将按年、月计付的劳动报酬称为薪金、薪水，或把一次性支付的报酬称为酬金等。相应地，把脑力劳动者或政府机关、事业单位工作人员的收入称为薪金，把企业职工的报酬称为工资。

3. 薪资、报酬

薪资是比工资和薪金内涵更广的一个概念，它不仅指以货币形式支付的劳动报酬，还包括以非货币形式支付的短期报酬形式，如补贴、工作津贴、物质奖励等。

4. 薪酬

薪酬有广义和狭义之分，狭义的薪酬不包括福利，因此企业员工的全部报酬为薪资和福利。但在大多数场合，广义的薪酬除了包括员工的货币收入、非货币收入之外，还包括一些长期或延期支付的报酬形式，如法定福利、企业分红、利润分享和股票期权等。

5. 奖酬

奖酬是一个比薪酬更新的范畴。与其他相关的范畴相比，它具有两个特点：一是更体现现代企业薪酬的激励功能；二是职位晋升、个人名誉、社会地位、自我价值实现等所谓精神薪酬的内容也可以包括在奖酬的范围之内。因此，奖酬可以分为物质薪酬和精神薪酬两个部分。

6. 企业薪酬

企业薪酬是指企业内所有员工，即管理人员和普通员工的货币性和非货币性劳动收入的总和，具体包括工资、奖金、佣金、红利及福利待遇等各种报酬形式。

7. 企业薪酬管理

企业薪酬管理是指企业管理者对员工薪酬的支付标准、发放水平、要素结构进行确定、分配和调整的过程，换句话说，也就是对工资、奖金、佣金和利润等薪酬构成要素进行确定和调整并进行管理的过程。

思考：你能分清企业薪酬的常见概念吗？

8.1.2 薪酬的主要形式

薪酬包括企业员工的全部劳动报酬收入，不仅限于货币收入，而且包括非货币收入。前者又称为经济类薪酬，包括员工的工资、津贴、奖金等，后者也叫非经济类薪酬，主要指员工获得的成就感、满足感或良好的工作气氛等。图 8－1 表示了企业对员工的支付总报酬模式。

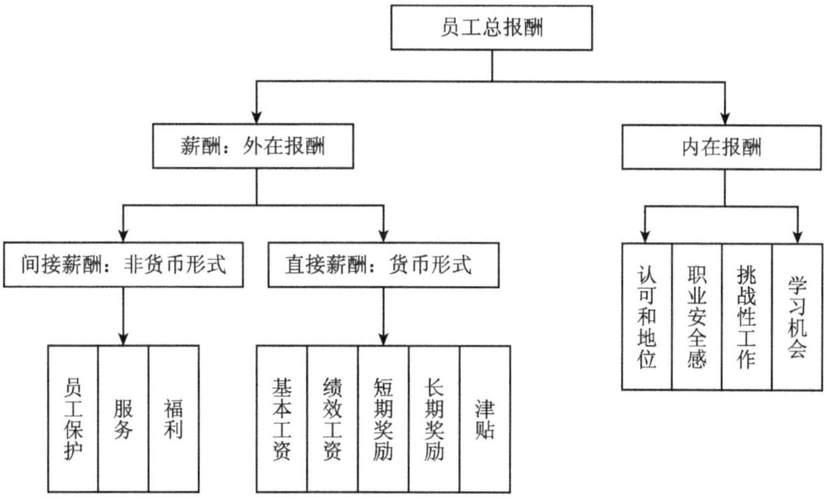

图 8－1　企业对员工支付的总报酬

1. 外在报酬与内在报酬

外在报酬是指员工因受到雇佣而获得的各种形式的收入，包括基本工资、绩效工资、短期奖励、长期奖励、津贴以及各种非货币形式的福利、服务和员工保护等。

内在报酬是指企业为员工提供较多的学习机会、挑战性工作、职业安全感，以及员工通过自己的努力工作而受到晋升、表扬或受到认可与组织的重视。随着工作的弹性化和丰富化，员工对内在报酬的追求也越来越强烈。

2. 直接薪酬

直接薪酬是指以法定的货币形式直接支付给劳动者本人的报酬，包括以下几个部分。

（1）基本工资。它是薪酬体系中的主要组成部分，是指企业依据国家法律规定和劳动合同，以货币的形式支付给员工的劳动报酬，也是固定收入。广义的工资包括基本工资和奖金、津贴、补贴、劳动分红等各种形式的附加工资；狭义的工资主要是指基本工资或标准工资。

(2) 绩效工资。绩效工资是以实际的最终劳动成果确定员工的薪酬的工资制度，也称浮动工资。

(3) 奖金或奖励。奖金或奖励是指企业对员工的杰出表现或卓越的贡献所支付的员工工资以外的奖励性报酬，也是企业为了鼓励员工提高劳动效率和工作质量付给员工的货币奖励。奖励分为短期奖励与长期奖励。

(4) 津贴。津贴是一种补充性劳动报酬，分为非薪酬性和薪酬性两种。非薪酬性津贴主要是指对一些有特殊贡献的专业技术人员发放企业津贴，其目的类似于发奖金，但以津贴的形式发放。薪酬性津贴，主要是指员工在特殊劳动条件下所付出的额外劳动消耗和生活费开支的一种物质补偿形式，包括补偿额外劳动消耗的津贴、补偿额外生活费支出的津贴和地区差异津贴等形式。

3. 间接薪酬

间接薪酬是指不直接支付给劳动者本人并具有一定公益性的报酬，包含了福利、服务和员工保护等内容。

思考：你最喜欢哪种薪酬形式？为什么？

8.1.3 薪酬的职能

1. 薪酬对企业或雇主的职能

(1) 增值职能。薪酬是能够为企业和投资者带来预期收益的资本形式。从事经营和生产，企业必须雇佣劳动力，薪酬就是用来购买劳动力所支付的特定成本，是用来交换劳动者活劳动的一种手段。薪酬的投入可以为投资者带来预期的大于成本的收益，也是投资者对活劳动（劳动力要素）进行投资的动力所在。

(2) 激励职能。管理者可以通过薪酬评价员工的绩效，促进劳动者的工作数量和质量的提高，保护和激励员工的劳动积极性。从企业管理的角度看，激励职能是薪酬的核心职能。

(3) 配置职能。在企业管理系统中，薪酬管理是企业管理系统中的一个子系统，它与企业其他管理系统有机地结合在一起，管理者通过薪酬变动调节企业各生产环节的人力资源，实现企业内部各种资源的有效配置。

(4) 竞争职能。企业薪酬水平是企业实力的体现，企业为了获得在劳动力市场上的竞争优势，需要保持高于其他企业的薪酬水平，以吸引企业所需要的人才。

（5）导向职能。管理者可以将企业的政策、目标、计划和意图，通过薪酬计划和薪酬政策表达出来。薪酬不仅是企业当前管理的有效工具，也是未来管理的导向器。所谓企业薪酬的战略管理，其实质就在于此。现代企业的薪酬管理已经成为企业战略管理的一个有机组成部分，战略管理赋予企业薪酬管理以新的内涵。

2. 薪酬对员工的职能

对企业员工来讲，传统的工资主要有两种职能：满足基本物质需求和满足安全保障需求。现代薪酬不仅具有这两种职能，而且日益体现出对员工精神需求满足的作用，具体体现在以下几个方面。

（1）满足基本生活需求。在市场经济条件下，员工通过在企业的生产和劳动行为，换取劳动收入，以满足个人及其家庭的生活需求。目前，薪酬仍是企业员工获取本人及其家庭生活费用，满足物质生活需要的主要来源。

（2）满足安全保障需求。有保障的、稳定的报酬收入，可以使员工产生安全感和对预期风险的保障意识，从而增强对企业的信任感和归属感；反之，没有保障，或者不合理的薪酬制度和工资水平，则容易使员工丧失心理平衡，并对企业产生不公平和不信任感，影响员工积极性的发挥。

（3）满足精神和个人社会地位的需求。对企业员工而言，薪酬可以在一定程度上起到满足精神和社会地位需求的作用。收入高低是工作业绩的显示器，它反映了员工的专业水平和工作能力，表明了员工在企业中的相对地位。薪酬变动更是一种职位晋升和事业成功的信号，员工薪酬的提高，表明他的工作业绩得到企业或上司的认可，或者预期其在企业中的地位还可以上升，从而使员工产生成就感，激发更大的工作热情。

思考： 为什么现代企业必须从企业和员工两个角度考察现代薪酬职能？

8.1.4 影响企业薪酬政策的主要因素

企业薪酬政策就是管理者对薪酬管理运行的目标、任务和手段的选择，也称薪酬组合方案。它是企业对员工劳动报酬所采取的方针或策略。企业薪酬政策的制定必须考虑到企业外部和内部的各种影响因素。

1. 外部影响因素

（1）劳动力市场的供需状况。劳动力供求对工资水平的影响，可以归纳为：如果社会上可供企业使用的劳动力大于企业需求时，则企业的薪酬水平相应会降低；反之，企业的薪酬水平相应会提高。

(2) 政府的政策调节。政府对企业员工的薪酬水平的干预包括直接调节与间接调节。直接调节是政府通过立法来规范企业的分配行为，从而直接调节企业的薪酬水平。间接调节是指政府不是专门调节薪酬变动，而是用于调节其他经济行为和社会行为的政策，从而间接地对薪酬水平产生影响，如财政政策、价格政策以及产业政策等。

(3) 经济发展状况和劳动生产力。一般来说，当地的经济发展处在一个较高的水平，其劳动生产力高时，企业员工的薪酬会较高；反之，企业员工的薪酬水平会较低。如我国的沿海地区经济发展水平较高，大城市经济发展水平较高，所以，这些地区企业员工的薪酬较高。

(4) 物价变动。在货币薪酬水平不变，或变动幅度小于价格上涨的情况下，会导致员工实际薪酬水平下降；反之，会引起员工薪酬水平的上升。一般来说，在生活必需品价格普遍上涨的情况下，企业必须加薪，以保证员工的基本生活需要与企业的生产经营不受影响。

(5) 地区的生活水平。企业所在地区的生活从两个层面影响企业的薪酬政策。一方面，生活水平提高了，员工对个人的期望也高，对企业薪酬水平的压力就大；另一方面，生活水平高也可能意味着物价指数持续上涨，为了保持员工生活水平不降低或购买力不下降，企业会给员工增加薪酬。

(6) 行业薪酬水平的变化。行业薪酬水平的变化主要取决于行业产品的市场需求与行业生产率两大因素。当产品需求上升时，薪酬水平可有所提高；当行业劳动生产率上升时，薪酬水平也可以在企业效益上升的范围之内按比例提高。由于历史原因和现实需要，各行业的员工对报酬的期望是不同的，因此也影响了企业的薪酬系统。

2. 内部影响因素

(1) 企业的支付能力。在企业中，员工薪酬水平受制于企业的利润与其他财物资源，而企业的支付能力取决于员工的生产率，企业经济效益好坏直接反映于员工个人收入水平。薪酬是劳动力的价格和价值的表现形式，它和其他劳动要素成本的价格一样，随着企业效益而变动。企业薪酬中的非货币薪酬部分与企业效益的联系更加紧密。

(2) 企业的发展阶段。企业的发展阶段不同，其经营战略不同，企业的盈利能力也不同，企业薪酬战略应与企业战略相适应。表 8 - 1 解释了如何将薪酬战略与企业不同经营战略相匹配。

表8-1　企业战略与发展阶段的关系

组织特征	企业发展战略			
	初创阶段	增长阶段	成熟阶段	衰退阶段
经营战略	以投资促发展	以投资促发展	保持利润和保护市场	收获利润并开展新领域投资
风险水平	高	中	低	中—高
薪酬战略	个人激励	个人—集体激励	个人—集体激励	奖励成本控制
短期激励	股票奖励	现金奖励	利润分享、现金奖励	
长期激励	股票期权（全面参与）	股票期权（有限参与）	股票购买	
基本工资	低于市场水平	等于市场水平	大于或等于市场水平	低于或等于市场水平
福利	低于市场水平	低于市场水平	大于或等于市场水平	低于或等于市场水平

（3）工作的劳动价值。工作需要的劳动价值不同，其薪酬水平也不同。一般来说，工作需要员工的学历较高时，工资也较高，主要因学历越高，员工自身的投资也越大；员工的工龄越长，工资也越高，福利也越好，主要因为工龄长意味着对企业的贡献多；员工的能力越强，员工的绩效也越高，其报酬也应该越高。工种与企业内的人力资源市场有关，不同工种，其薪酬系统也是不同的。

（4）领导的态度。薪酬管理策略的选择与设计在很大程度上是由企业领导的态度决定的。如有的企业推崇个人主义，因此薪酬差别很大；有的企业提倡冒险，因此工资很高，但福利较差；有的企业提倡安全、稳定，因此工资较低，但福利较好。

总之，影响企业间和企业内部劳动者之间薪酬水平以及变动的因素很多，但决定因素还是企业的内部因素。

视野：美国惠普公司的薪酬政策目标

1. 帮助公司继续吸引那些有助于公司成功的富有创造力和热情的员工；
2. 按照行业领导者的水平来支付；
3. 反映有事实依据的单位、部门和公司的相对贡献；
4. 公开、容易理解；
5. 保证公平对待；
6. 不断创新，提高竞争力和公平感。

任务二　工资制度设计

任务描述

M 企业在进行薪酬设计时，希望通过不断提高员工能力（知识和技能）来提升企业业绩，认为员工能力是取得优秀绩效的前提。该企业设计的员工能力工资较高，占到了薪酬构成的 80%，其他部分则由奖金和福利两部分构成。M 企业一直认为绩效是能力的逻辑产出，即员工投入能力产出绩效。企业薪酬为 2000～4000 元，分为 5 个等级，根据员工能力的高低给予不同的工资。因此，能力高的员工拿到的工资比较高，但部分员工对此制度产生不满，原因在于他们的工作成果多但并没有拿到相应的薪酬。于是，这些员工不再努力提高绩效水平，而是一门心思地把主要精力放在自我进修上，希望通过学习提高知识水平，进而提高被企业看中的概率，得到更高等级的工资。

企业经过一段时间的发展，人工成本上去了，但企业利润却没有明显的改善，管理层开始思考把薪酬支付的重点放在能力上到底对不对？

知识支撑

工资制度是企业薪酬管理的重要内容，工资制度的设计和实施也是企业人力资源管理中最复杂、涉及因素众多的工作，因此要引起企业管理者的高度重视。

8.2　合理设计工资制度

8.2.1　工资制度的类型

1. 技术等级工资制

技术等级工资制主要根据劳动的复杂程度、繁重程度、精确程度和工作责任大小等要素划分技术等级，按等级规定工资标准。它一般由工资等级表、技术等级标准和工资标准三方面内容组成。适用于技术比较复杂的工种，适用于工人。技术等级工资制的内容包括以下三个部分。

（1）应知。是指为完成某技术等级工作所应具备的理论知识，如工艺过程、机器设备的结构和性能、加工材料的性能、操作规程和操作技能及安全技术知识等。

（2）应会。是指工人完成某技术等级工作应当具备的实际操作能力和实践经验。

（3）工作实例。它指的是根据应知和应会的要求选择出某种工种和某种技术等级，工人应该会做的典型工作实例、典型工作项目。

2. 职务等级工资制

职务等级工资制的侧重点是职务的性质、责任大小、工作环境等，只对事不对人。实施职务工资制的条件是：企业经营范围与经营领域明确；职务内容相对稳定；职务本身标准化（如行政人员30级，技术人员18级）。

3. 岗位技能工资制

岗位技能工资制将各种劳动对职工的要求综合归纳为劳动责任、劳动强度、劳动条件和劳动技能四项基本劳动要素。

（1）劳动责任。包括对产品（服务）质量、数量、成本和消耗所负的责任程度；对设备、财产所负的责任程度；对安全生产，企业生产经营、管理方面所负的责任程度；对精神文明建设所负的责任程度。

（2）劳动强度。包括体力、脑力劳动紧张程度；疲劳程度；劳动姿势；工时利用率。

（3）劳动条件。包括危险程度，如矿山、井下、隧道作业，高空、高速、潜水、海上作业，接触易燃易爆物等；危害程度，如接触高温、辐射、低温、粉尘、噪音、其他有害有毒因素等；自然地理环境和不同工作班次对劳动者生理、心理损害程度，如高原、野外、海上、飞行等作业环境和长期夜班、倒班等。

（4）劳动技能。包括受教育程度、实际工作能力和实践经验等。

岗位技能工资制主要有技能工资和岗位工资两个单元组成。技能工资的目的是体现工资向高技术岗位倾斜。技能工资按工人的技术水平、管理人员的管理水平和专业技术人员的专业技术水平划分类别。岗位技能工资制由于既重视职务、岗位的因素，又重视个人能力的因素，真正把竞争机制、激励机制和风险机制引入工资制度中，因而在我国被广泛推广和采用。

4. 结构工资制

结构工资制又称分解工资制、组合工资制，它根据劳动的多种形式和工资的多种职能将工资分解为若干个既相互联系又相互独立的部分。如基本工资、工龄工资、津贴等。它最主要的问题是基本工资、工龄工资的比重过大，不能体现按劳分配的原则。

5. 薪点工资制

薪点工资制是在劳动评价“四要素”（劳动技能、劳动责任、劳动强度、劳动条件）的基础上，用点数和点值来确定职工的工资。点值与公司和专业厂、部门效益实际挂钩，通过量化考核确定职工实际劳动报酬。

6. 保密工资制

保密工资制是一种灵活反应企业经营状况和劳务市场供求状况并对员工的工资收入实行保密的一种工资制。主要内容为：

（1）职工的工资额由企业根据操作技术复杂、熟练程度与员工当面协商确定，其工资额的高低取决于劳务市场的供求状况和其经营状况。

（2）当某一工种或人员紧缺或企业经营状况较好时，工资额就上升，反之就下降。

（3）企业对生产需要的专业技术水平高的员工愿意支付较高的报酬。如果企业不需要该等级的专业技术人员，就可能降级使用或支付较低的报酬。如果员工对所得的工资不满，可以与企业协商调整。如果双方都同意，可以确定新的工资额。

（4）员工可以因工资额不符合本人要求而另谋职业，企业也可以因无法满足员工的愿望而另行录用其他员工。

（5）企业和员工都必须对工资收入严格保密，不得向他人泄露。

小资料

典型的规范化工资政策要点

1. 组织内的工资水平是高于、低于、还是正好处于普通接受的水平；
2. 工资水平能否获得员工的认同，同时激励员工发挥他们最大的潜力；
3. 员工的起薪以及新员工与资深员工的工资相差幅度；
4. 调薪的间隔期以及员工绩效与资历对加薪的影响；
5. 工资水平是否能对实现好的财务状况以及产品或服务有所推进。

思考：各类工资制度类型的利弊有哪些？

8.2.2 工资制度设计的程序

工资是员工劳动报酬的主要部分，其设计基本过程如图 8 -2 所示。

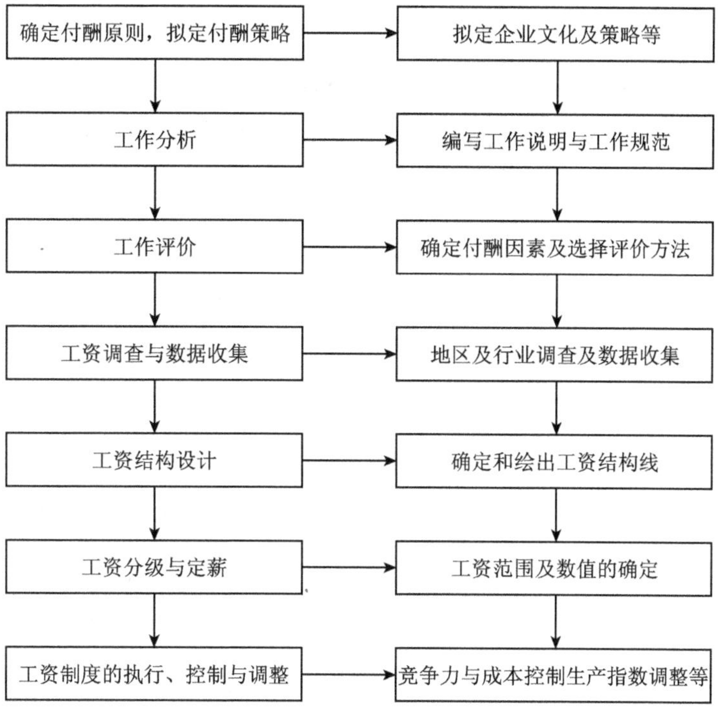

图 8－2　工资制度设计程序

1. 确定付酬原则，拟定付酬策略

工资支付原则的确定是工资制度设计的前提。这需要对员工人生观的正确认识，对职工个体价值的评价，对管理者及高级专业技术人才所起作用的正确估计等；企业对员工福利承担有义务，真正实现按贡献分配才是现阶段的最大公平道德观，以及由此产生的有关工资分配的政策与策略，如工资拉开差距的分寸、差距标准、工资、奖励与福利费用的分配比例等。企业应确定付酬原则，拟定有关付酬策略。

2. 工作分析

工作分析是工资制度建立的依据。工作分析是采用一定技术方法，全面调查和分析企业中各种任务、职能责任等情况，在此基础上对各种工作性质及其特征进行描述，并对担任工作所需具备的资格条件进行规定，形成所有职务的说明与规定等文件。

3. 工作评价

工作评价是工资制度设计的关键与核心内容，即建立企业工资结构。它可以评定企业中每个工作的相对价值，由此作为工资等级评定与工资分配的依据。工作评价的目的就是要将工作岗位的劳动价值、劳动者的劳动贡献与工资报酬三者有机地结合起来，通过对职务劳动价值的量的比较，来确定企业的工资结构，以达到工资的内部公平性。

4. 工资调查及数据收集

这项工作主要包括工资调查的渠道，即从哪里获得数据；如何实施，即要调查些什么、怎样调查和怎样处理收集的数据等。工资调查可从四个方面来进行。

（1）确定工资调查目的。企业应确定工资调查的目的和调查结果的用途。一般而言，工资调查的目的有以下几方面：帮助制定新参加工作人员的起点工资标准；帮助寻找企业内部工资水平不合理的职位；帮助了解不同行业的调资时间、水平和范围等；了解当地工资水平并与企业比较；了解工资动态与发展潮流。

（2）确定工资调查内容。及时了解同行业企业的工资水平，特别是企业高级管理人才和专业技术人才的工资水平，它是避免企业人才跳槽的有效途径；了解本地区的工资水平，不同地区因为生活费用水平、生产力发展水平不同，工资水平也可能差别极大；调查工资结构主要是研究职位的工资数量和工资形式及结构，具体包括：所建立的工资范围，实际的工资范围，平均起薪，现在支付的平均起薪，奖金形式等。

（3）确定工资调查渠道。首先，企业可以从公开的信息中进行收集。如我国企业可从劳动人事部门、统计局以及各种全国性行业协会等机构，获得有关工作和企业的全国性调查资料；有些企业发布招聘广告时，会写出工资和待遇等；有些人才交流部门也会定期发布一些职位的工资参考消息等。其次，委托第三方（或专业机构）调查。再次，企业之间的相互调查。相关企业人力资源部门可以采用联合调查的形式，共享相互之间的薪酬信息。最后，企业也可以自己进行调查，企业自己调查的目标明确、可靠，但专业化程度不够，样本较小。

（4）确定工资调查范围。低薪或无专长的不同工种职位，工资调查以企业所在地为调查地区，因为这类劳动力流动一般局限在当地；企业所需要的高薪技术人才或流动性比较大的职位，最好进行全国性工资调查以利于留住这些人才；介于两者之间的中低级技术人员和管理人员，可结合当地工资调查水平和全国工资调查水平综合确定。

对于工资调查的结果，可用于企业整体工资水平的调整，工资结构的调整，员工晋升政策的调整，具体职位工资水平的调整等。

5. 工资结构的设计

将企业内所有工作的工资都按统一的贡献率原则定薪，从而保证企业工资制度的内在公平性。还必须将外部的因素即工资调查数据考虑进去。由于内部比较和外部比较所得到的工资结构不一定是完全一致的，所以企业必须在两者之间加以平衡。不同企业的侧重点不同，因此也形成不同的工资结构。

6. 工资分级和定薪

在工作评价之后，企业应根据其确定的工资结构线，将众多类型工作的工资归并组合成若干等级，形成一个工资等级（或职称等级）系列。通过工作评价得分与工资等级表，可确定每一职务具体的工资范围，保证对职工个人的公平。

7. 工资制度的执行、控制与调整

企业工资制度一经确立，就要考虑如何投入正常运作并对其实行控制与管理，使其发挥应有的功能，并且在需要时进行适当的调整，以适应企业生产经营发展的需要，更好地调动员工的积极性。

工资的调整可从两个方面进行：工资水平的调整和工资结构的调整。工资水平一般是呈刚性上升式的，即工资水平随经济发展和物价水平的提高而提高。在一般情况下，同一职位的工资只升不降。企业还应针对物价指数而调整工资制度，以消除物价变动对员工工资水平的影响。同时，还应定期对企业内部员工的工资结构进行调整，包括对工资标准和工资等级的调整。工资标准的调整主要是参考市场工资率的变动，而工资等级的调整主要是有利于企业管理的需要，主要包括调整高薪人员的比例、调整底层员工的比例、调整工资标准和工资率等几个方面。

8.2.3 工作评价的方法

工作评价的一个重要目的是找出企业内各种职务的共同付酬因素，根据评价方法，按每项工作对企业贡献的大小，确定其具体的价值。工作评价的方法主要有排序法、分类法、因素比较法、评分法和海式系统法等。

1. 排序法

排序法是一种简单的、传统的工作评价法。其基本做法是以工作说明书与规范书为基础，评价人员根据其对企业各个工作的经验认识将各个工作按其价值及重要性加以排序。在对工作进行次序排列时，一般要求评价人员考虑以下各项要素：各工作的工作量及工作的复杂程度，承担责任、管理或工作的层次和范围，所需技术专业水平和工作条件优劣等因素。综合权衡各职位的轻重程度并排定先后次序后，将其划入不同的工作工资等级内。排序法有以下三种类型。

(1) 卡片排序法：一般采用的方法是，给每位评估者发一套索引卡片，在每张卡片上标明各项职位及其特点，然后再让评价者进行重要性排序。

(2) 交错排序法：由于人们往往比较容易判断和确定极端情况，所以可以采用这种方法来进行评估。具体操作是：先挑出最重要的职位卡片，再挑出重要性最小的职位卡片，然后再挑出重要性处于第二位和倒数第二位的职位，依次类推，直到最后一个，这样就得到了所有职位的相对顺序。

(3) 成对比较排序法：就是将所有要评价的职位进行两两配对比较，其价值较大的得一分，价值较小的为零分。最后将各职位所得分数相加，其中得分最高者就是等级最高的职位，按照分数高低顺序将职位进行排列，即可得到职位相对重要性的排序。但也要注意，有些职位相差不大，要比较其相对重要性有较大的难度。

2. 分类法

分类法也称分级法或套级法，即事先建立起一个等级系列，并为各个等级设定明确标准，各标准中明确本等级职位的难易程度和责任要求，然后将各职位与标准进行比较，并将其归入与之相符合的等级中的过程。分类法的工作步骤如图 8－3 所示。

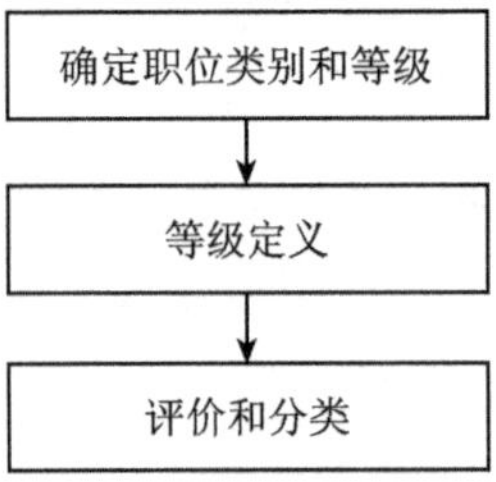

图 8－3　分类法工作步骤

(1) 确定职位类别和等级。职位等级数目取决于企业的薪酬政策、组织规模、职位类型和工作性质等条件。通常情况下，企业的薪酬政策决定了企业职位等级数量和特定职位薪酬总量的多少。组织规模越大，则职位等级就越多，职位类型越多，职位之间的差距就会越大，所需要的职位等级就会越多，反之就比较少。因此，确定职位类别及等级需要对多种因素进行综合考虑，而且没有对所有企业都普遍适用的规则。

(2) 等级定义。等级定义，即给予确定职位等级操作化定义。等级定义要为职位等级的评定分类提供标准，因此清楚地描述出不同等级职位特征及其重要程度非常重要。表 8－2 列出了四种分类等级的示例。

表8-2 职位分类表

职位名称	职位要求
一级职员	注意日常工作，快速而准确地在监督下工作，不一定对最终结果承担责任
二级职员	不受他人监督，对工作细节十分通晓，有特别的工作技能，思想高度集中，行动特别准确、迅速
三级职员	必须具备二级员工的特点，承担更多的责任
四级职员	从事技术性和多种多样的工作，经常独立思考并从事困难的工作。这就要求具有特殊的行政工作能力，并对所在部门的工作原则基础有透彻的了解，在大部分范围内都不受他人的监督，工作只受有限的检查。可靠、值得信赖、足智多谋，能够制定决策

（3）评价和分类。即由评估人根据职位分类说明，并根据评价人员对职位的相对难度、职责以及必备知识和经验的理解，来决定各个职位应该纳入哪一个等级。在评价分类中，一种比较容易的方法是根据等级定义的特征，在每个等级中首先选择一个具有代表性职位，这样，评价人员就有了评价其他职位的参照系。随着评价的进行，对单个职位的等级划分就变得容易了。

3. 因素比较法

因素比较法最重要的工作是先决定工作的评价因素和关键工作，再评价每个关键工作，并制定关键工作分解表。其余的工作就是以此表为尺度决定该工作的价值。其具体操作步骤如下。

（1）选择付酬的因素。确定每个岗位的各项同质因素，即“付酬因素”，对每一个因素及等级分别用简要的说明加以界定。

（2）选择关键性职位，一般选15～30项工作。

（3）确定关键性职位的正确的工资率。

（4）将各关键性职位按不同付酬因素做出比较并分别做出等级排列。

（5）将各关键性职位的正确工资率，按比重分配于各因素内，即将关键性职位工资额进行分解，确定出每个工作评价因素的工资额。

（6）将非关键的所有职位就不同因素加以评审，并参考关键性职位的工资率定出工资额。

（7）将同一职位在不同工作因素上的工资值相加，得出该职位整体工资总值。

（8）将关键职位与关键职位以外的所有职位按照工资率重新加以排列，必要时进行微调，从而得到一套完整的企业薪酬等级表。

在运用因素比较法时必须注意以下几点：一是付酬因素的确定，一定要注意各因素对性质不同的生产企业的影响程度不同；二是用简洁的方法将各因素的内涵表述清楚，以保证评定标准的统一和公平；三是确定各因素的影响等级及其在总因素中的比重时，要注意结合生产的性质和特点。

4. 评分法

评分法也称计点法、点数法、计分法等，是对多种因素的综合评定，并经过加权处理。其主观成分比较少，也是目前在企业中运用得最普遍的一种工作评价方法。下面将介绍其具体的操作过程。

（1）选择并确定“付酬因素”。通常选择工作的困难程度、承担责任、管理或工作的层次和范围、所需技术专业水平和工作条件优劣等作为付酬因素。如表 8－3 中的①列所示。

表 8－3　付酬因素计分价值表

因素	权重/（100%）	程度				
		1 级	2 级	3 级	4 级	5 级
①	②	③	④	⑤	⑥	⑦
一、技能	50					
1. 工作知识 2. 经验 3. 独创性		14 22 14	28 44 28	42 66 42	56 88 56	70 110 70
二、努力	15					
4. 健康要求 5. 智力和视力要求		10 5	20 10	30 15	40 20	50 25
三、责任	20					
6. 设备和过程 7. 材料或产品 8. 对别人的安全 9. 对别人的工作		5 5 5 5	10 10 10 10	15 15 15 15	20 20 20 20	25 25 25 25
四、工作条件	15					
10. 工作环境 11. 危险性		10 5	20 10	30 15	40 20	50 5

（2）根据各付酬因素对所评价工作的重要性来确定其权重。被分配了较大权重的因素将为每个程度等级规定更大数目的可能分数。不同的标准会有不同的规律，如表 8－3中的③~⑦列所示，“技能”被认为对某一工作最重要，则这个因素可能被定为

占50%。

（3）确定因素等级并给出定义。因素等级代表了与某一特定因素相关的不同层次的数量。每一个因素需要的等级数量取决于工作要求。如表8－3中的各因素分为5个等级。同时，应对评价要素进行清晰、简明的定义，每一等级间的分级界限也要清楚。定义应清楚、具体，分级偏差越少，评价越准确。

（4）确定所采用的总分值并为评价因素等级分配分值。工作评价所采用的总分数可根据具体情况而定，但一般在500～1000分比较好。过小的分值不便于提供工作之间恰当的差别；反过来，过大的分值也是不必要的累赘。如表8－3就是500分值系统，每个因素的最高分可以很容易地通过系统中的总分值乘以相应的权重计算出来。如表8－3中，技能的最高分为250分（50%×500分）。

（5）编制工作评价手册。它通常包括序言、因素和等级以及工作说明等。

（6）工作评价者通过该项工作说明与工作评价手册中的各因素进行比较，对每项工作进行评价，得出每项工作的总评分值。

评分法考虑的因素较多，需要利用定量技术来为每一个因素划分等级和分配分数。因此，成本高，过程复杂。但只要标准制备好后，工作评价即评级的操作就容易了。因此，从操作过程看，其准确性高，也容易被人理解和接受；不过这种方法的工作量大，在确定因素的比重、分配、分数以及具体评分时也容易受评价人的主观影响。

5. 海氏系统法

海氏系统法又称指导图－形状构成法，是由美国薪酬设计专家爱德华·海于1951年研究开发出来的。它选用了知能水平、解决问题的能力和工作所承担的责任等三个因素，并用数字来计量每项工作对三个要素中各个子要素所需要的程度。

知能水平是指要使工作绩效令人满意所具备的所有知识和实际技能的总和。它包括三个方面：对职务要求从事的职业领域的理论、实际方法与专门性知识的了解，协调多种职能的能力，以及处理和激发员工有效工作的能力。

解决问题的能力是指分析、评价、创造、推理以及做出结论所需思想的新颖程度，包括问题解决的思维的环境和问题所呈现的思维的难度。

工作所承担的责任是指对其行动所产生的后果负责。责任有三个方面：工作行动的自由度、工作对最终后果的影响和工作责任可能造成的经济性后果大小。

海氏系统法解决了不同职能部门的不同职务之间相对价值的相互比较和量化的难题，所以十分流行，被企业界广泛接受。目前，世界范围内的很多企业都运用这种工作评价方法。

任务三　工资结构设计

任务描述

某大型国有企业员工存在迟到、早退、误工、管理技术人员流失等现象，原有的工资制度如下：①工资水平处于行业工资水平的50%处，但核心技术/管理岗位员工的工资只达到行业工资水平的20%处；②工资等级按行政级别划分，共48级，级差为50元；③工资的调整采取“一支笔”政策，总裁同意就可以。该公司工资体制存在哪些问题?

知识支撑

企业工资结构的设计是以企业的工资标准（工资率)、工资等级表、工资级差和系数、工资幅度和等级重叠等一系列要素和指标的确定为基础的。在本节的论述中，为突出基本薪酬的作用，取狭义的薪酬概念，即工资。

8.3　合理设计工资结构

8.3.1　工资等级序列的构成

1. 工资标准的确定

工资标准又称工资率，是按单位时间规定的各等级的工资金额。在企业薪酬管理中有两种不同性质的工资率：一是劳动力市场的工资率，它主要依据劳动力市场的供求状况；二是企业制定的工资标准，它表示某一等级的工作在单位时间的工资水平。在企业工作等级结构的设计中，一般以企业的工资标准为基础，参考市场工资率。工资标准可分为最低工资标准、固定工资标准和浮动工资标准等形式。

（1）最低工资标准。

最低工资标准是指企业中从事最简单、最不熟练工作的单位时间工资数额。最低工资标准是确定工资差别的基础，其水平的高低在很大程度上反映宏观工资的总体水平。企业对待工资标准的确定主要依据企业的自身特征，同时也要考虑以下几点因素的影响。

①国家法定的最低工资率或最低工资标准。企业最低工资标准和国家最低工资标

准的含义不同，一般情况下，企业最低工资标准高于国家法定的最低工资率。

②以企业内最简单、最不熟练的劳动能力和劳动成果为依据。

③企业最低工资标准应随着企业生产经营的发展、劳动生产率的提高以及本企业工资基金规模的变动适当做出调整。

（2）固定工资标准。

固定工资标准是指每个工资等级只规定一个工资数额，一旦确定，长期稳定不变，与企业经济效益没有直接关系。对应某一特定岗位等级，一般有三种工资率：低位工资率、中位工资率和高位工资率。

（3）浮动工资标准。

浮动工资标准是指在每一个工资等级规定 2 ~ 3 个工资标准，随市场工资率的变化、企业的经济效益以及员工绩效状况上下浮动。浮动工资标准的数目及变动范围与工资等级的幅度，即同一等级中的工资率差异相对应。

2. 工资等级表

工资等级表是指特定工资等级数目和各等级之间工资差别的序列表。它表示各岗位的工资标准之间的一种比例关系，反映不同等级报酬的变化规律。工资等级表的内容包括：工资等级数目、工资级差、工资幅度、工资等级重叠度、最高与最低等级工资差等。表 8 –4 是一个以机械制造企业为例的工资等级表。

表 8 –4　企业工资等级表

工资等级	1	2	3	4	5	6	7	8
工资等级系数	1.000	1.181	1.395	1.647	1.945	1.297	2.713	3.200
工资级差百分比/（%）	–	18.1	18.1	18.1	18.1	18.1	18.1	18.1

工资等级线

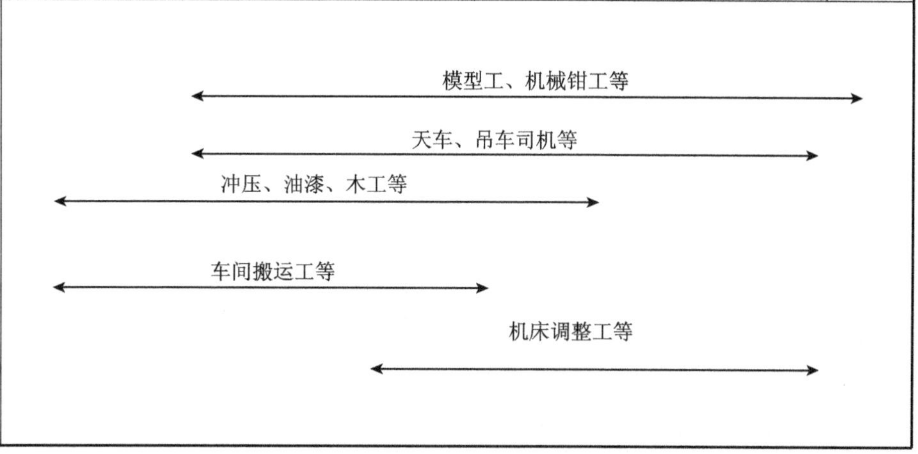

表8－4中，该企业在工人工资等级系列中，共设置8个工资等级，以1级为基础，各等级均按照18.1%的比例增长。在不同的工种中，模型工和机械钳工的等级线是从2级到8级；天车和吊车司机的工资等级线是从2级到7级；冲压、油漆和木工等的工资等级线是从1级到6级；车间搬运工等的工资等级线是从1级到4级；机床调整工等的工资等级线是从4级到7级。

（1）工资等级数目。

工资等级数目是指企业的薪酬结构由多少层次构成。等级数目的确定与下面几个因素有关。

①企业的规模、性质及组织构架。薪酬等级决定于岗位和职位等级。相对而言，规模大、性质复杂及纵向等级结构鲜明的企业，薪酬等级多；反之，规模小、扁平型企业的岗位和工资等级则少。

②工作的复杂程度。工资等级表要覆盖工资系列的全部职务、岗位和工种，所以在确定工资等级数目时，要考虑同一工种内或不同工种间劳动复杂程度的差别。劳动复杂程度高、差别大的工作，设置的薪酬数目多；反之，则少。

③工作级差。在一定的工资基金总额下，工资等级数目与工资级差呈反向关系。一般情况是，级差大，数目少；级差小，数目多。

随着企业组织结构的扁平化，许多企业改变了同一岗位等级使用单一工资率的做法，代之以多工资率；同时，岗位之间的工资率也有部分交叉，下一等级的高位工资率可以超过上一等级的低位工资率，即实行复合岗薪制度。这种变革一是为了考虑资历与晋升之间的矛盾；二是为了打破职位等级观念，将报酬与员工的贡献更加密切地结合起来。

（2）工资级差。

工资级差是指工资等级中相邻两个等级工资标准之间的差额，它表明不同等级的工作由于复杂和熟练程度不同，支付不同的报酬。工资级差可以用绝对额、级差百分比或工资等级系数等指标表示。

确定工资级差首先要确定工资等级表的“倍数”，即最高工资等级与最低工资等级的比值关系。“倍数”的确定需要考虑以下因素：①最高与最低等级工作复杂程度上的差别；②政府规定的最低工资率；③市场可比的工资率；④企业工资基金的支付能力和薪酬结构。

工资等级之间的级差百分比可按以下四种方式递增。

①等比级差，即各等级工资之间以相同的级差百分比逐级递增。其公式为：

$$D = \sqrt[N-1]{A} - 1$$

式中，D为等比级差；

N 为工资等级数目；

A 为工资等级表的倍数。

等比级差有两个优点，一是工资数额以相同的百分比递增，级差随绝对额逐级扩大，但等级之间的差距并不悬殊；二是便于进行人工成本预算和企业薪酬计划的制订。

②累进级差，即各等级工资之间以累进的百分比逐级递增，如表 8－5 所示。

表 8－5　累进级差工资变动

工资等级	1	2	3	4	5	6	7	8
级差百分比	-	13	14.2	15	16	17.5	18.2	19

按照累进方式确定的工资等级，等级之间的绝对额悬殊明显，收入差距大。较之等比级差，这种级差对员工的激励作用强，适用于劳动强度大、技术差别小，需要对员工定期升级和突出个人能力的工作。

③累退级差，即各工资等级之间以累退的比例逐级递增，如表 8－6 所示。

表 8－6　累退级差工资变动

工资等级	1	2	3	4	5	6	7	8
级差百分比	-	27	21.3	17.6	14.9	13	11.5	10.3

④不规则级差，即各等级工资之间按照“分段式”来确定级差百分比和级差绝对额的变化。各段分别采取等比、累进或累退等形式。例如，一些企业采用“两头小，中间大”，或“两头大，中间小”的级差，如表 8－7 所示。

表 8－7　不规则级差工资变动

工资等级	1	2	3	4	5	6	7	8
级差百分比	-	12	15	20	20	18	16	14

不规则级差在等级确定上较其他方式更为灵活，也比较符合工资分布的一般规律。

（3）工资幅度。

工资幅度是指在一个工资级别内最低报酬（工资率）和最高报酬之间的差距。

在每个特定的工资等级由不同的工资率构成的情况下，就形成了一定的等级范围，工资率之间的变动或差异程度即为工资幅度。

通常情况下，各工资等级的中点水平应该以工资市场线为基准。中点工资水平应该是一个经验丰富的员工在其工作达到规定的标准时应该得到的工资。例如，为了体现工资在员工个人因素之间的差别，企业可能在同一职位等级上设置三个工资率，并分别有一定的浮动区间，高位工资率和中位工资率在40%的空间浮动；中位工资率与低位工资率在60%的区间浮动，如图8－4所示。

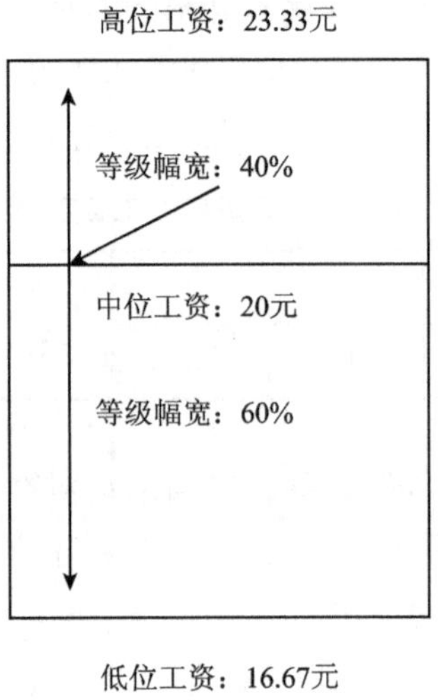

图8－4　工资幅度

图8－4的计算方法为：

首先，确定中位工资率，如每小时工资20元；

其次，确定低位工资率，计算公式为：

低位工资率＝中位工资/（100%＋幅度率/2）

20元/（100%＋40%/2）＝20元/120%＝16.67元

最后，确定该等级的最高工资率，计算公式为：

高位工资率＝最低工资＋(幅度率×最低工资)

16.67元＋（40%×16.67元）＝23.33元

（4）工资等级重叠度。

工资等级重叠度是指在两个相邻的工资等级之间、工作量之间的交叉或重叠程度。许多企业倾向于在相邻等级的工资率之间有部分重叠。这种设计不仅考虑员工资历因素，也为了增大薪酬的弹性，体现差别。计算公式为：

$$\text{工资等级重叠度}=100\%\times\frac{\text{A 等级的高位工资}-\text{B 等级的低位工资}}{\text{A 等级的高位工资}-\text{A 等级的低位工资}}$$

设某企业A等级的最高工资为1100元，最低工资为900元；B等级的最高工资为1250元，最低工资为1050元，如图8－5所示。

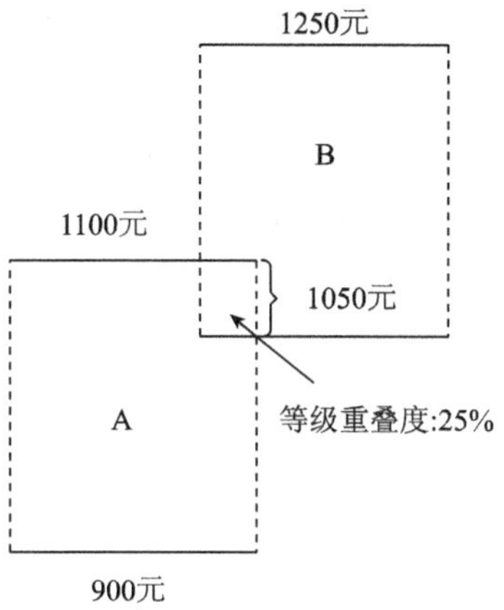

图 8－5　工资等级重叠度

如图 8－5 所示，A 等级与 B 等级薪酬之间的重叠度为：

$$100\% \times \frac{1100-1050}{1100-900}=25\% \text{（等级重叠度）}$$

等级重叠度的不同体现出不同的激励程度，通常重叠度越大，激励作用越大。新的结构设计理念主张在不同层次的工资之间使用不同的重叠度，即低层级工资采用小重叠度，高层级工资采用大重叠度。

（5）最高与最低等级工资差。

为了增大员工之间的工资差异，可以将工资等级之间的差距拉大，特别是最高工资和最低工资之间的差额倍数。目前工资管理的一般趋势不主张员工的基本工资收入差距过大，而差距主要体现在浮动工资中。

8.3.2　工资等级结构的设计步骤

在企业工资等级结构的设计中，首先要考虑一些宏观因素对薪酬结构的影响，如税收、社会保险、最低工资等。其次要考虑是否按照工作族或工作系列设计薪酬结构。在复杂的、工作性质多样的大企业，应该对性质不同的岗位进行分类，如分为管理系统、业务系统或产品生产系统等类别。最后进入实际岗位工资等级设计程序，一般需要经过工资调查、工作评价、确定工资等级、制定工资曲线和结构微调等几个步骤，如图 8－6 所示。

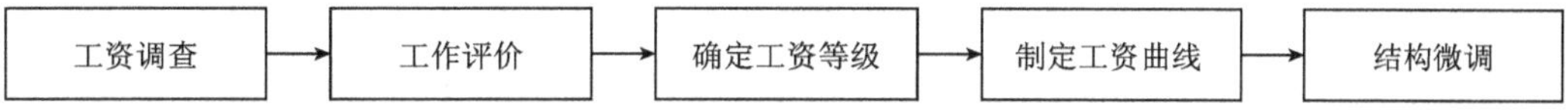

图 8－6　工资等级结构的设计步骤

1. 根据工资调查确定工资水平

工资调查的主要目的是使企业的工资水平具有外部竞争力，将此作为企业确定工资水平和结构的主要参考资料。工资水平具有外部竞争力的决策直接影响着组织的总成本支出，因此按照传统的工资决定理论，企业总是希望把报酬下限设定得尽可能低，并试图用最少的成本获得最大价值的劳动力。但现实中，只有依赖外部信息才能用适当的价格获取企业所需要的人力资源，即保证企业做出理性的薪酬决策。

2. 在工作评价的基础上确定岗位等级

工作评价是制定科学合理薪酬制度的前提和依据。通过工作评价，能够明确岗位的工作性质，所承担岗位责任的大小、劳动强度的大小、工作环境的优劣以及劳动者所应具备的工作经验、专业技能、学识、身体条件等方面的具体要求。同时，根据工作分析所采集的数据和资料，采用系统科学的方法，对企业内各个层次和职别的工作岗位的相对价值做出宏观的评价，并根据工作评价的结果，按照各个岗位价值的重要程度由高到低进行排列，以此作为确定企业基本薪酬制度的依据。

3. 根据岗位等级确定岗位工资等级

当企业中存在多种工作时，要按照岗位的重要性及其价值划分工资等级，每一个等级中包含价值相同的若干种工作。如果不考虑员工个人之间在工作绩效和资历方面的差异，按照工作的相对价值，同一个工资级别内的各种工作都应该得到相同的工资，这就是以岗定薪的基本内涵。工资等级的设置通常包括以下内容。

（1）设置工资级别的数目。一个企业要设置多少个工资等级主要取决于组织结构和工资管理上的便利。视企业和管理的需要，可以设置几个到十几个工资等级不等。

（2）确定最高等级工资与最低等级工资的绝对额与倍数差。为了增大员工之间的工资差异，可以将工资等级之间的差距拉大，特别是最高工资和最低工资之间的相差倍数，可以加大到十几倍，乃至几十倍不等；如果为了缩小差距，可以相差几倍。

（3）确定两个相邻工资等级之间的差额和等级系数。有四种方式确定工资等级之间的差距：等比级差、累进级差、累退级差和不规则级差（详见本节“工资等级表”部分）。

（4）确定合理的工资率。通常可分为最低工资率、中等工资率和最高工资率三种。在确定等级薪酬范围时，一个监督的方式是参考市场工资率确定中点，然后根据中点工资率确定最低工资率和最高工资率。

（5）根据需要确定两个相邻的工资等级之间的重叠度。

4. 参考市场因素制定工资曲线

划分工资等级之后，就要利用工资曲线来确定和调整每个等级的工资率。工资曲线是确定企业工资结构和工资等级的一种方法，它反映了企业的每个工作岗位的当前工资率同相对工作价值或工资等级之间的关系。如图 8 -7 所示。

在图 8 -7 中，工资曲线由两个因素构成：纵轴是现行的市场平均工资率或企业规定的工资标准，横轴是根据工作的相对价值确定的工资等级。利用工资曲线来确定工资率需要经过以下三个步骤来完成。

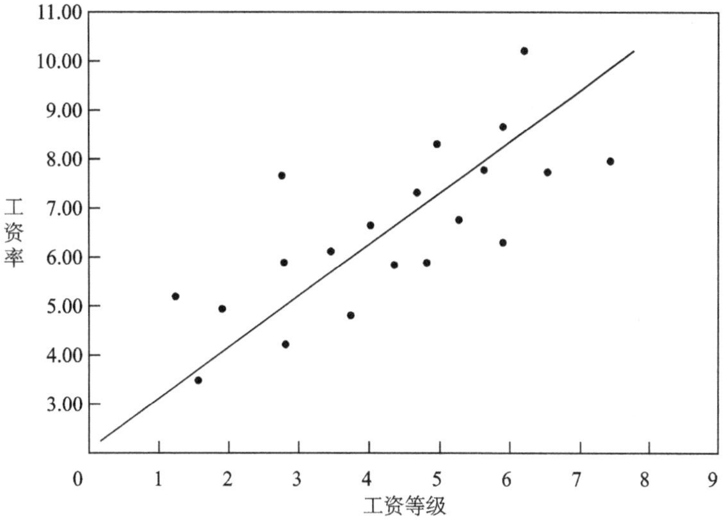

图 8-7 工资曲线

(1) 依据市场调查或岗位相对价值确定每个工资等级的平均工资，即工资率。工资率应该是该工资等级中各个岗位的平均工资或中位工资。

(2) 把每个等级的工资率标在工资曲线上。

(3) 确定企业各工作岗位的工资水平。

工资曲线绘制完成之后可以发现，并非所有的工资率都落在工资曲线上，一些岗位的工资率可能偏离工资曲线。这就意味着现实工资率与企业的目标工资率之间存在着偏差，需要做进一步的调整。

5. 设计企业工资序列及对工资率进行微调

设计企业工资序列即在每一工资等级基础上再设计岗位或岗位的工资率，工资等级与特定岗位的工资率共同决定员工的工资标准，从而建立企业的工资结构。如企业共设置 10 个工资等级，每个工资等级按照不同的工资率，而不是按照单一的工资率支付工资。

修正工资偏差是指利用一定技术修正当前的工资水平与目标工资水平之间的偏差。对于工资水平低于目标工资水平的工作和员工，应采取措施提高其工资水平。对于工资水平高于目标工资的工作和员工，可以采用几种办法使其工资与所从事工作的相对价值相互匹配：提升或调动该员工到合适的岗位，增大工作负荷，使之与现行的工资水平匹配；将该岗位的工资水平冻结，直至全体岗位的工资水平普遍提高；延期提升或降低其现有的工资水平。

8.3.3 中小企业的薪酬设计

合理的薪酬体系有助于企业的发展，可以大大节约企业的招聘、培训、人员流动的成本，同时极大激发员工的工作积极性。可以说薪酬制度是否合理是决定中小企业能否进一步发展的关键。

1. 中小企业在薪酬制度中存在的问题

（1）薪酬设计变动大。

在大部分中小企业，薪酬制度往往是老板一个人说了算。因为薪酬制度制定得不严谨，往往朝令夕改。员工认为老板在变着法儿耍手段、克扣工资，对企业的向心力和认同感逐渐降低。

（2）薪酬定位随意性大。

在中小企业中，招聘工作往往由老板亲自担当，因此招聘时就能确定人员的薪酬。因为事先对岗位薪酬的定位不明确，老板心中只是有一个大概的“谱”，往往造成同一岗位因为对面试的能力评价不同而开出不同的价码。

（3）员工安全感差。

有一些中小企业的销售人员流动性非常大，很重要的原因就是销售体系的薪酬制度不合理。如一家国内著名的物流公司，基本工资只有200元（该市的最低生活保证为300元），夏天时没有高温费、补贴等，导致当年7月份招进的15个大学生不到3个月全部走光，企业浪费了大量的培训费用，还间接导致了企业其他部门员工队伍的不稳定。

（4）用砍价的方法决定薪酬。

由赫兹伯格的双因素理论可知，薪酬只是保健因素而已，因此再怎样变化薪酬的花样，员工的满意度都不可能达到很高的高度。但在一部分中小企业中，老板用砍价的方式购买员工的生产力，在薪酬的计算方式、定额、定级方式上过于斤斤计较，采用干多少活给多少钱的思想，导致了员工不愿付出的不良企业文化的产生。

（5）奖金的随意性。

现在很多中小企业为了减少日常在薪酬管理方面的工作，采用平时发固定工资，年终发“一包”奖金的方法，员工之间互相不知道多少，在发展初期人数少时靠一听、二看、三感觉，奖金也确实定得比较合理、标准。但当企业发展到二三百人的时候，老板对员工一年的业绩和工作表现往往很难判断准确，年底的奖金数额往往靠自己拍脑袋决定。

2. 中小企业的薪酬设计原则

（1）定岗定编。

根据中小企业的发展状况和年度经营规划，其薪酬制度变动不能太频繁，通常应与年度经营计划的制订结合起来，一年调整一次。公司只有制订年度的经营计划，根据经营计划调配人力资源、确定岗位设置，才能测算出人事支出费用，从而为薪酬制度的设计提供基础参考。

（2）量力用才。

人才对于企业来讲，不是越高端越好。中小企业应根据市场行情和自身的实际情况，来确定对人才的招聘水准。因此，评估企业的支付能力和目前内部人员的薪酬是否匹配，是中小企业选择人才的基本认知。

（3）员工参与。

中小企业薪酬系统的最佳形式是让员工参与报酬设计过程，即“自助餐式报酬”（也称为“弹性报酬”）。在施行“自助餐式报酬”时应注意：企业可为职工提供和列出一组成本相等的“报酬套餐”以供职工选择，使员工在满足其需求和个人偏好的前提下有最大限度的选择机会；无论员工怎样选择，企业的成本支出总是相同的，但是对每个员工来说，报酬的心理价值提高了，这就等于企业不花成本而给员工晋级加薪；让员工在与其利益相关的工作领域担任设计者、决策者，而不是被动角色，这种机会本身就是满足高层次需要的内在报酬因素，因而有着内在激励的作用。

（4）公平合理。

首先要考虑外部的公平性，也就是社会的工资水平和本行业的工资水平。其次要考虑内部公平性，同工是否同酬，是否体现不同责任的薪酬差别等。公平原则不是大家一样，而是要充分考虑外部因素、岗位差异、对企业的价值等因素确定每个岗位的工资水平。

（5）注重激励。

为加强抗风险能力，中小企业适宜建立刺激性的薪酬制度，将员工的收入与企业效益、企业销售收入结合起来。有效的方式是建立个人技能评估制度，以雇员的能力为基础确定其薪水，工资标准根据技能高低划分出不同级别。基于技能的工资制度改变了管理的导向：在实行按技能付酬后，管理的重点不再是限制任务指派使其与岗位级别一致，而是最大限度地发掘和利用员工已有的技能。这种评估制度最大的好处是能传递信息使员工关注自身的发展。

3. 确定中小企业薪酬的程序

（1）工资调查。

中小企业的人力资源部门应进行适时的工资调查。但若在一个较大的范围内进行详细的工资调查，对于中小企业来说成本太高且毫无必要，因此可以采取一些成本较低的信息渠道。

①通过招聘类报纸、网站等相关媒体查阅招聘求职广告，从中了解企业要招聘的职位或员工的市场价格。

②企业可通过劳动保障行政部门的信息发布，了解有关岗位需求和工资信息。

③通过参加同业俱乐部或各种协会，实现与同行定期的交流。

④对企业内员工需求的调查。了解员工的需求是薪酬体系建立的基础。此项操作方便、快捷，容易达成调查目标。

（2）利用职位评估建立薪酬结构。

在工资调查之后，应根据企业具体情况制定职位说明书，在职位劳动评价四要素（即劳动技能、劳动责任、劳动强度和劳动环境）的基础上，确定每个职位的特点和价值，然后根据职位评估的结果把职位排序并确定每个职位的点值，然后确定职位工资标准。

（3）设计不同职系的职等标准。

中小企业应根据情况设计几个员工职业上升的通道，如营销职系、管理职系、技术职系、职能职系等，让员工有不同的上升空间，而不是只有管理一条通道。每个职系都有高、中、低之分，根据实际企业的层级一般建议中小企业设计 5 等 5 级就可以满足实际的需要。然后确定每个职等职级的年薪情况，使之符合稳步上升、小步快跑的原则（即岗位提升薪酬有大幅提升、岗位不变能力提升了薪酬也有提升）。

（4）贯彻执行，试行修改。

企业的薪酬制度设计好以后，有必要借助员工大会的模式将设计原理、方法、具体的制度写成讲稿，进行讲解，如果企业自身能力不够，可以借助外部力量完成。宣传后由各部经理分别和本部员工沟通本人的薪酬等级情况，真正让员工理解为什么定那个级别，自身努力的方向等，以及听取意见，从而发挥管理者的作用。在运行三个月后，可以根据收集的员工意见进行适当修改。

（5）建立科学合理的绩效评估体系。

中小企业的薪酬制度在执行一段时间以后，应进行评估。评估时要建立多层次考核目标，目标的设定应把握“SMART 原则”。在该原则中，“S”是明确的（Specific），“M”是可衡量的（Measurable），“A”是可操作的（Attainable），“R”是相关的（Relevant），“T”是有时限的（Time - defined）。

（6）薪酬等级变动。

薪酬等级的设定是为了使不同职位体现不同的价值，同时为不同职系的员工提供职业发展的方向，让员工看得到发展的前景。薪酬等级如何变动，如何对应，应该在薪酬制度中加以明确说明，一般应根据评估的结果、综合表现等建议每半年对员工进行升降一次，以达到奖优罚劣的作用。

任务四　工资表的编制、工资的计算及相关台账

任务描述

某工厂实行的是固定月薪制，某员工固定月薪为2000元，2014年7月应出勤23天，该员工请假4天，实际出勤天数为19天，平时晚上加班共21个小时。请问该员工的薪资如何计算？

知识支撑

不同工作岗位需要不同的薪资计算方法，这样才能有效激励员工，做到公平合理。

8.4　工资表的编制、工资的计算及相关台账

8.4.1　编制工资表

编制工资表，要求把工资的所有数据全部设计并包括在工资表中。通常每个员工的工资均由两个部分组成：

实发工资 = 应发工资 - 应扣款 = 应发工资 - （代扣款 + 直接扣款 + 代缴款）

例如，代扣的水电、托儿费，代缴的个人所得税、公积金，直接扣款如事假扣款等。表8-8是常用的一种工资表。

表8-8　某企业工资表

姓名	工资代码	岗贴	基本工资	工龄工资	补发工资	应发工资	水电费	社保交费	公积金	其他应扣款	个人所得税	应扣工资	实发工资

编制工资表主要涉及以下两个方面的内容。

1. 工资的计算

（1）根据员工对应的薪酬等级，对照岗位工资表、能力工资表确定员工的岗位工资标准、能力工资标准。

（2）根据员工所在薪酬等级，确定各项津贴、补贴的金额，再根据员工考勤记

录，扣除缺勤工资、各项社会保险个人承担部分以及个人所得税，计算员工的实际工资额。

(3) 根据员工的绩效考核结果、个人所在的薪酬等级，根据由企业的经济效益和所在部门/小组任务完成情况确定的企业奖金总额或部门/小组奖金总额，按照奖金分配办法计算员工的奖金。

2. 工资的汇总

在个人工资计算完成的基础上，将同一部门或者同一工作任务的个人工资进行汇总，以便掌握该部门或者从事该项工作任务的工作人员的整体工资水平。最后，将企业所有的工资进行汇总，从整体上把握企业的工资水平。

8.4.2 不同工资的具体计算方法

现在，我国普遍采用的工资形式主要有两种：计时工资和计件工资。

1. 计时工资

计时工资包括三种形式：小时工资制、日工资制、月工资制。

(1) 小时工资制。

钟点工一般就采用小时工资制。在雇用时，双方可谈定雇用条件以及小时工资标准。例如，钟点保姆 1 小时 15 元，实付工资 = 小时工资标准 × 实际工作小时，或者按双方谈定的月工资标准，计算出小时工资标准：

$$小时工资标准 = \frac{月工资标准}{月法定工作小时数}$$

$$实际工资 = 小时工资标准 \times 实际工作小时 \qquad ①$$

(2) 日工资制。

日工资制的计算方法为：

$$日工资标准 = \frac{月工资标准}{月计算日数（天数）}$$

$$实付工资 = 日工资标准 \times 实际工作天数 \qquad ②$$

(3) 月工资制。

月工资制是我国目前采取的主要的工资制度，月工资标准是在员工入职时企业根据任职岗位以及员工能力等方面与员工协商确定。

$$实付工资 = 日工资标准 \times 该月实际工作天数 \qquad ③$$

2. 计件工资制

一般情况下，计件工资制可用两种方法计算工资。第一种方法是，每件工作任务的单价乘以完成的任务数，这时，无论完成多少任务，其单价不变。第二种方法是，完成不同的任务量，其任务的单价也不同。此时，实付工资的计算方法为：

$$实际计件工资 = \sum_{i=1}^{n} (w_i \times p_i) \quad ④$$

式中：w_i ——完成的任务数；

p_i ——该完成任务数量档次的单价。

例如，某企业为了奖励、鼓励员工多做工作，以实现按期按量完成合同的目标，对于多完成任务的员工实施奖励政策。企业决定，搬运工如果一天搬砖不足4000块，单价为0.08元；如搬运到4000块砖以上，则每多搬运一块砖可得0.10元/砖。现在某员工已搬运了5000块砖，计算一下他的工资。根据式④，可得：

该员工的工资 =4000 ×0.08 +(5000 -4000) ×0.10 =420（元）

8.4.3 所得税的计算和统计

根据《中华人民共和国个人所得税法》，个人的工资、薪金所得、经营所得、劳动报酬所得、稿酬、财产租赁和转让所得、特许权使用费所得、偶然所得、利息、股息、红利所得以及经国务院财政部门确定征税的其他所得，均须交纳个人所得税，通常由个人所在的单位代扣代缴。具体应缴纳的个人所得税可按下式计算：

$$个人所得税 = \sum_{i=1}^{n} (A_i \times B_i) \quad ⑤$$

式中：A_i ——在 B_i 段税率下的应纳税所得额；

B_i ——在应纳所得额范围内的对应税率。

根据税法规定，不同来源的个人所得额，应按不同的税率缴个人所得税，而工资、薪金所得则采用超额累进税率，如表8-9所示。

表8-9 工资、薪金①所得税

全月应纳税所得额/元	级数	税率/（%）	速算扣除数/元
$X \leqslant 500$	1	5	0
$500 < X \leqslant 2\ 000$	2	10	25
$2\ 000 < X \leqslant 5\ 000$	3	15	125
$5\ 000 < X \leqslant 20\ 000$	4	20	375
$20\ 000 < X \leqslant 40\ 000$	5	25	1 375
$40\ 000 < X \leqslant 60\ 000$	6	30	3 375
$60\ 000 < X \leqslant 80\ 000$	7	35	6 375
$80\ 000 < X \leqslant 100\ 000$	8	40	10 375
$100\ 000 < X$	9	45	15 375

① 指依照《中华人民共和国个人所得税法》的第六条规定，将全月收入额减去费用1600元的余额或者减除附加、减除费用后的余额，计算其应缴纳的个人所得税。

例如，某企业员工的某月收入为工资4600元，则其应缴个人所得税为多少？

解：按规定，其全月应纳税所得额 =4600 - 1600 =3000（元）

根据表8－9和式⑤可得：

$$\text{应缴个人所得税} = \text{应纳税所得额} \times \text{适当税率} - \text{速算扣除数}$$
$$= 3000 \times 15\% - 125 = 325\ (\text{元})$$

8.4.4 建立薪酬台账

由于员工工资总额是重要的国情国力统计指标，是衡量员工生活水平和计算离退休金及有关费用的重要依据，是企业人工成本的主要组成部分，因此准确统计薪酬（工资）数据具有重要意义，如表8－10和表8－11所示。

表8－10 月薪酬台账　　单位：元

序号	姓名	工资代码	性别	计时工资	计件工资	奖金	津贴	补贴	加班加点工资	特殊情况下支付的工资
领取工资总人数						本月工资总额				

表8－11 年度薪酬汇总表　　单位：元

时期	领工资总人数	工资总额
一月份		
二月份		
三月份		
四月份		
五月份		
六月份		
七月份		
八月份		
九月份		
十月份		
十一月份		
十二月份		
全年总计		

8.4.5 建立保险基金台账

根据国家规定，企业及个人均应缴纳各类社会保险基金。因此它也构成了企业的一项支出，是人力成本的组成部分。在建立保险基金台账时，要将所有的保险基金信息包括在内。表 8－12 是一个保险基金台账。

表 8－12　企业保险基金台账　　单位：元

月份	姓名	基金账号	性别	养老保险		医疗保险		失业保险		工伤保险		就业保险		生育保险		总计
				企业	个人	企业	个人	企业	个人	企业	个人	企业	个人	企业	个人	
全年参保人数			全年总计													

课程回顾

本章讲述了薪酬内涵的界定，薪酬管理的原则、形式、职能和工资制度的类型；说明了影响企业薪酬的主要因素；强调了工资制度的设计程序和工作评价的方法；阐述了工资等级序列的构成和工资等级结构的设计步骤；最后涉及了工资表和相关台账的编制及工资的计算方法。

温故知新

一、单项选择题

1. (　　) 泛指员工获得的一切形式的报酬。

A. 薪酬　　B. 给付　　C. 收入　　D. 分配

2. (　　) 是指以较长的时间为单位计算员工的劳动报酬，国内常使用“薪水”一词。

A. 薪酬　　B. 工资　　C. 薪资　　D. 薪金

3. (　　) 是指员工完成任务后，所获得的一切有形和无形的待遇。

A. 报酬　　B. 奖励　　C. 薪金　　D. 工资

4. 外部薪酬包括直接薪酬和间接薪酬，间接薪酬又称 (　　)。

A. 福利　　B. 工资　　C. 薪资　　D. 薪金

5. 下列各项中，(　　) 属于外部回报的奖励方式。

A. 奖金　　B. 欣赏和认可

C. 发展机会　　D. 具有挑战性的工作

6. 下列不属于间接薪酬形式的是 (　　)。

A. 岗位津贴　　B. 其他补贴　　C. 社会保险　　D. 员工福利

7. 下列表述不正确的是 (　　)。

A. 薪酬实质上是一种交易或交换　　B. 薪酬不包括实物性的报酬
C. 薪酬应体现效率与公平的原则　　D. 薪酬应服从市场交换规律

8. 根据员工的实际贡献支付报酬，并适当拉开差距，使业绩好的员工得到鼓励，业绩差的员工努力去提高业绩，这体现了薪酬管理的（　　）原则。
A. 竞争力　　B. 激励性　　C. 公正性　　D. 经济性

9. 影响企业整体薪酬水平的因素不包括（　　）。
A. 产品的需求弹性　　B. 工会的力量
C. 企业的薪酬策略　　D. 职务或岗位

10. 影响员工个人薪酬水平的因素不包括（　　）。
A. 劳动绩效　　B. 工会的力量
C. 工作条件　　D. 员工的技能

二、多项选择题

1. 薪酬表现形式包括（　　）。
A. 精神的与物质的　　B. 稳定的与非稳定的
C. 有形的与无形的　　D. 货币的与非货币的
E. 内在的与外在的

2. 外部薪酬包括直接薪酬和间接薪酬，直接薪酬包括（　　）。
A. 基本工资　　B. 年薪
C. 激励薪酬　　D. 红利
E. 绩效工资

3. 外部薪酬包括（　　）。
A. 基本工资　　B. 绩效工资
C. 社会保险　　D. 晋升机会
E. 额外津贴

4. 影响企业整体薪酬水平的因素有（　　）。
A. 企业工资支付能力　　B. 物价水平
C. 工会的力量　　D. 薪酬策略
E. 劳动绩效

5. 企业确定薪酬管理的基本原则是（　　）。
A. 对成本有控制性　　B. 对内具有公正性
C. 对外具有竞争力　　D. 支付具有公开性
E. 对员工有激励性

6. 有效的薪酬管理应遵循的原则是（　　）。
A. 对内具有竞争力　　B. 对外具有竞争力

C. 对内具有公正性
D. 对外具有公正性
E. 对员工具有激励性

7. 企业员工薪酬管理的基本目标包括（　　）。

A. 确立薪酬激励机制
B. 保证内部公平
C. 吸引并留住优秀人才
D. 保证外部公平
E. 合理控制企业人工成本

8. 企业的日常薪酬管理包括（　　）。

A. 薪酬调查
B. 员工薪酬统计
C. 制订薪酬计划
D. 适时计算
E. 薪酬调整

9. 下列选项中，（　　）因素会对企业薪酬管理原则产生重要的影响。

A. 企业支付能力
B. 劳动力供求关系
C. 企业发展战略
D. 企业生产经营特点
E. 企业的价值观

10. 企业制定薪酬管理制度时，要考虑的基本因素有（　　）。

A. 企业经营战略
B. 企业价值观
C. 生产经营特点
D. 劳动生产率
E. 财务支付能力

三、简答题

1. 什么是企业薪酬管理？
2. 试述影响企业薪酬的主要因素有哪些？
3. 工资等级序列的构成和工资等级结构的设计步骤有哪些？
4. 简述工资制度的设计程序和工作评价的方法。

四、讨论题

1. 你熟悉的人的工作薪酬中哪些是直接薪酬？哪些是间接薪酬？试举例说明。
2. 你的亲戚所在的企业运用的是什么样的薪酬理念？
3. 为什么按业绩付酬体系变得越来越重要？

五、案例分析题

长新皮鞋厂成立于1995年，是一家民营企业。企业创立之初，规模不大，是典型的直线制企业。总经理聘请了自己的几个亲友负责管理生产、销售、技术及后勤，那几名管理人员的分工并不明确，但都非常敬业，忠诚度很高，在企业的发展初期起了很大的作用。目前生产线的员工实行的是计件工资制；销售人员只有提成工资；其他员工实行的是固定底薪，到年底按企业当年的效益发奖金，奖金的多少由总经理决定。企业的经济实力和业务规模近几年有了很大的提高，但也遇到很多发展中的问题，如企业的管理工作日趋繁重，员工反映管理人员方法生硬；产品缺乏创新，导致一部分固定客户的流失；有些生产和销售的骨干被同行高薪挖走；人才的引进工作也不顺利，好不容易招聘到的几个技术人才不到半年就纷纷离开了。

为了改变这些困境，企业进行了一系列改革，如将企业的组织结构调整为直线职能制，明确了各部门的职责；在原有基础上对所有岗位的薪资按比例进行了调整；为了避嫌，免除了原有管理人员的职位，对这些人员在工作安排和薪酬发放上与一般员工一视同仁；为了提高管理水平，面向社会进行了重新招聘，并规定应聘人员的学历一律不能低于大学本科。

资料来源：http：//www. shangxueba. com/ask/376595. html（有改动）.

请回答以下问题：

（1）该企业改革之前存在哪些问题？

（2）请对该企业采取的改革措施做出评价。

（3）请对该企业的薪酬制度提出改革建议。

六、实训训练

1. 某员工的工资实行的是计件工资，在产量为2500个时，即计件单价为0.8元/个，产量超过2500个，每超过一个，计件单价为1.2元/个。该员工实际产量为3200个，其实付工资为多少？
2. 某企业由于历史上经营状况较好，因此工资水平一直略高于市场工资水平，但近两年来因为行业不景气，企业效益下降，企业难以承受较高的人工成本；同时，企业内部某些岗位工资差距不太合理，员工对于企业薪酬分配制度有意见，故企业准备调整薪酬。请问需要收集哪些资料？
3. 某企业人力资源部每年都要进行企业薪酬制度现状分析，以确保合理降低成本，保持薪酬水平的公正性与合理性。请问人力资源部需要收集什么信息？采用什么方法收集信息？
4. 某企业实行岗位效益工资，工资项目包括岗位工资、效益工资、年功工资、岗位津贴、物价补贴、企业代缴社会保险费、住房公积金和个人所得税。请为该企业设计员工工资。
5. 某企业的一个员工工资为6500元，根据其所在城市规定的费用扣除额为2000元，其适用的税率为20%，速算扣除额为375元，那么该员工应纳税额为多少？

收获与建议

通过本章学习，学生能够分析薪酬结构，计算工资。因此，建议学生在实习或课外打工过程中多了解用人单位的薪资是如何发放的。

项目九 员工福利

学习指南

1. 岗位要求

会计算福利。

2. 素质能力标准

能清晰描述法定福利和企业福利的概念，熟悉福利组合的原理，会使用福利计算的方法。

3. 学习任务

任务一 法定福利与企业福利

任务二 企业福利的设计与管理

4. 知识点

法定福利、企业福利。

5. 技能点

计算员工福利。

6. 学习重点、难点

重点：法定福利和企业福利的含义及内容，员工福利设计的内容和影响因素，企业员工福利设计与管理的方法及其应用的技能。

难点：福利设计与管理的方法。

任务一　法定福利与企业福利

任务描述

某企业是一家成立近10年的技术型企业，资金水平中等，但比较注重对人才的培养，为了突显福利在留住优秀员工方面的效用，实行福利与工资的比例几乎接近1:1的薪酬策略，大大增加了企业在员工福利方面的花费。福利的构成包括部分现金、补充住房公积金、带薪休假、节日补助、住宿津贴、内部培训、旅游等。在实际应用方面，员工对发放现金比较积极，其他的往往是被动参与，有的则根本使用不到。比如，家住公司附近的，一般享受不到交通津贴，短期激励不足，而且公司里的很多年轻人都不在乎实物补贴，对于参加集体旅游也很勉强。这样的福利方案实施了一年，企业福利费用的开支大大增加了人力资源成本，使得企业的净利润有大幅度的下降。

管理人员不明白，福利原本有很好的激励作用，可为什么钱没少花，但企业的效益却没有成正比例的增加，反而造成了成本和人才方面的损失?

知识支撑

员工福利是企业薪酬体系的一个重要组成部分，是企业以福利的形式提供给员工的报酬。员工福利分为法定福利和企业福利，前者是国家立法强制建立的员工福利计划，后者是企业自主决定建立的福利计划。作为企业分配的间接报酬，员工福利在增强企业的凝聚力、保持员工队伍的稳定性等方面发挥着不可替代的作用；而且伴随着福利管理理念的不断更新，员工福利不仅是扮演保健因素，还日益成为一种重要的激励因素，受到企业越来越多的重视。

9.1　法定福利

法定福利是国家通过立法或相关法规的形式，强制实行的、保障企业员工合法权利和利益的福利形式。在我国，法定福利主要是指社会保障制度中涉及企业员工的福利政策的相关规定，一般包括通常意义的“五险”，即养老保险、医疗保险、失业保险、工伤保险和生育保险，统称为社会保险。

9.1.1 社会保险

社会保险是国家通过立法形式建立的、通过强制征集专门资金，用于保障劳动者在暂时或永久丧失劳动力时或在工作中断期间的基本生活需求的一种保险制度。它属于强制性保险，以保障员工的基本生活为目的，以工薪劳动者及其家属为主要保险对象。社会保险对员工和企业具有法律约束作用，即双方必须按照规定向社会保险机构缴纳保险金，社会保险机构依法对受保人承担保险责任。

我国的社会保险制度属于传统型的保险制度，其具有以下特点。

①强制性。即社会保险是国家立法强制实施的社会政策，被保险人必须参加，承保人（企业）必须接受。

②保障性。社会保险是一项收入补偿制度，其目标是保障被保险人的基本生活。

③公益性。与商业保险不同，社会保险不以营利为目的，注重社会效益。

④普遍性。工薪劳动者都可以参加社会保险。

⑤互济性。具有风险互担，互助互济的性质。

社会保险的目的是风险的补偿和预防，现代社会经济生活中的风险决定了社会保险的内容。社会保险是只对领取工资的员工施行。保险的给付和缴纳相联系，费用由员工和企业共同承担，国家给予支持和帮助并统一管理保险基金和保险工作，通过再分配的方式照顾低收入者的利益，这种保险制度针对性强，容易操作，因而比较普遍。我国的社会保险主要包括：基本养老保险、生育保险、失业保险、基本医疗保险和工伤保险等。

1. 基本养老保险

养老保险是社会对因年老丧失劳动能力的劳动者提供物质帮助的制度。符合养老保险资格的人，按规定退休以后，不论其劳动能力如何，都能享受退休的劳保待遇。国家、企业和员工三方面共同筹集养老基金，实行个人储蓄和统筹并行的养老保险方式，在个人交费形式的养老金储存基础上，用企业和国家筹集养老金加以补充和平衡，切实保障退休人员的基本生活。养老保险费用由国家、单位和个人合理负担。

职工个人每月按照本人上一年度月平均工资的一定比例缴纳基本养老保险费，缴费比例根据经济发展水平和职工工资的增长逐步提高，最终达到本人缴费工资的8%。具体比例由省人民政府规定。

用人单位每月按照全部职工缴费工资之和的一定比例缴纳基本养老保险费，缴费比例一般不得超过20%，并应当随着职工个人缴费比例的提高而逐步下降。具体比例按照国家和省人民政府规定的权限审批确定。

职工缴费工资低于上一年度全省职工月平均工资60%的，按照60%确定；高于上一年度全省职工月均工资300%的，按照300%确定。全省职工月平均工资以省统计部门定期公布的数据为准。

2. 生育保险

生育保险是为了维护企业女职工的合法权益，保障她们在生育期间得到必要的经济补偿和医疗保障，均衡企业间生育保险费用的负担而制定的。生育保险按属地原则组织，其费用实行社会统筹。

生育保险基金按照以支定收，收支平衡的原则统一筹集，纳入财政专户，实行收支两条线管理。由企业按照其工资总额的一定比例向社会保险经办机构缴纳生育保险费，建立生育保险基金。生育保险费的提取比例由当地人民政府根据计划内生育人数和生育津贴、生育医疗费等项费用确定，并可根据费用支出情况适时调整。生育保险费由企业按月缴纳，职工个人不缴纳生育保险费。

女职工生育按照法律、法规的规定享受产假。产假期间的生育津贴按照本企业上年度职工月平均工资计发，由生育保险基金支付。生育医疗费用包括女职工因怀孕、生育发生的医疗检查费、接生费、手术费、住院费和药品费。计划生育手术医疗费用包括职工因计划生育实施放置（取出）宫内节育器、流产术、引产术、绝育及复通手术所发生的医疗费用。生育、计划生育手术医疗费用符合本市基本医疗保险药品目录、诊疗项目和医疗服务设施项目规定的，由生育保险基金支付。女职工生育的检查费、接生费、手术费、住院费和药费由生育保险基金支付。超出规定的医疗服务费和药费（含自费药费和营养药品的药费）由职工个人负担。生育保险基金及管理费不征税、费。

3. 失业保险

失业保险是社会对暂时没有工作报酬的劳动者提供物质帮助的制度。在我国，失业保险实施的范围是那些实行劳动合同制，有较健全劳动工资制度，并按规定缴纳失业保险的企业。失业保险基金由企业和员工共同缴纳。失业保险基金必须存入财政部门开设的社会保障基金财政专户，实行收支两条线管理，由财政部门依法进行监督。基金的管理机构是各级劳动管理部门下属的劳动服务公司和劳动保险所。因为，失业保险常常与职业介绍和生产自救相联系，这也是劳动管理部门的职责。失业保险的发放对象与企业的管理制度有关，辞职者和自动离职者不得享受。

企业、事业单位、社会团体、民办非企业单位、城镇个体工商户，按照本单位全部职工工资总额的百分比缴纳失业保险费。职工个人按照本人工资的百分比缴纳失业保险费，其中，农民合同制职工本人不缴纳失业保险费。省人民政府根据本省失业保险基金收支情况及社会基本生活费用水平等因素，经国务院批准，可以适当调整失业保险费的费率。

用人单位必须按月向经办机构和地方税务部门申报应缴纳的失业保险费数额，经经办机构会同地方税务部门核定后，在规定的期限内向地方税务部门缴纳失业保险费。职工个人缴纳的失业保险费，由用人单位从职工工资中代为扣缴。用人单位缴纳的失业保险费，列入管理费用。职工个人缴纳的失业保险费不计入个人所得税的应纳税所得额。

4. 基本医疗保险

基本医疗保险主要是指社会对因伤病需要治疗者给予物质帮助的制度。

个人缴费基数原则上以本人上一年度月平均工资为基数。本人月平均工资收入超过上一年度全市职工月平均工资300%以上的部分不作为缴费基数；低于上一年度全市职工月平均工资60%的，以上一年度全市职工月平均工资的60%为缴费基数。退休人员个人不缴纳基本医疗保险费。

单位缴费基数：以本单位全部职工的缴费基数之和作为单位缴费的基数。用人单位缴纳的基本医疗保险费，按规定比例计入在职职工个人医疗账户。

基本医疗保险基金由统筹基金和个人医疗账户构成。个人医疗账户资金归个人所有，可跨年度结转使用和依法继承；统筹基金主要用于支付基本医疗保险范围以内、统筹基金起付标准以上、最高支付限额以下的住院医疗费、门诊特定项目及门诊慢性病人的定额医疗补助等医疗费用。

5. 工伤保险

工伤保险是国家立法建立的，对在经济活动中因工伤致残，或因从事有损健康的工作患职业病而丧失劳动能力的劳动者，以及对职工因工伤死亡后无生活来源的遗属提供物质帮助的社会保险制度。在世界范围内，工伤保险是产生最早、实施国家最多、制度设计最严密的社会保险制度，这是因为工伤保险关系到职工的生命安全和家庭的生活幸福。

在现代工伤保险制度中，普遍实行“补偿不究过失原则”或“无责任补偿原则”。根据该原则，劳动者在负伤后，不管过失在谁，均可获得收入补偿。另外，与养老保险、医疗保险、失业保险不同的是，工伤保险费只由企业或雇主缴纳，雇员个人不缴纳。

工伤保险制度由基金运行制度、待遇给付制度和工伤认定制度三个部分构成（如图9－1所示）。

图9－1　工伤保险制度体系

2003 年 4 月 27 日，国务院以 375 号令颁布了《工伤保险条例》（以下简称《条例》，2010 年 12 月 20 日《国务院关于修改〈工伤保险条例〉的决定》对其进行了修订。新的《条例》规定，工伤保险基金由用人单位缴纳的工伤保险费、工伤保险基金的利息和依法纳入工伤保险基金的其他资金构成。工伤保险费根据以支定收、收支平衡的原则，确定费率。用人单位应当按时缴纳工伤保险费。职工个人不缴纳工伤保险费。用人单位缴纳工伤保险费的数额为本单位职工工资总额乘以单位缴费费率之积。

新《条例》对工伤认定做了详细的规定，在工伤保险待遇方面则做了如下规定。

职工因工致残被鉴定为一级至四级伤残的，保留劳动关系，退出工作岗位，享受以下待遇：（1）从工伤保险基金按伤残等级支付一次性伤残补助金，标准为：一级伤残为 27 个月的本人工资，二级伤残为 25 个月的本人工资，三级伤残为 23 个月的本人工资，四级伤残为 21 个月的本人工资；（2）从工伤保险基金按月支付伤残津贴，标准为：一级伤残为本人工资的 90%，二级伤残为本人工资的 85%，三级伤残为本人工资的 80%，四级伤残为本人工资的 75%。伤残津贴实际金额低于当地最低工资标准的，由工伤保险基金补足差额；（3）工伤职工达到退休年龄并办理退休手续后，停发伤残津贴，按照国家有关规定享受基本养老保险待遇。基本养老保险待遇低于伤残津贴的，由工伤保险基金补足差额。

职工因工致残被鉴定为五级、六级伤残的，享受以下待遇：（1）从工伤保险基金按伤残等级支付一次性伤残补助金，标准为：五级伤残为 18 个月的本人工资，六级伤残为 16 个月的本人工资；（2）保留与用人单位的劳动关系，由用人单位安排适当工作。难以安排工作的，由用人单位按月发给伤残津贴，标准为：五级伤残为本人工资的 70%，六级伤残为本人工资的 60%，并由用人单位按照规定为其缴纳应缴纳的各项社会保险费。伤残津贴实际金额低于当地最低工资标准的，由用人单位补足差额。经工伤职工本人提出，该职工可以与用人单位解除或者终止劳动关系，由工伤保险基金支付一次性工伤医疗补助金，由用人单位支付一次性伤残就业补助金。一次性工伤医疗补助金和一次性伤残就业补助金的具体标准由省、自治区、直辖市人民政府规定。

职工因工致残被鉴定为七级至十级伤残的，享受以下待遇：（1）从工伤保险基金按伤残等级支付一次性伤残补助金，标准为：七级伤残为 13 个月的本人工资，八级伤残为 11 个月的本人工资，九级伤残为 9 个月的本人工资，十级伤残为 7 个月的本人工资；（2）劳动、聘用合同期满终止，或者职工本人提出解除劳动、聘用合同的，由工伤保险基金支付一次性工伤医疗补助金，由用人单位支付一次性伤残就业补助金。一次性工伤医疗补助金和一次性伤残就业补助金的具体标准由省、自治区、直辖市人民政府规定。

职工因工死亡，其近亲属按照下列规定从工伤保险基金领取丧葬补助金、供养亲属抚恤金和一次性工亡补助金：（1）丧葬补助金为 6 个月的统筹地区上年度职工月平均工资；（2）供养亲属抚恤金按照职工本人工资的一定比例发给由因工死亡职工生前提供主要生活来源、无劳动能力的亲属。标准为：配偶每月40%，其他亲属每人每月30%，孤寡老人或者孤儿每人每月在上述标准的基础上增加10%。核定的各供养亲属的抚恤金之和不应高于因工死亡职工生前的工资。供养亲属的具体范围由国务院社会保险行政部门规定；（3）一次性工亡补助金标准为上一年度全国城镇居民人均可支配收入的20倍。

伤残津贴、供养亲属抚恤金、生活护理费由统筹地区社会保险行政部门根据职工平均工资和生活费用变化等情况适时调整。调整办法由省、自治区、直辖市人民政府规定。

9.1.2 住房公积金

住房公积金，是指在本地区工作并且具有城镇常住户口的在职职工及其所在的机关、企业、事业单位和社会团体（以下统称单位）按照规定缴存的具有保障性和互助性的一种长期住房储金。职工缴存的住房公积金和职工所在单位为职工缴存的住房公积金，属于职工个人所有。住房公积金用于职工住房的基本需求和职工住房建设资金的融通，任何单位和个人不得挪作他用。

住房公积金实行统一管理，专户专储、专项使用、安全运作、社会监督的原则。职工有缴存住房公积金的义务；单位有为职工缴存住房公积金的义务。职工有要求所在单位为其缴存住房公积金的权利，有按照规定查询、提取住房公积金和申请住房公积金贷款的权利，有监督住房公积金管理的权利；职工所在单位有按照规定查询、融通住房公积金的权利。

职工和单位住房公积金的缴存比例均不得低于职工上一年度月平均工资的5%。有条件的可以按规定适当提高缴存比例。职工按当地最低工资标准领取工资的，职工个人可以免缴住房公积金；职工所在单位仍应按照规定比例为职工缴存住房公积金。住房公积金按月缴存。职工个人缴存的住房公积金，由所在单位在其每月工资收入中代扣。职工个人缴存的住房公积金，按规定不计入所得税的纳税基数；职工按规定提取的住房公积金本息，免缴个人所得税。

9.1.3 法定假期（休假）

法定假期指企业职工依法享有的休息时间。在法定休息时间内，职工仍可获得与工作时间相同的工资报酬。我国《劳动法》规定的职工享有的休息休假待遇包括六个基本方面：（1）劳动者每日休息时间；（2）每个工作日内的劳动者的工间、吃饭、休息时间；（3）每周休息时间；（4）法定节假日放假时间；（5）带薪年休假休息；（6）特殊情况下的休息，如探亲假、病假休息等。

1. 法定节假日

法定节假日，又称法定休假日，是国家依法统一规定的休息时间。根据《中华人民共和国劳动法》（以下简称《劳动法》）和《全国年节及纪念日放假办法》，我国的法定节假日包括：(1) 元旦（新年），放假1天；(2) 春节，放假3天；(3) 清明节，放假1天；(4) 劳动节，放假1天；(5) 端午节，放假1天；(6) 中秋节，放假1天；(7) 国庆节，放假3天。法律、法规规定的其他休假节日，如妇女节、中国人民解放军建军节、青年节等，相关人员可以休假半天或一天。法定节假日是带薪休假。在法定节假日，劳动者有权享受休息，工资照发。按《劳动法》规定，如果在法定节假日安排劳动者工作，应支付不低于300%的劳动报酬。

2. 公休假日

公休假日指法律规定或依法订立的协议规定的每工作一定时间必须休息的时间。按《劳动法》规定，用人单位应当保证劳动者每周至少休息一天。根据《国务院关于职工工作时间的规定》，每周休假日为星期六和星期天。

3. 带薪年休假

休息权是我国宪法规定的公民权利，劳动者应当平等享有。为了平等保护各类职工的休息休假权利，充分调动广大职工的工作积极性，《职工带薪年休假条例》规定，机关、团体、企业、事业单位、民办非企业单位、有雇工的个体商户等单位的职工连续工作1年以上的，享受带薪年休假。单位应当保证职工享受年休假。

9.2 企业员工福利

案例欣赏

康妮的故事

康妮是一名飞行员，她的家在明尼苏达双城地区。1996年8月2日，她执行飞行任务前往阿拉斯加州，并计划第二天飞往汉城（现首尔）。但那天晚上，她接到电话，说她三岁的小孩生病，发烧到40℃，在家哭喊着要妈妈。康妮的丈夫也是飞行员，当时也正在外地执行任务，无法回家照看孩子。

康妮听到消息后，心急如焚，把情况告诉飞行调度室以后，旋即赶回家中。她的决定使公司措手不及，不得不临时找人来代替她的工作，使第二天飞往汉城（现首尔）的航班未能按时起飞。公司认为康妮此举是擅离职守，对康妮处以停薪一个月的处罚。

于是，康妮以一项1990年通过的鲜为人知的明尼苏达州法律为依据（该法律规定，小孩生病或受伤时，员工们可以在合理的范围内，将一定的病假日用于照看生病或受伤的小孩）对公司提出起诉，指控公司对她实行停薪一个月的惩罚是非法的。

康妮到底是擅离职守，还是合法运用自己的权力，受到了公司的不公正处罚呢？很多雇主和员工都在等待，想知道法庭对这个问题的看法如何。

员工生病，企业允许其带薪休病假，使其恢复健康后能更好地工作，这听起来是一件很简单很自然的事情。大多数企业也确实是这样做的。但1996年总部设在伊利诺伊州河林市的CCH公司对574名人力管理经理的一项调查表明，员工中有病不休和无病呻吟两种现象都变得更加普遍，病假作为一项福利，并没有起到其应有的作用。

资料来源：http：//3yuu456. com/p－8860t0q01z76vac3m08m_ 5. html（有改动）.

案例启示：

（1）员工有病不休病假，主要原因是怕雇主认为自己“不重要”，可有可无。因为20世纪90年代美国企业裁员很厉害，被认为是可有可无的员工自然首当其冲。因此，很多员工都怕给老板留下不好的印象，觉得自己可有可无或健康不佳，因此不敢多休病假。

（2）另一方面，员工感到就业不安全，心情压抑，行为也可能更加不负责任，导致滥用病假。小孩生病，家里需要修冰箱或锅炉，参加小孩的音乐会等家庭需要，都可以是休病假的原因。还有一些员工，感到面临失业威胁，工作过于紧张，需要离开工作，休息几天，也请病假。有些人把病假看作一种“权利”，不休白不休。

9.2.1 员工福利的类型

企业福利主要是根据企业的实际情况，在不违背国家法律法规的前提下，向本企业的员工提供的福利项目。企业福利不同于法定福利，它没有强制性，而是完全按照企业的战略和文化以及企业的实际情况，由企业自主进行设计和管理，因此，企业福利也就因企业的不同而不同，呈现出各异的福利解决方案，这就成为企业对员工吸引力的差异性之一。但是，不论企业福利的形式多寡，它们总可以统分为以下几类。

1. 服务性福利

服务性福利是指企业为员工提供的福利设施，包括为员工建立的食堂、住宅、健身设施、托儿所、幼儿园、浴室、理发室、休息室、保健科等，以及为员工文化娱乐所提供的文化馆、俱乐部、图书馆和体育场等。

2. 补贴性福利

补贴性福利是指企业根据国家的有关政策和规定，按照企业的性质和员工的福利水平，发给员工的补贴和津贴。比如，探亲补贴、交通费补贴、伙食费补贴、洗礼费补贴、书报费补贴、独生子女费补贴、生活困难补贴等。

3. 教育培训性福利

教育培训性福利包括企业给予员工在职和短期脱产免费培训、公费进修（部分脱产或全脱产）等。许多企业都鼓励员工在业余时间去学校上课，攻读学位。作为鼓励，每位员工可以获得教育补贴。企业在工作时间的安排上给予方便，并给员工报销部分甚至全部学费。报销的数额可以和学习成绩挂钩。

4. 健康福利

健康福利主要是指医疗（全部或部分）福利，免费定期体检及防疫注射、药费报销等。

5. 假日福利

假日福利是指带薪假日，包括法定假日、病假、产假以及每年若干带薪事假或休假日，其长短通常按工龄的不同而不同。我国法定的休息、休假时间主要有六种，分别是工作日内的休息时间、周休、节假日、探亲假、年休假以及结婚假或直系亲属去世的丧假。

6. 其他福利

为帮助员工更好地解决生活和工作的困难，许多企业还主动为员工提供一些服务项目，以激励员工安心工作。这些服务项目主要有：教育计划、住房和搬迁津贴、旅游项目、子女教育费等。

9.2.2 员工福利的作用

员工福利的重要性主要体现在以下几个方面。

1. 为员工提供安全保障

这是员工福利的基本功能。各种福利项目可以为员工解决生活中生病等突发的意外事件，也为员工退休后的养老做好安排，从而使员工消除后顾之忧，安心本职工作。

2. 招募和吸引优秀人才

吸引优秀人才的加盟是企业在激烈竞争中获胜的前提条件，周到的员工福利也已成为吸引优秀人才的重要方面。

3. 降低员工流动率

成功的福利管理能够有效地留住员工，因为员工的长远利益与此密切相关，员工便不会频频跳槽。

4. 提高员工的绩效

有效的福利管理，可以提高员工的士气，增强员工的凝聚力和主人翁责任感，激发员工的工作热情，进而提高工作绩效。

5. 企业得到更多回报

充分利用员工福利，一方面可以使员工获得更多实惠，更好地激励员工；另一方面也可以使企业在员工身上的投入得到更多的回报。

总之，企业的福利具有集体性的特点，它是提供给企业的所有员工的。企业提供的福利与员工的生存状态有密切的关系，有效的福利管理可以在确保员工身心健康的条件下，增强企业员工的凝聚力，充分调动员工的工作积极性，减少员工的流动率，发挥员工的能动性，从而提高员工的劳动生产率和工作绩效。

任务二 企业福利的设计与管理

任务描述

M设计院是一家国家甲级设计院，从事工业与民用建筑勘探、设计和小区规划等业务。具备国家建设部颁发的甲级工程总承包资质，承担工程投资评估、工程监理、招标、施工、保修和其他咨询业务。近几年，在人才竞争激烈的建筑工程设计行业，设计院的人力资源管理也受到了严峻的挑战。

然而，在激烈的人才竞争中，设计院却成功地留住了诸如注册建筑师、注册结构工程师、注册监理工程师以及高级工程师等一大批核心员工，增强了企业的核心竞争力。该设计院人力资源部部长透露了其留人秘诀——实施“贴心”福利战略，即在洞察员工心理，揣摸员工内心的个性化有效需求的前提下，为核心员工量身定做福利项目，并采取最佳方式发放，从而赢得核心员工的“贴心”。

什么样的福利算是“贴心”福利?

知识支撑

员工福利的设计和比例安排较之工资本身更具吸引力和激励性。由于为员工提供了精心设计的福利，企业一方面可以显著地降低劳动力成本，另一方面又可以起到高工资所无法实现的激励员工工作热情的作用，因此许多企业都愿意在力所能及的范围内，为员工提供多种福利。无论国内还是国外，可以说，福利管理是企业人力资源管理职能中的重要组成部分，搞好福利管理对于企业的发展至关重要。

9.3 员工福利计划与管理

9.3.1 员工福利计划的内容

员工福利计划是指企业对实施员工福利所做的规划和安排。由于福利支出在企业中已成为一项重要的开支，而且员工福利的激励作用也逐渐受到重视，因此任何企业都不可能，也不应该盲目地实施员工福利，而是应当根据企业的情况和员工的特点来向员工提供福利，这样才能保证福利制度的持续性和有效性，员工福利计划就是达到这一目的的重要手段和有力工具。

在企业的具体实践过程中，一般来说，一个相对完备的员工福利计划的制订应当主要考虑以下七个方面的问题，我们可以将这些问题用5个W和2个H简单地加以概括。

1. Why，即企业为什么要向员工提供福利

也就是说企业提供福利的目的是什么。这是企业在制订员工福利计划时需要考虑的首要问题。目的决定手段，企业向员工提供福利的目的不同，会导致福利计划的相关决策也不同。例如，当企业提供福利的目的是为了保障和提高员工的生活水平时，那么福利水平的确定就要依据当地的生活水平，提供的福利也要侧重于实物和服务；如果企业提供福利的目的是为了保证整个薪酬水平的外部竞争性，那么福利水平的确定就要根据市场水平来确定。

2. How Much，即要向员工提供多少福利

也就是说企业提供的福利应当是什么水平的。在实践中，福利水平就体现为企业的福利开支。福利水平的确定主要包括两个层次的内容，一是确定企业整体的福利水平；二是确定员工个人的福利水平。由于福利是薪酬的重要组成部分，因此福利水平就成为反映企业薪酬水平的一种重要方面，企业就需要对自身的福利水平做出决策；此外，现在越来越多的企业在福利的实施中已经抛弃了平均主义的做法，开始实行差异化的员工福利，而福利水平的差异则是其中重要的内容，因此就有必要来确定员工个人的福利水平。

3. What，即要向员工提供什么样的福利

也可以理解为向员工提供福利的内容是什么。福利的内容直接决定着员工需求的满足程度，是员工满意度的主要影响因素。因此，企业必须要合理地确定福利的内容，这样才能保证福利实施的效果。在实践过程中，有些企业对这个问题并没有给予足够的重视，因此往往会出现“出力不讨好”的尴尬，虽然也耗费了大量的财力、物力来实施员工福利，但是员工并没有感到满意。

4. How，即以什么样的形式来向员工提供福利

这也可以理解为福利发放的形式是什么。与基本薪酬和激励薪酬不同，作为间接薪酬的福利，其发放的形式更具灵活性，并非必须以货币的形式发放给员工，还可以借助于其他的形式，因此企业需要对福利的各种形式进行比较，从中选择最为合适的形式。

5. Who，即由谁来向员工直接提供福利

也就是说员工福利的实施主体是谁。员工福利的责任主体和实施主体是两个不同的概念，虽然员工福利的最终责任主体是企业，但是这并不意味着企业就一定要直接来向员工提供福利，它可以将具体的实施责任委托给外部的组织或机构。这两种实施方法是各有利弊的，因此需要企业综合考虑各种因素之后做出决策。

6. Whom，即要向哪些员工提供福利

虽然从整体上来讲，福利实施的对象应当是企业全体员工，但是这并不是说每一项具体的福利都要针对全体员工来实施，由于不同的福利项目具有不同的特点，其适用的对象也是不同的，因此企业应当根据福利的具体内容来选择实施对象；此外，为了增强福利的激励作用，也需要对员工享受福利的资格条件做出规定，这同样也会产生选择福利实施对象的问题。

7. When，即在什么时间为员工提供福利

这主要是指福利实施的时机问题。即便是同样水平和同样内容的福利，在不同的时间提供给员工，给员工带来的效果也是不同的，因此为了使福利的效用最大化，企业应当恰当地确定福利实施的时机，要在最合适的时间把福利提供给员工，从而充分发挥福利对员工的激励效果。按照激励理论的观点，福利提供的时机应当遵循两个主要的原则：一是及时性的原则，要及时把福利发放给员工；二是需要性的原则，要在员工最需要某种福利的时候给他们提供这种福利。

9.3.2 影响员工福利计划的因素

影响企业中员工福利计划的因素很多，主要有企业外部因素和企业内部因素两大类。

1. 企业外部因素

企业外部因素指不是由企业本身决定或控制的因素。主要有以下这些因素。

（1）国家政策和法律。许多国家和地区的政府都明文规定了企业的员工可以享受哪些福利。这些福利都是法定福利，如果企业不为员工提供相应的福利项目，就会触犯法律。例如，随着我国社会保障体系的日益完善，国家要求企业为每个员工缴纳养老保险金、失业保险金和医疗保险金作为员工应有的福利，如不按时缴纳，就是违反

了国家法律。

（2）劳动力市场的供求状况。劳动力市场的供求状况也是影响企业福利的因素之一。劳动力市场供过于求时，员工可以接受较低的福利待遇；反之，如果劳动力市场需求大于供给，那么企业除了提供优厚的薪酬以外，还必须通过提供富有吸引力的员工福利来招募和留住员工。

（3）行业的竞争性。这意味着由于同行业的类似企业提供了某种福利，迫于竞争的压力，企业必须为员工提供相似的福利待遇，以消除员工的不公平感，提高其工作积极性。

（4）工会的力量。在国外，某一地区或某一行业员工的福利待遇，通常是工会与资方谈判的结果。因此，员工能享受的福利待遇，有时也取决于工会的力量。从企业这个角度来说，为了缓解与劳方的冲突，有时不得不提供某些福利待遇。

2. 企业内部因素

（1）企业本身的支付能力。企业的支付能力就是企业所能承担的人力成本的限度。它一方面取决于企业的经营收入，另一方面也取决于企业为维持正常的经营所发生的费用，如必要的资本费用，购买原材料的费用以及为保持竞争力而必需的投入等。员工所获的福利待遇会受到企业本身支付能力的制约。企业的经营状况越好，支付能力越强，员工的福利待遇就有可能越好。

（2）工作本身的差别。员工从事的工作不同，在承担的责任、工作环境、劳动强度和工作复杂程度等各方面必然也存在差别。因此，员工所能享受的福利待遇也会有所不同。

（3）员工自身的差别。虽然从事同样的工作，但员工之间因为年龄、工龄、文化程度和专业技能的不同也会导致享受福利待遇的不同。

（4）企业文化。不同的企业有不同的经营理念。有的企业倾向于对所有员工提供集体性福利，而有的企业则倾向于对部分员工实行个体化福利；有的企业实施低工资、高福利的待遇；有的企业则认为高工资、低福利待遇更能吸引员工。这些不同的经营理念对于企业的福利管理政策实施有重大影响。

9.3.3 企业员工福利的管理

案例欣赏

IBM 公司的薪酬和福利

IBM 公司的福利是由众多的福利项目组合而成的。通过系统化的设计，配合公司内部的各种管理制度，以及公司为员工提供的多种事业发展计划，达到吸引、保留优秀人才，减少人员流失，激励员工更大程度地发挥潜能，为公司及个人的发展多做贡献的宗旨。

IBM 的工资与福利项目：

基本月薪——对员工基本价值、工作表现及贡献的认同。

综合补贴——对员工生活方面基本需要的现金支持。

春节奖金——农历新年之前发放，使员工过一个富足的新年。

休假津贴——为员工报销休假期间的费用。

浮动奖金——当公司完成既定的效益目标时发出，以鼓励员工的贡献。

销售奖金——销售及技术支持人员在完成销售任务后的奖励。

奖励计划——员工由于努力工作或有突出贡献时的奖励。

住房资助计划——公司拨出一定数额存入员工个人账户，以资助员工购房，使员工能在尽可能短的时间内用自己的能力解决住房问题。

医疗保险计划——员工医疗及年度体检的费用由公司解决。

退休金计划——积极参加社会养老统筹计划，为员工提供晚年生活保障。

其他保险——包括人寿保险、人身意外保险、出差意外保险等多种项目，关心员工每时每刻的安全。

休假制度——鼓励员工在工作之余充分休息，在法定假日之外，还有带薪年假、探亲假、婚假、丧假等。

员工俱乐部——公司为员工组织各种集体活动，以加强团队精神，提高士气，营造大家庭气氛，包括各种文娱、体育活动以及大型晚会、集体旅游等。

资料来源：http：//wenku. baidu. com/new/d04dcbf/f90f76c661371a9f. html（有改动）.

案例启示：

IBM 相信成功始于每一位员工，因此提出，使每位员工的独特个性及潜力得到足够尊重是 IBM 发展、变革与成功的基础。IBM 一直致力于工资与福利制度的完善，以使员工的工作与生活都更充实、更丰富，从而充分发挥自己的才华。

思考：企业为何要给员工提供福利计划？

1. 员工福利管理内容

员工福利管理应该包括财务计划、人员配备、成本控制、效果评估等内容。

（1）财务计划。财务计划是决定员工福利水平的最重要因素，直接决定了员工福利的水平，在很大程度上决定了员工对福利的满意度和员工福利对员工的激励作用的发挥。财务计划有按照企业的业绩、销售额进行预算和按照人力资源成本进行预算等，其中按照人力资源成本进行预算又可分为按照工资总额（即人工成本的一定比例）确定和直接确定一个既定数额的办法等。财务计划应该考虑未来市场的变化、经营环境的变化、劳动成本占总成本的比率等因素。

(2) 人员配备。人员配备是组织职能的一个重要内容，是运用和推动组织管理体系的必要环节。制订和实施员工福利计划、控制员工福利过程离不开人，制度规范需要人去推行，整个员工福利系统的正常运转都需要人来实现。因此，作为一个针对人的系统，员工福利系统本身的运行需要人的参与，因此提升员工的管理水平是必要的。人员配备，即有关管理人员的安排、配置、选拔、培养和考核的管理工作。可以看出，员工福利管理本身就包括一个内部人力资源的管理。只有做好相关人员的管理，才有可能做好员工福利的管理工作。

(3) 成本控制。成本控制是控制职能的一个重要内容。在财务预算的基础上，如何保证员工福利的各项成本能按照既定的预算方案进行，是成本控制的主要内容和要达到的根本目的。而要达到这一目的，需要全程的配合和努力，即需要计划的准确性、预算的可行性、制度的强制性和规范性、实施的严格性和相关管理人员恪守职责等。如果其中一个环节被忽略，就很有可能增加最终的成本。

(4) 效果评估。效果评估是属于调节职能的一个重要内容，评估内容应该是员工对福利系统的反应和满意度，目的是改善员工福利的实施效果。效果评估的方法是问卷调查法、访谈法、合理建议法、意见反馈法等。问卷调查法可以设置调查这样一些内容：员工福利项目种类是否丰富；水平是否合理；对员工福利的满意度；对员工福利的管理人员、管理方式是否满意；对整个员工福利系统有什么建议等。

2. 员工福利管理流程

按员工福利管理的内容来安排，一个具体的福利项目的管理应遵循以下程序。

(1) 明确具体的福利目标。每设计一个具体的福利制度都应建立特定的目标。该目标不仅要考虑企业规模、支付能力、竞争对手、企业经营战略和薪酬策略等因素，还要考虑员工需要、积极性调动和人才吸引力等。

(2) 福利调查与基准确定。企业要设计出具有竞争性的福利制度，一个重要工作就是要了解企业竞争对手的情况。通过各种有利的途径与方法对竞争对手的福利计划组合、福利标准等情况进行调查，以确定企业的福利制度。

(3) 福利基金的筹集。它是企业员工福利管理的重要内容。员工的管理基金是企业依法筹集的、专门用于员工福利支出的资金。管理者在进行福利管理时，必须确定基金的来源渠道。一般有三种筹集渠道：按规定从企业财产和收入中提取；企业自筹；向员工个人征收等。我国企业也必须按照法令的规定来提取或筹集员工福利基金。

(4) 员工福利成本控制。企业在进行福利投资时，应进行成本核算，必须考虑以下几个因素：首先，一种福利项目的成本越高，则节约福利成本的机会就越大；其次，福利项目的增长趋势非常重要，即某些项目的福利成本在当前是可以接受的，但其增长率可能导致企业在未来承受巨大的成本；最后，只有当企业在选择将多少钱投入某种福利具有非常大自由度时，遏制福利成本才会有作用。企业可以通过其销量或利润估算出最高的、可能支出的总福利费用，以及年福利成本占工资总额的百分比，确定主要福利项目的成本，确定每一年的福利项目成本，制订相应的福利项目成本计划。

（5）福利的组织与实施。员工的福利在组织与实施过程中，应做好以下几方面的工作：一是利用各种有效的渠道宣传各种福利，做好福利沟通工作，了解员工的福利要求；二是进行员工的福利调查，收集员工对企业各项福利项目的态度与看法、要求；三是组织实施福利计划，这是最关键的一步，也是企业人力资源管理的重要组成部分，所以要落实每项福利计划与预算，定期检查实施、反馈、改进情况，以增强员工对企业的认同感，增强企业的凝聚力。

9.3.4 企业员工福利管理的创新

企业的福利措施，为员工提供了一系列的服务，使员工的身心健康得到保障，并解除了员工的许多后顾之忧。但是因为员工的年龄层次、家庭实际状况的不同，对于福利项目的需求程度也各不相同。比如，提供托儿所和子女教育费等福利项目，对于单身的青年员工来说就可能毫无吸引力。因此，现代企业的福利管理已经改变了传统管理的旧模式，将福利管理纳入企业目标和企业人力资源的开发，并与员工的薪酬管理组成一个有机的报酬管理体系。许多企业都在尝试改进提供福利的方法，做到既能真正满足员工的需要，又为企业节约了成本。

现代企业在福利管理上的创新主要包括以下几个方面。

1. 创建“一揽子”薪酬福利计划

许多企业不再将薪酬与福利管理分成互不搭界的两项管理工作，而是使其成为一个有机的组成部分。两种手段互相配合，共同围绕企业目标运转。例如，一些适宜采用货币的，就采用货币支付的方式；反之就采用非货币，即福利支付的形式。对一些奖励性报酬，可以采取货币与福利并用的方式。具有代表性的有利润分红计划、股票期权计划等。

（1）利润分红计划。利润分红计划就是按照企业的盈利状况来决定付给员工的报酬。其具体做法是企业把利润的一部分作为奖金或股份分给员工，目的在于将员工和企业的经济利益拴在一起，提高工作效率，降低运营成本。

在利润分红计划中，支付报酬的依据是对代表组织绩效的某种指标（利润）进行衡量之后所得出的实际结果，并且这种报酬的支付不会成为基本工资的一个组成部分。利润分享计划有两个方面的潜在优势。一方面，它能够鼓励员工更多地从所有者的角度去思考问题。同时，在利润分红计划下，员工的合作精神和身份感、责任感会得到加强。另一方面，由于根据利润分红计划所支付的报酬不会进入基本工资，在经营困难时期就可以不那么过多地依靠解雇来渡过难关。

利润分红计划中最通行的是现金计划，即每隔一段时间把一定比例（通常为15% ~20%）的利润作为利润分享额。在日本，利润分享计划的实施证明是非常成功的。许多员工每隔半年就可以得到一定数额的反映企业绩效的红利，总额通常相当于员工5 ~6 个月的工资。

（2）股票期权计划和员工持股计划。通过拥有企业所有权的方式，将大大提高员工对企业经营状况的关注和个人的努力程度。员工取得所有权的方式主要由两种：股票期权计划和员工持股计划。

股票期权计划为员工提供了一种按固定价格购买股票的机会。假定某上市公司的员工在2006 年时获得了按每股10 元的价格购买本公司股票的权利，并且股票的价格到2010 年达到每股40 元，则员工通过行使权所得的利益为每股30 元。股票期权计划通常被用于企业的高层管理人员。但目前在美国的企业中，存在一种将享受这一计划的权利向一般员工推广的趋势。当企业中有资格获得像股票期权这样一些长期激励计划的中高层管理人员所占的比例越大，则企业的绩效就越高。

员工持股计划是企业向员工让渡部分股权的一种形式。它的一般形式是企业把其一部分股票（或可以购买同样股票的资金）交给一个信托委员会（它的作用就是为员工购买一定数量的本企业股票），其数额通常依据员工年工资收入总额的一定比例确定，通常不超过15%。信托委员会把股票存入员工的个人账户，在员工退休或不再工作（假设他们至此已积累了足够的股票）时再发给他们。股票期权计划是企业提供给员工普通股股票的整体奖励计划。

2. 弹性的福利提供方法

弹性福利也称“自助餐式”福利管理方式，即员工可以在多种福利项目中根据自己的需要进行选择。通常的做法是企业提供一份可供选择的福利清单，企业给员工一定的福利点数，允许员工在一定的要求下，在点数范围内随意挑选自己的福利项目。例如，单身汉不选择儿童保健，但可选择附加养老金福利；夫妻双方可以选择不同的福利项目，比如一方选择子女保健；一方选择住房或休假。这种弹性福利计划的最大优点就是富有柔性，让员工清楚他们所享受的福利，有利于强化福利的激励作用；另外可以体现参与精神，提高员工对组织的认同感和主人翁意识。

弹性福利一般有如下三种基本的模式。

（1）附加型弹性福利模式。在现有的福利计划之外，再提供其他不同的福利措施供员工选择。这是最为普通的弹性福利制，其特点就是提供其他不同的福利措施或扩大原有福利项目的水准。

（2）核心加选择型的员工弹性福利。核心加选择型的弹性福利计划由核心福利和选择性福利组成。核心福利是每个员工都可以享受的基本福利，不能自由选择；选择性福利则附有价格供员工任意选择。员工所获得的福利限额，通常是未实施弹性福利制前所享有的，福利总值超过了其所拥有的限额，差额可以折算现金。

（3）福利套餐型。由企业同时推出不同的福利组合，每一个组合所包含的福利项目或优惠水准都不一样，员工只能选择其中一个弹性福利。

总之，弹性福利往往是在给定每个员工福利开支总额前提下，员工在福利菜单项目范围内自行决定的福利结构。弹性福利计划是相对于员工无选择性的统一标准的福利体系而言的，这种方式允许员工根据个人需要和偏好，在福利的内容组合方面有较大的选择余地。极具灵活性的员工弹性福利方案，使得员工个人可以选择最能满足自身特定需求的福利，而且避免了某些福利待遇在不需要的员工身上被浪费，从而在不额外增加成本的前提下，使员工的福利报酬最大化，并加深员工对总体福利构成的了解。当然，弹性福利也有缺陷，例如增加了管理成本等。但是，弹性福利的正效应毕竟大于其负效应，如果能够借鉴已有的管理经验，弹性福利在员工福利制度中还是颇具激励性的。

课程回顾

本章讲述了法定福利和企业福利的概念、内容和作用；说明了企业员工福利设计的内容和影响因素；并强调了企业员工福利管理方法与技能；最后论述了企业员工福利管理的流程和管理创新。

温故知新

一、单项选择题

1. 福利是一种（　　），它往往不以货币形式直接支付给员工，而是以更多的服务或实物的形式支付给员工。

   A. 激励性报酬　　B. 计划性报酬　　C. 补充性报酬　　D. 必要性报酬

2. 社会福利的实施对象是（　　）。

   A. 劳动者　　B. 社会贫困者　　C. 军人及其家属　　D. 全体居民

3. 企业福利管理的主要原则是（　　）。

   A. 合理性原则、必要性原则、一致性原则、计划性原则

B. 合理性原则、必要性原则、一致性原则、协调性原则

C. 合理性原则、必要性原则、计划性原则、协调性原则

D. 合理性原则、必要性原则、稳定性原则、计划性原则

4. 某公司为高层管理人员购买住房，这属于（　　）。

A. 全员性福利　　B. 特殊福利　　C. 困难补助　　D. 岗位津贴

5. 我国的社会保障体系是由（　　）组成的。

A. 社会保险、社会救济、财政补贴、医疗费

B. 养老保险、工伤保险、社会救济、烈属抚恤

C. 社会保险、社会救济、社会福利、社会优抚

D. 公共设施、烈属优抚、社会保险、社会救济

6. 对患有重大疾病的员工给予适当的补助属（　　）。

A. 困难补助　　B. 全员性福利　　C. 医疗补助福利　　D. 特殊福利

7. 我国现行的社会保障体系中，主要针对社会贫困者或生活在贫困线以下的人的是（　　）。

A. 社会保险　　B. 社会优抚　　C. 社会救济　　D. 社会福利

8. 减少人人有份的福利支出，其弊端在于使一些员工失去对企业的（　　）。

A. 信任　　B. 凝聚力　　C. 期望　　D. 向心力

9. 企业在建立福利制度时考虑社会保障、社会保险、社会经济、社会优抚体现了（　　）。

A. 合理性原则　　B. 必要性原则　　C. 计划性原则　　D. 协调性原则

10. 社会保险的受保对象是（　　）。

A. 劳动者　　B. 社会贫困者　　C. 军人及其家属　　D. 全体居民

二、多项选择题

1. 企业补充养老保险的企业缴费比例一般根据（　　）来确定。

A. 企业支付能力　　B. 企业人数　　C. 绩效考核情况　　D. 员工年龄结构

E. 人员流动状况

2. 关于福利，表述错误的是（　　）。

A. 福利一般是低差异高刚性的

B. 工资性福利应依法缴纳个人所得税

C. 企业补充养老保险应完全由企业负担

D. 福利保险的项目或待遇一旦确定下来，就不大可能取消

E. 津贴是为了全面改善员工“工作生活质量”而设定的经济性福利

3. 社会保险主要包括（　　）。

A. 基本养老保险　　B. 基本医疗保险　　C. 失业保险　　D. 工伤保险

E. 生育保险

4. 企业人工成本总额包括（　　）。

A. 社会保险费用　　B. 福利费用

C. 住房费用　　D. 从业人员劳动报酬总额

E. 企业人工成本

5. （　　）是养老金的支付形式。

A. 一次性支付　　B. 定期支付

C. 分季度支付　　D. 一次性支付与定期支付相结合

E. 年度支付

6. 关于福利项目设计的原则，说法正确的是（　　）。

A. 企业选择的福利项目应当对员工的行为有一定的影响

B. 严格控制福利开支，提高福利服务效率，减少浪费

C. 根据员工的需要、企业的特点提高多样化的福利项目

D. 福利项目应强调平均性，不要和员工的业绩表现相关联

7. （　　）属于福利管理的主要内容。

A. 明确实施福利的目标　　B. 明确福利的支付形式和对象

C. 工资总额的管理　　D. 评价福利措施的实施结果

8. 单位为员工缴存的公积金，以下列支正确的是（　　）。

A. 企业在成本中列支

B. 机关在预算中列支

C. 事业单位由财政部门核定收支后，在预算或者费用中列支

D. 社团在利润中列支

9. 关于福利的正确看法是（　　）。

A. 可适当缩小薪酬的差距

B. 往往是以服务或实物的形式支付给员工

C. 包括全员福利、特殊福利和困难补助

D. 与工资、奖金相比，不够恒定，也不够可靠

三、简答题

1. 福利的分类是怎样的？结合实际，说说你所知道的福利项目属于哪一类。

2. 员工福利计划应当包括哪些主要内容？影响福利计划制订的因素有哪些？

3. 员工福利管理的内容和流程是什么？

4. 如何制定福利政策？应注意什么问题？

5. 结合实际，谈谈员工福利体系制度建设。

四、案例分析题

F公司是一家中外合资的集开发、生产、销售为一体的高科技企业，其技术在国内同行中居于领先的水平。公司拥有员工100人左右，其中绝大部分技术、业务人员为近几年毕业的大学生，其余为高中学历的操作人员。目前，公司员工普遍存在对公司的不满情绪，辞职率也相当高。

员工对公司的不满始于公司的筹建初期。当时公司曾送一批技术人员出国培训，这批技术人员在培训期间获得了外方的学习补助金，但回国后公司领导便找这些人谈话，言辞激烈，并采取一些行政制裁措施给他们施加压力，但这批人员当中没有一个人按领导的意图行事。最后因没有法律依据，公司只好作罢。因为这件事造成的公司内耗相当大，公司领导对他们有了一些成见，而这些技术人员也知道领导对他们的看法，因此也都不准备在公司长期做下去。有一次，公司领导得知一家同行业的公司来“挖人”，公司有不少技术人员前去应聘。为了准确地知道公司内部有哪些人去应聘，公司领导特意安排两个信任的人装作应聘人员前去打探，并得到了应聘人员的名单。谁知这个秘密不胫而走，应聘人员知道自己上了“黑名单”，估计如果继续留在公司也不会有好结果，于是相继辞职而去。

由于人员频繁离职，公司不得不从外面招聘人员以补缺。为了能吸引应聘人员，公司向他们许诺住房、高薪等一系列优惠条件，但被聘用人员进入公司后，却发现公司的许诺难以兑现，因此不少人员没干多久就走了。为了留住人才，公司购买了房子给部分员工，同时规定，员工离开公司时须将住房退给公司。但这一制度并没有达到效果，依然不断有人提出辞职，另外公司强调住房只分给骨干员工，空房也不分给急需房子的员工，这极大地打击了其他员工的积极性，使他们感到在公司没有希望，工作起来情绪低落，甚至有消极怠工的现象。

在工资奖金制度方面，公司也一再进行调整，工资和奖金的结构变得越来越复杂，但大多数员工的收入水平并没有多大的变化，公司本想通过调整，使员工的工作绩效与收入挂起钩来，从而调动员工的积极性，但这次的调整又没有明显的改变，大家产生了失望情绪。此外，大家发现在几次调整过程中，真正受益的只有领导和个别职能部门的人员，如人事部门，这样一来，原本希望公平的措施却产生了更不公平的效果，员工们怨气颇多，认为公司调整工资奖金，不过是为了使一些人得到好处，完全没有起到调动员工积极性的作用。

资料来源：http：//www. ppkao. com/tiku/shiti/224621. html（有改动）.

问题：

1. 为什么住房政策没有能够留住员工？

2. F公司人力资源管理的漏洞或不足在哪？

3. 针对该案例的激励措施，你认为应该怎样完善？

五、技能训练

调查某企业的员工福利计划、内容和制度体系，并对调查信息进行评价？

收获与建议

通过本章学习，学生能够对社会福利进行计算，能够分析评价企业福利的合理性。建议多了解一下员工福利都有哪些形式。

项目十　员工劳动关系

学习指南

1. 岗位要求

能够分析并解决给定情境中的问题。

2. 素质能力标准

能清晰地描述劳动法的主要内容，能够分析和处理劳资矛盾。

3. 学习任务

任务一　认知劳动关系

任务二　工会及员工参与

任务三　劳动合同

任务四　劳动争议及处理

任务五　劳动保护与社会保障

4. 知识点

劳动关系、工会、劳动合同、劳动争议及处理、劳动保护、社会保障。

5. 技能点

能够说明劳动关系管理的重要性；解释劳动关系管理相关概念；参与企业实际劳动管理；陈述职业安全卫生。

6. 学习重点、难点

重点：劳动关系管理相关概念，劳动合同，劳动争议和处理。

难点：劳动合同，劳动争议和处理。

任务一　认知劳动关系

任务描述

在市场经济条件下，企业与员工之间的关系表现为劳动合同关系。人力资源管理工作中的员工招聘、培训、薪酬福利、安全健康、企业内部人力资源配置调整等项事务，均表现为劳动关系管理中劳动合同的订立、变更、解除和终止等劳动法律行为。

那么劳动关系在人力资源管理工作中起到什么作用呢？

知识支撑

对于劳动者而言，其工作条件、工作性质、工作环境、薪酬福利待遇等将影响并决定他们的生活水平、个人尊严、身心健康和自我发展；对企业而言，员工的工作技能、工作态度、工资福利水平、安全健康等，构成影响其生产质量、生产效率、生产成本的重要因素，最终将决定企业的生存与发展；对整个社会而言，劳动关系状况将直接影响经济发展、国民收入总量和社会收入分配、劳动就业及社会稳定。因而，劳动关系研究既具有重要的现实意义，又具有深远的历史意义。

案例欣赏

劳资谈判

一般来说，香港地区大部分的劳工并不属于任何工会，因此在与雇主谈判工资时经常个别进行。由于香港地区经济几十年来不断转型，所以工会并未受到广泛欢迎。但近来由于失业率高，很多雇员“被逼”减薪，于是有人提出雇员能够以某种形式联合起来，集体与雇主谈判争取权益，就像西欧国家的工会那样。这个说法不无道理，但我们不妨看看数据。根据塔柏叠尼（Guido Tabellini）教授的研究，“集体议价能力”较高的西欧，劳工税项（包括因为设立失业救济而向雇主额外多收的税项）与失业率的关系非常明显，但在其他国家则不然。原因很简单，因为集体议价能力愈高，便容易将劳工税项转嫁到雇主身上，而雇主对于各种转变也就很敏感，税项轻微的上升，即大大减少雇用员工数目，戚布朗沙（O. J. Blanchard）的研究发现，劳工在整体经济所分享到的成果在西欧不断下跌，而其他国家却没有类似现象。这正好表明，雇员手上的“武器”愈多，愈容易使雇主害怕和担心，而雇主只好增加自动机器的使用，以替代劳工，从而使劳工所得比重下降。此外，雇主亦倾向于购买易于操作的机器，以便在罢工时容易找到替换者，于是最终的效果竟导致劳工的“专业性”下降。

案例来源：http：//www. cdgtw. net/doc/zhi/cu/（有改动）.

案例启示：

劳动关系既是生产关系最重要的因素，又是社会生产和生活中人们相互之间最重要的联系之一。在我们现实生活的这个世界上，大多数劳动者仍将工作作为其获取收入的主要方式。因此，劳动关系对劳动者、企业（雇主）和整个社会有着极为深刻的影响。

10.1 劳动关系概述

10.1.1 劳动关系的概念

劳动关系既是一个经济概念，又是一个法律概念。我国现行的用于调整劳动关系的基本法律《中华人民共和国劳动法》，是从 1995 年 1 月 1 日开始实施的（2009 年进行过修订），其作用是从法律的角度确立和规范劳动关系，在《劳动法》中对劳动关系有明确的定义。

1. 劳动关系的含义

小资料

劳动关系在不同国家的称谓

劳动关系在不同的国家又被称为劳资关系、雇佣关系、劳工关系、劳使关系和产业关系。劳资关系是指资本与劳动之间的关系；雇佣关系注重的是雇主和雇员的关系；劳工关系强调作为劳动关系一方的劳动者；而劳使关系（源自日本）是为了说明劳动者与劳动力使用者之间的关系；产业关系实际表现为劳动与管理的关系（源自美国，应用于欧美）。

劳动关系是指广泛存在于企业、个体经济组织与劳动者之间（劳动者事实上已成为企业、个体经济组织的成员，并为其提供有偿劳动），由双方利益所引起的合作、冲突、力量和权利关系的总和。劳动关系是一定社会经济、技术、政策、法律及文化的反映，同时又受上述诸因素的制约。

视野

劳动关系发展过程见表 10－1 所示。

表 10－1　劳动关系发展过程

分类	早期的劳动关系	科学管理时期的劳动关系	行为管理时期的劳动关系	管理科学时期的劳动关系	现代管理时期的劳动关系
时间	18 世纪中叶—19 世纪中叶	19 世纪中叶—20 世纪初	1914—1945	1945—20 世纪八九十年代	20 世纪八九十年代—现在
特征	雇主强硬管理 政府不干预 员工无组织斗争	政府立法 雇主改进管理 工会组织形成 确立集体谈判制度	政府干预 雇主关注员工的社会性问题	劳动关系制度化、法制化	柔性管理 各方力量重新组合

2. 劳动关系主体

劳动关系主体有广义、狭义之分。狭义的劳动关系主体是由员工团体（员工及工会）一方和管理者及雇主协会组织一方构成的；广义的劳动关系主体除狭义的劳动关系主体外，还包括政府。

3. 劳动关系的实质

企业与员工之间的矛盾与纠纷是经常发生和普遍存在的，使得劳动关系非常复杂。但一切问题归根结底源于劳动冲突与合作。因此，劳动关系的实质是冲突与合作。

10.1.2　劳动关系内容

劳动关系一般由劳动关系和其他关系两部分内容构成。

（1）劳动关系：包括劳动者与用人单位之间在工作时间、休息休假时间、报酬、劳动安全卫生、女职工和未成年工的特殊保护、劳动纪律与奖惩、保险与福利、职业培训、劳动争议。

（2）其他关系：指与劳动关系密切联系的关系。包括劳动行政部门与用人单位、劳动者在劳动就业、劳动争议和社会保险等方面的关系；工会与用人单位、职工之间履行工会职责和职权，代表和维护职工合法权益而发生的关系等。

10.1.3　劳动关系的性质与类型

1. 劳动关系的性质

（1）平等性。市场经济条件下，劳动关系的双方作为劳动力市场的主体，一方面必须遵循平等自愿的原则订立劳动合同，缔结劳动关系，并严格按合同规定履行合同；

另一方面，劳动关系的双方同样可以在遵循一定的法律规定的情况下，解除劳动关系。

（2）人身让渡性。劳动关系双方在签订了有效的劳动合同以后，劳动者就要在合同规定的义务范围内，按照雇佣方要求付出劳动，这实际上就是劳动者人身自由的一种让渡。

（3）经济利益性。劳动合同是基于自愿、等价有偿而订立的。所以，劳动关系最根本的内容是经济关系。劳动合同履行的正常结果，就是雇佣方取得利润，劳动者得到收入。这也往往是引起劳动冲突的原因。

（4）社会性。劳动关系既是经济关系，又是社会关系。劳动关系双方在追求经济利益的同时，也期望得到其他愿望的满足，如企业形象、员工成就感等。劳动关系双方正是由于经济目标的结合，才形成了由处于一定社会环境下的心态、期望、人际关系及行为特征各异的个体与群体组成的社会体系。这些实际就是劳动关系社会性的具体表现，也恰恰是形成劳动合作的前提。

思考：如何理解劳动关系的平等性？

2. 劳动关系的类型

对于劳动关系类型的划分，可以依照劳动关系各方实际力量对比、利益调和度等进行。如果以劳动关系各方实际力量的对比作为依据来划分劳动关系的类型，大致可分为均衡型、倾斜型和政府主导型。

（1）均衡型指劳动关系双方实力相当且能够相互制衡的劳动关系类型。

（2）倾斜型指劳动关系双方实力相差较大，一方在组织运行过程中起主导作用，并能够支配另一方的行为。

（3）政府主导型指政府不仅控制劳动关系，而且决定劳动关系的具体事务（一般以计划经济体制国家为代表）。

10.1.4 劳动关系的表现形式

（1）合作：合作是指在企业中，劳动关系的双方共同从事生产经营活动，且在一定程度上遵守一套既定的制度和规则的行为。

规则、制度是以正式的集体协议或劳动合同的形式，抑或是非正式的心理契约形式，规定双方的权利和义务。

（2）冲突：当劳动关系双方在利益、目标和期望方面出现不一致时，常导致分歧的出现，这种表现即为冲突。冲突的表现形式为：罢工（由员工团体方实施）；惩处或解雇员工（由管理者及雇主实施）。

（3）力量：即决定劳动关系各方相互合作或相互冲突的表现形式的因素。分为劳动力市场的力量、双方实力对比的力量及社会体制的力量。

（4）权利：劳动关系各方所拥有的决策力、行为力及与之相对的利益。劳动关系各方具体的权利构成：管理方权利包括指挥权、管理权、决策权等以及由此获得的利益；员工的权利如表 10－2 所示。

表 10－2 我国劳动者享有的权利

平等就业和选择就业的权利	取得劳动报酬的权利
享有社会保险和社会保障的权利	获得劳动安全卫生保护的权利
提请劳动争议处理的权利	休息休假的权利
接受技能培训的权利	法律规定的其他劳动权利

10.1.5 劳动关系的法律特征

《劳动法》中所规定的劳动关系主要包括以下三个法律特征。

（1）劳动关系是在现实劳动过程中发生的关系，与劳动者有着直接的联系。

（2）劳动关系中的双方当事人，一方是劳动者，另一方是提供生产资料的劳动者所在单位。

（3）劳动关系的一方劳动者要成为另一方所在单位的成员，就要遵守单位内部的劳动规则以及有关制度。

小资料

我国与劳动关系有关的法律法规

1. 劳动法——劳动关系法律法规核心。

2. 公司法、企业法——与劳动关系有关的一般性规定。

3. 专门的法律法规——对劳动关系做出了具体规定（如，《国务院关于企业职工工作时间的规定》《女职工劳动保护特别规定》，等等）。

4. 程序法——对劳动争议处理程序进行规定（民事诉讼等）。

10.1.6 劳动关系的作用

正确处理劳动过程中形成的劳动关系，可以产生以下较为明显的作用。

（1）提高企业的赢利能力。良好的劳动关系，可减少或避免罢工、员工跳槽等影响企业发展的现象发生，进而为企业获得更多的赢利提供了可能。

（2）帮助管理者晋升。劳动关系处理得当，不仅可以从一个侧面反映管理者的工作能力和效果，而且便于该管理者的职业发展。

（3）有助于妥善处理日常管理中的问题。管理人员具备了劳动关系的观念与技能，不仅能正视劳动过程中出现的问题，而且能以灵活的思路和恰当的方法解决问题。

视野

关于劳动关系的经济和社会背景的理论比较

项目 \ 理论	资本主义理论	工业主义理论	工业资本主义理论
主要解释原因	资本主义制度	工业化进程	资本主义工业化进程
主要代表人物	马克思	埃米尔·迪尔凯姆	马克斯·韦伯
相应的劳动关系学派	激进派	正统多员论学派 管理主义学派	自由改革主义学派
主要的社会形式	阶级	相互交错的利益群体	分层制：多个阶层和社会地位的群体
潜在的发展趋势	阶级斗争	对社会的认同	理性化，官僚组织的制度化
就业关系的主要基础	强制	自愿	强制和自愿
管理方的主要目标	通过剥削获得剩余价值（利润）的最大化	效率和效力	通过精密计算的合理性来获得利润的最大化
工作属性和发展方向	非技能化异化	技能化，价值实现	高度的正规化和专业化，没有价值实现
对未来的判断	阶级两极分化和不稳定	进步和稳定	经济发展但文化低落

任务二　工会及员工参与

任务描述

小张于2010年1月到某市一家私营企业工作，并签订了为期3年的劳动合同。2012年5月，该企业工会会员大会选举新一届工会委员会，任期3年，小张被选举为女职工委员。2013年1月，该企业老板通知小张劳动合同期满，不再续签劳动合同。小张认为根据《工会法》，她的劳动合同应当自动续延至2015年5月，企业不应以原劳动合同到期为由终止其劳动合同。经与企业协商未果，小张将此事反映至某市总工会。如果你是市总工会的负责人，如何处理这一投诉事项？

知识支撑

工会理论。

10.2 工会及员工参与

10.2.1 工会的内涵

伴随着人类社会工业化的进程，市场经济不断深入发展。在市场经济条件下，劳动者完全处在劳动力市场之中，劳动者的就业与劳动力市场的供求密切相关。一般情况下，雇主不仅拥有控制所雇佣人数的权利和优势，并且对劳动力市场也有较全面的了解，企业为了自身利益而经常调整雇佣条件，使得劳动者在劳动力市场上处于相对劣势的地位。因此，工会就成为劳动者同企业在雇佣问题上讨价还价的重要的平衡力量。

1. 工会的概念

工会是由企业员工组成的、以集体谈判方式代表员工维护或改善其利益的组织。詹姆斯·坎尼森认为，工会是“工人的垄断性组织，它使个体劳动者能够相互补充。由于劳动者不得不出卖自己的劳动力从而依附于雇主，因此，工会的目标就是要增强工人在与雇主谈判时的力量”。

2. 工会的类型

（1）按工会的结构划分，可以分为以下几种类型。

①职业工会。

职业工会就是将具有某种特殊技能、从事某项特殊职业的所有雇员组织在一起的工会，而不考虑这些雇员所处的行业，具有明显的横向特征。职业工会又可具体细分为同行工会、半技术与非技术工人工会和白领工会三种形式。

②行业工会。

行业工会是将在某一特定行业中从事工作的所有雇员组织起来的工会，而不考虑这些雇员的技术、技能以及所从事的职业，具有明显的纵向特征。行业工会又可具体细分为垄断性行业工会和单一性行业工会两种形式。

③总工会。

总工会是既不考虑职业因素，也不考虑行业因素的一种工会组织形式。其特征是对雇员不加任何限制条件，是对职业工会和行业工会进行组合而形成的工会形式。

（2）按工会的职能划分可以分为以下几种类型。

①工联工会。

工联工会是通过集体谈判为会员谋求经济利益的工会形式。

②福利工会。

福利工会是既关心会员的经济利益和劳动权益，又关注会员更广泛的社会、经济与政治问题的一种工会组织形式。

③政治工会。

政治工会是借助政治联盟或法律规范来维护会员利益的一种工会组织形式，其观点是承认工会差别是社会政治差别的一种体现。

小资料

工会的产生及发展

工会运动始于18世纪90年代末，是工业化的产物。

工会的产生和发展经历了早期职业工会、行业工会和总工会三个时期。

10.2.2 工会的职能及作用

工会作为雇员组织，在企业管理，特别是在维护雇员合法权益方面发挥了积极作用。

1. 经济职能

（1）实现雇员工资与就业人数的最优组合。在劳动力需求不变的情况下，工资水平与就业人数之间成反向关系。工会可以凭借其拥有的、在劳动力市场上的卖方垄断力量，通过集体谈判方式来确定其雇员的工资水平，并使得所确定的工资水平，总是高于假定的、在完全竞争的劳动力市场中由市场供求曲线决定的市场出清状态下的工资水平；相应地，工会所追求的工资水平所对应的雇员就业人数，就会低于假定的市场出清状态下的工资水平所对应的就业人数。

（2）实现公平就业。通过工会的努力，使得雇员实现在工作负担、晋升等诸多方面享受公平待遇的要求。

2. 民主与法律职能

（1）工会为雇员提供法律援助。当管理方违反集体协议内容或滥用职权时，工会可以通过为雇员提供法律代表来确认并保护雇员的合法权益。

（2）工会代表雇员与雇主进行谈判。

（3）工会有助于雇员在工作过程中获得自由。工会可以代表雇员与管理方协商并确定与工作过程有关的工作进度、操作程序、技能标准、岗位职责、人员数量等，约束管理方的行为，维护雇员的权利。

3. 整合职能

（1）工会有助于雇员自身才能的发挥。工会通过鼓励并引导雇员参与企业的决策活动，不断挖掘并逐步提高雇员的才能。

（2）工会是企业实现高效管理的重要途径。企业通过工会可以最大限度地减少或消除与雇员之间的对立和不信任，并能够不断增进理解与合作。

10. 2. 3. 工会的发展趋势

伴随着社会经济的发展以及企业发展的需要，工会出现了新的变化，具体表现在：工会化；工会改变公众形象；工会谈判重心发生变化，如传统的工会仅就职务小时工资进行集体谈判，现在工会从劳动报酬、劳动规则等方面做出让步，用以换取就业保障、维持生活的收入保障；改善并加强服务功能，利用其广大的信息网络和计算机网络技术，为成员更好地提供就业支持与保障。

视野

工会承认

工会进行集体谈判，必须首先获得法律承认。工会承认的途径：自愿承认和法定承认。

10. 2. 4 员工参与管理

雇员和管理者之间的对立和共同利益是雇佣关系的内在要素，而他们之间的对立和利益需要通过不同的方式进行处理。当管理者与雇员之间没有明显的利益冲突时，员工参与被认为是一种促进他们之间关系的行为。我国《劳动法》规定，工会应当帮助、指导劳动者与用人单位依法订立和履行劳动合同，并与用人单位建立集体协商机制，维护劳动者的合法权益。

1. 员工参与管理的概念

员工参与管理是指员工与雇主在交流过程中，共同制定企业组织策略或战略目标，共同对有关问题进行决策的制度。

2. 员工参与管理的原因

（1）道德方面的原因。在一个民主社会里，当那些决策的结果对员工的生活造成很大冲击时，员工应被纳入企业决策过程中去。

（2）经济方面的原因。员工介入能够提高决策的质量和效率。

(3) 行为方面的原因。企业长期存在的一些管理问题，而这些问题与某些行为有关：对变化的抵触、罢工和其他冲突。员工的介入将使这些行为得以解决。

3. 员工参与管理的形式

(1) 目标管理：是建立在强调自我控制、自我指导的基础上，明确的目标使人有明确的方向感。

(2) 职工代表大会：是员工行使民主管理权力的机构，由民主选举的职工代表组成，对保障员工权益、充分发挥员工的积极性和主动性、提高劳动生产率、建立和谐的劳动关系、稳定社会秩序具有重大意义。

(3) 员工董事、员工监事制度：由员工民主选举一定数量的员工代表进入公司董事会、监事会，代表员工参与决策、监督的制度。

任务三　劳动合同

任务描述

去年，李某经人介绍到某建筑公司做了5个月的钢筋轻工。合同是介绍人签的。完工后公司以工资已付介绍人的名义拒绝支付工资给李某。

如果你是当事人，应通过什么途径，采用何种形式解决这一问题？

知识支撑

劳动合同理论。

10.3　劳动合同

10.3.1　劳动合同的订立

劳动合同制度是市场经济条件下确认和形成劳动关系的基本制度。《中华人民共和国劳动合同法》规定，制定劳动合同法就是为了完善劳动合同制度，明确劳动合同双方当事人的权利和义务，保护劳动者的合法权益，构建和发展和谐稳定的劳动关系，劳动合同是企业与员工之间确立劳动关系的法律形式，是维护企业与员工双方合法权益的法律保障。

1. 劳动合同的概念

劳动合同是劳动者与用人单位之间确立、变更和终止劳动权利和义务关系的协议。

2. 劳动合同的主要法律特征

（1）合同主体的特定性。劳动合同的一方为雇员，另一方为雇主。具体范围应以国家法律为确定依据。《中华人民共和国劳动法》规定，中华人民共和国境内的企业、个体经济组织、民办非企业单位等组织以及国家机关、事业组织、社会团体和与之建立劳动合同关系的劳动者，是签订劳动合同的主体。

（2）劳动合同是有偿合同，即以劳动换取报酬的合同，当事人一方是以向对方当事人付出相应代价作为享受权益的条件。

（3）劳动合同一般会约定试用期限。《中华人民共和国劳动法》规定，劳动合同可以约定试用期，试用期最长不得超过六个月。

小资料

劳动合同期限

劳动合同的期限分为有固定期限、无固定期限和以完成一定的工作为期限。劳动者在同一用人单位连续工作满十年以上，当事人双方同意续延劳动合同的，如果劳动者提出订立无固定期限的劳动合同，应当订立无固定期限的劳动合同。

3. 劳动合同订立的原则

（1）平等自愿，协商一致。指订立劳动合同的双方当事人完全出于自己的意愿，并且双方的法律地位是平等的。

（2）依法订立。指订立劳动合同的双方应当主体合法、合同的目的和内容也合法。

案例欣赏

“厂规厂纪”不得与法律相悖

李林是某超市的收银员，该超市管理严格，通过超市的规章制度约束员工的行为，所以超市的效益较好。在超市的《员工守则》中明确规定：“迟到、早退者，通报批评；连续旷工三天者，予以除名。”恰巧，李林因有事请假三天，但一周后才来上班。超市依据《员工守则》将其除名。李林不服，认为这种做法是不公正的。

那么，该超市的做法是否有效?

提示:《企业职工奖惩条例》第18条规定:“职工无正当理由经常旷工，经批评无效，连续旷工时间超过15天，或一年内累计旷工时间超过30天的，企业有权予以除名。”

资料来源：http：//news. sina. com. cn/artide/CJFDTotal – XZRG200804049. html（有改动).

案例启示：

企业做法无效。“厂规厂纪”作为企业的“法”，一定要以国家法律、法规为依据。

4. 劳动合同的内容及条款

(1) 劳动合同的内容指订立劳动合同的双方当事人，在确立了劳动关系后所形成的相互的权利和义务。

①劳动者的主要义务包括劳动给付义务、保密及合同履行义务、其他相关义务。

②用人单位的义务包括给付劳动报酬义务、提供劳动条件及劳动保障义务。

(2) 劳动合同条款，是对劳动合同内容的具体反映。

①法定条款指劳动法律、法规规定的，合同双方当事人订立合同必须具备的条款，包括劳动合同期限、工作内容、劳动保护和劳动条件、劳动报酬、劳动纪律、社会保险、劳动合同终止的条件、违反劳动合同的责任。

②约定条款指在必备条款之外，劳动合同双方当事人根据具体情况，经协商约定的条款，包括试用期、培训、保守商业秘密、补充保险和福利待遇、其他事项。

5. 劳动合同的形式

劳动合同一般有口头和书面两种形式，书面合同是订立劳动合同的法定形式，必须严格遵守。

10.3.2. 劳动合同的变更与解除

劳动合同依法签订并生效后，即具有法律约束力，双方当事人应认真履行合同所规定的义务，任何一方当事人都不得以任何理由擅自变更、解除劳动合同。但是，当发生法律所允许的情况时，劳动合同可以变更或解除。

1. 劳动合同的变更

(1) 劳动合同变更指劳动合同在履行过程中，经双方协商一致，对合同内容和相应条款进行的修改或补充。劳动合同变更的实质是双方的权利、义务发生改变。

（2）劳动合同变更的条件：①合同订立时所依据的法律、法规、规章等发生了变化，应当依法调整合同相关的内容和条款；②合同订立时所依据的客观情况发生了变化。

2. 劳动合同的解除

劳动合同解除的概念指劳动合同的当事人在具有法律效力的劳动合同未全部履行之前，单方或双方提前终止劳动合同效力的法律行为。一般分为法定解除和约定解除。法定解除是劳动合同的双方无法预知、无法预防、无法抗拒的客观情况所造成的。约定解除表现为当事人协商一致解除合同的：一种是合同中有解除条款约定，当解除合同的条件出现时即可解除；另一种是在合同中没有约定解除条件，但在合同履行过程中经当事人协商一致时，合同也可解除。

10.3.3 劳动合同终止及续订

1. 劳动合同终止的概念

劳动合同终止是指劳动合同期限届满或双方当事人约定的终止条件出现时，合同规定的权利、义务即行消灭的法律行为。

2. 条件符合下列条件之一的，劳动合同即行终止

（1）劳动合同期限届满的。

（2）劳动合同约定的终止条件出现的。

案例欣赏

职工提出解约，用人单位能追索培训费吗?

2013 年 3 月，王小姐与某艺术学校签订了为期三年的劳动合同，成为该校美术教师。由于王小姐专业功底扎实，校领导经过研究派王小姐到某知名艺术学院进行为期三个月的培训，希望其学成后能够委以重任。在三个月的培训期中，学校除照常发放给王小姐基本工资以外，还为其支付了培训费 4000 元。培训结束后，王小姐学以致用，确实为学校的日常教学带来了良好效应。2014 年 10 月，王小姐却向学校提出要提前解除劳动合同，学校与其多次协商未果，王小姐仍然坚持离开。在双方签订的劳动合同中约定：提前解除合同的一方须承担违约金 5000 元。王小姐表示愿意交纳 5000 元违约金，但对学校提出的支付培训费 4000 元的要求却不同意。学校向王小姐追索培训费的做法是否合法呢?

资料来源：http：//www. cnki. com. cn/c/2003 – 10 – 31/10201028352s. shtml（有改动）.

案例启示：

本案争议在现实生活中是十分常见的。用人单位在支付了培训费完成对本单位职工培训后，职工却选择离开。用人单位不仅损失了培训费用，而且往往是为竞争对手培养了人才。本案中王小姐所在的学校可以向其追索培训费。通过此案例，提示企业应加强劳动合同管理，注意防范因培训给企业带来的风险。

3. 劳动合同的续订

劳动合同当事人协商一致，可以续订劳动合同，但不得约定试用期。

10.3.4 集体劳动合同的协商和履行

1. 集体劳动合同的概念

集体劳动合同是经集体协商，双方代表根据劳动法律、法规的规定，就劳动报酬、工作时间、休息休假、劳动安全卫生、保险福利等事项，在平等一致的基础上签订的书面协议。

2. 集体劳动合同的特征

集体劳动合同规定了劳动关系；工会或劳动者代表职工一方与企业签订；集体劳动合同是定期的书面合同，其生效需经特定程序。

3. 集体劳动合同的订立原则

（1）内容合法原则。集体合同的内容不得违反国家法律、法规的规定；其确定的劳动条件标准不得低于国家标准。

（2）平等合作、协商一致的原则。签约人法律地位一律平等。

（3）兼顾所有者、经营者和劳动者利益原则。合同的签订不得以为追求自己的利益而损害他人的利益为目标。

（4）维护正常的生产工作秩序的原则。

4. 集体劳动合同的形式与期限

（1）形式：集体劳动合同的形式可分为主件和附件。主件指综合性集体劳动合同；附件指专项集体劳动合同。

（2）期限：我国相关劳动法规规定，集体劳动合同的期限为 1 ~3 年。

任务四　劳动争议及处理

任务描述

某公司招聘李先生为中国某大区的营销总监，并与其签订了为期 3 年的合同，约定试用期为 4 个月。3 个月后，公司单方面提出解除合同，原因是李先生没有达到公司的季度营销目标。为此，李先生向劳动仲裁委员会提出了申诉，仲裁的结果是公司败诉。原因是公司在招聘广告中并没有列明录用条件，而且劳动合同签订后，公司也没有明确具体的职务说明书，也没有书面告知李先生该职务的工作内容以及岗位要求。因此，当被质询时，公司无法出具当初双方认可的职务要求。既然没有约定要求，公司又怎么能证明其不符合录用条件呢？所以败诉也是在预料之中的。

出现以上分歧的原因是什么呢？该如何解决呢？

知识支撑

劳动双方作为一对矛盾统一体，发生纠纷是非常正常的事，任何企业，只要从事生产经营活动，就不可避免地遇到劳动纠纷方面的问题。当然劳动纠纷的出现会给一个企业带来很多问题，如果劳动纠纷过多，企业与员工之间的矛盾过于突出，势必直接影响到企业的正常生产经营，当然也就影响了企业的经济效益，甚至会导致企业的亏损或者停产。实践当中，不乏企业被劳动纠纷拖垮的例子。所以，作为企业的投资者来说，必须对劳动纠纷的危害性引起足够的重视。而正确地处理劳动争议是维护和谐的劳动关系、发挥人力资源潜力的重要方面。

10.4　劳动争议及处理

10.4.1　劳动争议

1. 劳动争议的概念

劳动争议就是劳动纠纷，在西方又叫“劳资争议”，是指劳动关系当事人之间因劳动的权利与义务发生分歧而引起的争执。

2. 劳动争议的种类

(1) 从世界范围看，劳动争议一般分为个别争议和团体争议。个别争议指劳动者个人与用人单位之间发生的争议；团体争议是指由于制定或变更劳动条件而产生的争议。

(2) 按照《中华人民共和国劳动争议调解仲裁法》的规定，企业与劳动者之间的争议主要有以下几类：因确认劳动关系发生的争议；因订立、履行、变更、解除和终止劳动合同发生的争议；因除名、辞退和辞职、离职发生的争议；因工作时间、休息休假、社会保险、福利、培训以及劳动保护发生的争议；因劳动报酬、工伤医疗费、经济补偿或者赔偿金等发生的争议；法律、法规规定的其他劳动争议。

3. 劳动争议处理的原则

(1) 着重调解及时处理的原则。调解是处理劳动争议的基本手段，是企业劳动争议调解委员会处理劳动争议的全部工作。调解注重在当事人自愿的基础上依法进行，企业劳动争议调解委员会如对案件调解不成，应在规定的期限内及时结案。

(2) 在查清事实的基础上依法处理的原则。劳动争议处理机构在查清事实、明辨是非的基础上，依据劳动法规、规章和政策对劳动纠纷做出公正的处理。既要适用实体劳动法律、法规，又要适用程序劳动法律、法规，并坚持灵活性与原则性相结合。

(3) 当事人在适用法律上一律平等原则。劳动争议当事人双方任何一方不得有超越法律的特权，同时劳动争议处理机构更应公正执法。

10.4.2 解决劳动争议的途径和方法

1. 一般途径和方法

(1) 协商。发生劳动争议的双方根据协议或合意，相互协商，解决纷争。

(2) 第三方斡旋。争议双方在自我协商失败的情况下，由第三方或中间人传递信息，促成和解。

(3) 劳动争议调解委员会调解。劳动争议调解委员会由职工代表、用人单位代表、工会代表三方组成。劳动争议调解委员会所进行的调解活动是群众自我管理、自我教育的活动，具有群众性和非诉性的特点。

(4) 劳动争议仲裁委员会裁决。仲裁是仲裁机构对争议做出的裁决决定。仲裁裁决具有约束力，并具有强制执行效力。仲裁可分为自动仲裁、自愿仲裁和强制仲裁。

(5) 人民法院审判解决。法院依照司法程序对劳动争议进行审理并做出判决的诉讼活动，是处理劳动争议的最终程序。

2. 紧急处理的途径和方法

紧急情况下的劳动争议是指对公众日常生活不可缺少的服务部门或对国民经济影响重大的行业的劳动纠纷事件。如铁路、银行、医疗等诸多公益事业发生的集体纠纷。具体方法：（1）坚持优先和迅速处理的原则；（2）政府在必要时可采取强制仲裁。

10.4.3 劳动争议的防范

劳动关系规范而有序地发展是社会稳定的基石，所以，要求企业应规范劳动关系，防止劳资纠纷。

1. 加强劳动合同签订的管理工作

各级劳动行政管理部门要配备专职人员负责此项工作，依法审查、证明合同的合法性与真实性，监督劳动合同的签订，规范劳动关系，防止违法、欺诈、胁迫的无效劳动合同出现。明确劳动关系双方的权利、义务，以保障用工制度合法化，同时，全面、详细和规范的劳动合同也为劳动纠纷案件审理提供便利的条件。

2. 规范企业内部规章制度

企业应建立内部规章的备案、审查程序。凡是企业自行订立的内部规章必须是劳动关系双方共同认可的，通过民主讨论、公示后颁布，并且不得有违法之处。

3. 建立、健全工会组织

工会的重要职能之一就是为会员提供法律援助，帮助会员通过法律途径、法定程序来维护其自身的合法权益。

案例欣赏

单位对违纪员工处分属于劳动争议范畴吗？

上海某单位人事主管，对经常在工作时间打瞌睡，并在单位造成了较坏影响的员工做出了警告处分并在单位公示。公示后，该员工立即找到单位领导，说单位无权这么做，并扬言要向仲裁委员会提出仲裁申请。该单位新成立，还未制定相关的规章制度，对该员工的处分确实“无法可依”。那么，单位对违纪员工处分属于劳动争议范畴吗？

案例启示：

该单位对违纪员工做出的警告处分并未导致劳动合同的解除、变更或经济扣罚，并未影响该员工的基本生活。根据相关的规定，这是不作为劳动争议案件处理的。

单位对违反劳动纪律和规章制度的员工做出惩戒处分，是用人单位维持企业正常生产经营的一种手段，也是企业的内部生产经营管理行为。一般情况下，司法行政机构是不会对该行为干预的，除非该行为影响到双方劳动合同的履行或经济扣罚影响了劳动者的基本生活。

小资料

惩处与申诉

惩处是用工单位对严重违反劳动纪律或规章制度的员工所采取的惩罚措施。惩处方式有热炉规则、矫正性或渐进性惩处等。

申诉是员工认为工作中自身的工作权利受到侵犯，而提出要求解决的行为。一般分为两类：个人申诉和集体申诉。

10.4.4 劳动争议调解

1. 劳动争议调解的概念

劳动争议调解指调解委员会对企业与劳动者之间发生的劳动争议，在查明事实，分清是非、明确责任的基础上，依据国家劳动法律、法规、企业规章制度以及劳动合同，通过民主协商的方式，在企业与劳动者之间达成协议、消除矛盾的一种活动。

2. 调解机构

劳动争议调解委员会是进行劳动争议调解的工作机构。劳动争议调解委员会一般由职工代表、企业代表和工会代表组成。企业代表不得超过1/3。

3. 调解的原则及受理范围

（1）调解以自愿、民主说服为原则。

（2）受理范围必须是我国法律规定受理范围内的劳动争议；必须是本企业范围内的劳动争议；必须是劳动争议双方自愿调解的劳动争议。

10.4.5 劳动争议仲裁

1. 劳动争议仲裁的概念

劳动争议仲裁指劳动争议仲裁委员会对用人单位与劳动者之间发生的劳动争议，在查明事实、明确是非与责任的基础上，依法做出裁决的活动。

2. 劳动争议仲裁机构

劳动争议仲裁委员会、仲裁委员会办事机构及仲裁庭，构成对劳动关系双方之间所发生的劳动争议进行劳动争议仲裁的工作机构。《中华人民共和国劳动法》及《中华人民共和国劳动争议调解仲裁法》规定，县、市、市辖区应当设立劳动争议仲裁委员会。仲裁委员会由劳动行政部门的代表、同级工会的代表、用人单位的代表组成，且组成人数必须是单数，主任由劳动行政部门的负责人担任。

3. 仲裁参加人

仲裁参加人指依法通过仲裁来维护自身合法权益的法人、依法成立的企业和单位、自然人。具体指仲裁申诉人、被申诉人、第三人、共同申诉人及仲裁代理人。

4. 仲裁案件的受理范围及仲裁案件管辖

（1）仲裁案件的受理范围包括发生劳动争议后直接向仲裁委员会申请仲裁的；发生劳动争议后，本企业没有劳动争议调解委员会的；发生劳动争议后经企业劳动争议调解委员会调解不成的。

（2）仲裁案件管辖指确定各仲裁机构审理劳动争议的权限范围，明确当事人申请仲裁的仲裁机关，包括地域管辖和级别管辖。地域管辖是对同级仲裁委员会之间审理劳动争议案件的职权划分；级别管辖是对上下级仲裁委员会之间受理劳动争议案件权限的划分。

5. 劳动争议仲裁的申请条件

根据《中华人民共和国劳动法》和《中华人民共和国劳动争议调解仲裁法》的规定，劳动争议仲裁的申请条件必须具备：（1）申请仲裁的争议必须是劳动争议；（2）申请仲裁的劳动争议必须是属于劳动争议仲裁委员会依法受理的范围；（3）申请人必须是劳动争议的一方当事人；（4）申请人必须向有管辖权的劳动争议仲裁委员会提出仲裁申请；（5）有明确的被申诉人；（6）仲裁申请必须在法定的申诉时效内提出。根据《劳动法》规定，劳动争议当事人提出仲裁申请应在争议发生之日起60日内提出，超过60日的，当事人则失去仲裁申请的权利，劳动争议仲裁委员会也不予受理。

任务五　劳动保护与社会保障

任务描述

刘某被某建筑公司聘为合同工，从事高空建筑作业。一次在施工中不慎从高楼坠下，当场死亡。刘某家属多次找建筑公司交涉，要求享受工亡待遇。但公司声称，双方订有劳动合同，其中明确约定，工伤及工亡概不负责，且建筑公司也没有参加工伤保险，因此一切后果只能由刘某自己承担。刘某的家属该怎么办？

知识支撑

根据有关工伤事故的劳动保护法规，该建筑公司虽未参加工伤保险，但也应参照企业职工工伤保险有关办法给予其工伤待遇。据此，建筑公司应支付刘某医疗费、丧葬补助金、一次性供养亲属抚恤金及工亡补助金。

10.5 劳动保护与社会保障

10.5.1 劳动保护

按照美国心理学家马斯洛的人的需求层次理论，生存和安全需要是人的最基本的需要。劳动保护就是为满足劳动者最基本的需要而采取的措施。劳动保护管理工作直接关系到劳动者的切身利益，影响劳动者的积极性、主动性和创造性，同时也是企业文化及民主管理的体现。

劳动保护是为了保护劳动者在劳动过程中的安全和健康所采取的各种技术和组织措施的总称。现今社会，职业健康和安全构成了劳动保护的主要内容。

10.5.2 职业健康与职业危害的概念

（1）职业健康。

职业健康是研究并预防因工作导致的疾病，防止原有疾病的恶化，主要表现为工作中因环境及接触有害因素引起人体生理机能的变化。

关于职业健康的定义有很多种，最权威的是 1950 年由国际劳工组织和世界卫生组织的联合职业委员会给出的定义：职业健康应以促进并维持各行业职工的生理、心理及社交处在最好状态为目的；并防止职工的健康受工作环境影响；保护职工不受健康危害因素伤害；并将职工安排在适合他们的生理和心理的工作环境中。

（2）职业危害。

职业危害指对从事职业活动的劳动者可能导致职业病的各种危害。职业危害因素包括：职业活动中存在的各种有害的化学、物理、生物等因素，以及在作业过程中产生的其他职业有害因素。

职业病是指企业、事业单位和个体经济组织等用人单位的劳动者在职业活动中，因接触粉尘、放射性物体和其他有害、有毒物质等因素而引起的疾病。对于职业病预防方面，各国法律都有相关的规定，一般来说，凡是符合法律规定的疾病才能称为职业病。

中国政府规定诊断为职业病的需由诊断部门向卫生主管部门报告；规定职业病患

者在治疗休息期间，以及确定为伤残或治疗无效而死亡时，按照国家相关规定，享受工伤保险待遇或职业病待遇。

小资料

常见的职业病

职业性肌肉骨骼疾病、职业性眼病、职业性尘肺病、煤肺症、石棉肺症、职业性皮肤病或失调、职业性神经系统疾病、有毒物质造成的呼吸系统疾病、中毒（有毒物质造成的系统影响）、物理物质（非有毒物质）造成的身心不适、重复创伤失调、其他职业病。

10.5.3 健康与安全管理措施

健康、安全直接影响企业发展。首先，员工疾病、生产事故造成的企业成本在不断增加；其次，健康和安全与重要的人力资源活动，诸如招聘、评估、报酬等有着直接的联系；最后，员工是企业最有价值的资产，从企业长远发展考虑，企业必须建立健全一套健康和安全政策。因此，企业必须采取相应的预防措施以防止职业危害，保证员工身心健康。

1. 严格执行劳动安全卫生管理制度

国家为了保证劳动者在生产过程中的安全和健康，根据生产的客观规律和生产实践经验，规定了企业必须全面并严格执行的各项劳动安全卫生制度。这些制度包括：安全生产责任制、安全技术措施计划管理制度、安全生产教育制度、安全生产检查制度、重大事故隐患管理制度、安全卫生认证制度、伤亡事故报告和处理制度、个人劳动安全卫生防护用品管理制度、劳动者健康检查制度及女职工等的特殊保护制度。

2. 积极营造劳动安全卫生环境

（1）观念环境：企业应树立安全第一、预防为主的劳动安全卫生观念；建立以人为本的企业劳动安全卫生的价值观念。

（2）制度环境：建立健全劳动安全卫生制度；严格执行各项劳动安全卫生规程；奖惩分明。

（3）技术环境：使用安全技术和无害装置、无害工艺；完善劳动场所建设，实现工作场所优化、劳动组织优化。

10.5.4 社会保障

社会保障是社会发展到一定历史阶段的必然需要。社会保障制度是社会工业化的产物，是人类社会文明进步的具体表现。

1. 社会保障制度的概念

社会保障制度是指以国家为主体，依照有关法律的规定，通过对国民收入进行分配和再分配，从而对社会成员的基本生活权利予以保障，并不断增进人们福利的各项法令法规、社会政策及由此形成的制度的总和。

社会保障是一种社会安全制度。社会保障的主体是国家、政府，对象是全体社会成员，目标是保障全体社会成员因年老、疾病、伤残、失业等原因或因灾害和意外事故而暂时或永久、部分或全部丧失生活来源后获得基本生活资料。而这一目标的实现只有通过国家、政府以国民收入为物质基础，借助法律手段来实现。

2. 社会保障的性质及特征

（1）强制性。社会保障作为国家依法实施的社会安全制度，具有明显的强制性。社会保障的强制性可以从以下两个方面体现出来。

①国家的任何成员，只要符合有关社会保障的规定，都必须参加并有权接受社会保障。

②社会保障基金是社会保障制度得以运转的物质基础。而社会保障基金筹集的主要方式有两种：一种是凭借国家的政治权利，通过税收制度实行强制性的课征；另一种是通过颁布法令、法规等进行强制性的统筹。

（2）社会性。社会保障是社会政治、经济生活的重要组成部分，其社会性体现在社会保障对象的社会性、社会保障基金来源的社会性。

（3）公平性。社会保障作为一种分配形式，具有显著的公平性。具体体现在：任何一位社会成员，当其基本生活发生困难时，都有获得社会保障的权利和机会。

3. 社会保障的内容

按照国际劳工组织的规范化的概念，社会保障应包括：社会保险、社会救助、国家财政收入资助的福利补贴、家庭补助以及储蓄性基金，还有围绕社会保障而形成的各种补充方案。

（1）社会救济指国家对由贫困人口与不幸者组成的社会脆弱群体无偿提供物质援助的一种社会保障制度。

社会救济是国家和社会的一种责任。社会救济的特点有以下两点。

①社会救济资金主要由国家财政预算支出，或由社会成员自愿无偿提供。救助方与受助方的权利与义务关系具有单向性的特征。

②社会救济的对象是社会成员中的脆弱群体。

（2）社会保险是以社会劳动者为保障对象，在劳动者因年老、疾病、伤残、生育、失业、死亡等原因而暂时或永久性失去劳动能力或劳动机会，从而部分或全部地失去正常工资收入时，由社会给予物质帮助和收入补偿的一种社会保障制度。

社会保险是社会保障体系的核心。社会保险主要包括养老保险、医疗保险、工伤保险、失业保险和生育保险。社会保险制度的建立，对保障社会安定、促进社会进步等方面发挥了重要作用。

（3）社会福利是国家以福利服务、福利企业和福利补贴等方式，为社会成员提供基本生存保障，并使其生活状况不断得到改善的社会政策的总和。

（4）社会服务是国家按照法律的规定，对社会成员的生、幼、老、病、伤、残提供免费或优待的公益性服务的一种社会保障制度。

总之，社会保障的不同组成部分，从不同角度、不同程度为社会成员提供了生存的保障。社会救济属于低水平、低层次的社会保障，社会保险是对社会成员基本生活水平的社会保障，而社会福利则是改善并提高社会成员生活水平的高层次社会保障，社会服务源于低层次的社会保障制度，却完善于高层次的社会保障制度。

课程回顾

本章重点分析了劳动关系、劳动合同、劳动争议及劳动保护等问题，阐明了企业劳动关系管理的重要性，并强调了如何正确处理劳动关系管理中的工会问题、员工关系问题，以及劳动纠纷的区分、劳动争议仲裁受理等问题。

温故知新

一、单项选择题

1.（　　）是劳动者与劳动力使用者之间因就业或雇佣而产生的关系。

A. 法律关系　　B. 权利义务　　C. 劳动关系　　D. 法律规范

2.（　　）指雇员与雇主在实现现实的劳动过程中所发生的权利义务关系。

A. 劳动法律关系　　B. 法律关系　　C. 劳动合同关系　　D. 劳动关系

3.（　　）是指不以当事人的意志为转移，能够引起劳动法律关系产生、变更和消灭，具有一定法律后果的活动。

A. 劳动法律形式　　B. 劳动法律渊源　　C. 劳动法律体系　　D. 劳动法律事件

4.（　　）体现国家意志，覆盖所有劳动关系，通常为调整劳动关系应当遵循的原则性规范和最低标准。

A. 劳动法律法规　　B. 劳动关系　　C. 劳动法律关系　　D. 劳动合同

5. 雇员是基于（　　），为获取工资而有义务处于从属地位、为雇主提供劳动的人。

A. 法律关系　　B. 劳动合同　　C. 劳动关系　　D. 法律规范

6. (　　) 是劳动法对劳动关系进行的第一次调整。

A. 劳动合同关系　B. 劳动契约关系　C. 劳动法律关系　D. 劳动合作关系

7. (　　) 是指不以当事人的主观意志为转移，能够引起一定劳动法律后果的客观现象。

A. 劳动法律关系　B. 劳动法律事实　C. 劳动法律事件　D. 劳动法律行为

8. (　　) 劳动关系是以在法律面前人人平等、契约自由等原则为基础构建的。

A. 利益激励型　B. 利益约束型　C. 利益协调型　D. 利益平衡型

9. (　　) 的基本特点是体现国家意志。

A. 劳动法律关系　B. 劳动关系　C. 劳动法律法规　D. 劳动合同

10. (　　) 只能是雇主与雇员之间的关系，而不可能是劳动者因集体劳动而产生的相互之间的分工协作关系。

A. 法律关系　B. 劳动关系　C. 权利义务　D. 法律规范

二、多项选择题

1. 用人单位内部劳动规则的基本内容包括（　　）。

A. 劳动纪律　B. 劳动安全卫生制度

C. 劳动定员定额规则　D. 劳动合同管理制度

E. 岗位规范制定规则

2. (　　) 是劳动合同管理制度的主要内容。

A. 劳动合同管理制度修改程序　B. 劳动合同管理制度废止程序

C. 劳动合同的续订办法　D. 应聘人员相关材料保存办法

E. 集体合同草案的拟定协商程序

3. 企业调节劳动关系运行的根本依据和手段是（　　）。

A. 劳动法律规范　B. 集体合同规范　C. 劳动合同规范　D. 专项协议规定

E. 企业内部劳动管理规则

4. 下列关于劳动法律关系说法正确的是（　　）。

A. 劳动法律关系不是强制性法律　B. 劳动法律关系是单务关系

C. 劳动法律关系具有国家强制性　D. 劳动法律关系是双务关系

E. 劳动法律关系的内容是权利和义务

5. 劳动法律事实可以分为（　　）。

A. 劳动法律关系　B. 劳动合同　C. 劳动法律行为　D. 劳动关系

E. 劳动法律事件

6. 物质利益原则有非常丰富的内涵，其主要内容包括（　　）。

A. 物质利益促进机制　B. 物质利益约束机制

C. 物质利益激励机制　D. 物质利益调节机制

E. 物质利益平衡机制

7.（　　）都可以成为劳动法律关系的客体。

A. 保险福利　　B. 工资　　C. 工作时间　　D. 员工

E. 休息休假

8. 劳动关系调整的方式包括（　　）。

A. 劳动合同规范的调整　　B. 企业内部劳动规则的调整

C. 集体合同规范的调整　　D. 劳动争议处理制度的调整

E. 民主管理制度的调整

9. 劳动法律关系包括（　　）。

A. 主体　　B. 客体　　C. 权利　　D. 义务

E. 内容

10. 劳动法律行为应当符合的基本要求是（　　）。

A. 行为人的意思表示必须包含建立、变更和终止劳动法律关系的意图

B. 意思表示必须完整地表达劳动法律关系建立、变更和终止的必须内容

C. 行为人必须以一定方式将自己的内心意图表示于外部，可以由他人客观地加以识别

D. 劳动法律行为不以当事人的主观意志为转移

E. 劳动法律行为不以当事人的主观需求为转移

三、简答题

1. 解释广义的劳动关系。

2. 如何认识并利用冲突？

3. 分析并说明职业健康的意义。

四、讨论题

1. 如何看待未成年工？

2. 你认为白领员工应加入工会吗？为什么？

五、案例分析题

2006 年 3 月 10 日振兴公司与公司工会推选出的协商代表经过集体协商，签订了一份集体合同草案，双方首席代表签字后，该草案经五分之四的职工代表通过。其中，关于工资和劳动时间条款规定：公司所有员工每月工资不得低于 1300 元，每天工作 8 小时。同年 3 月 17 日振兴公司将集体合同文本及说明材料报送当地劳动和社会保障局登记、审查、备案，劳动和社会保障局在 15 日内未提出异议。所以，2006 年 4 月 2 日，振兴公司和工会以适当的方式向各自代表的成员公布了集体合同。

2006 年 5 月，刘某应聘到振兴公司，公司于当年 5 月 18 日与刘某签订了为期 2 年的劳动合同，合同规定其每月工资 1000 元，每天只需工作 6 小时。1 个多月后，刘某

在与同事聊天时偶然得知公司与工会签订了集体合同，约定员工每月工资不得低于1300元。刘某认为自己的工资标准低于集体合同的约定，于是与公司交涉，要求提高工资，但公司始终不同意，刘某不服，于2006年7月中旬，向当地劳动争议仲裁委员会提起申诉，要求振兴公司按照集体合同规定的月工资标准1300元履行劳动合同，并补足2006年5月至2006年7月低于集体合同约定的月工资标准部分的劳动报酬。

如果你是当地劳动争议仲裁人员，你如何进行裁决?

六、技能训练

走访一家企业，调查该企业的劳动健康与安全措施，写出调查报告并制作成一则案例。

收获与建议

通过本章学习，学生能够办理劳动合同手续，能够分析简单的劳动关系。建议平时多关注劳动法及相关法规。

附录 A 职业资格考试练习题一

卷册一：职业道德 理论知识

第一部分 职业道德

（第 1 ~25 题，共 25 道题）

一、职业道德基础理论与知识部分

答题指导：

◆该部分均为选择题，每题均有四个备选项，其中单项选择题只有一个选项是正确的，多项选择题有两个或两个以上选项是正确的。

◆请根据题意的内容和要求答题，并在答题卡上将所选答案的相应字母涂黑。

◆错选、少选、多选，则该题均不得分。

（一）单项选择题（第 1 ~8 题）

1. 道德与法律的关系可以形象地比作（　　）。

A. 阴阳相和　　B. 鸟之两翼　　C. 主仆相随　　D. 众星拱月

2. 在市场经济条件下，从业人员处理义利关系的正确态度是（　　）。

A. 得力弃义　　B. 先义后利　　C. 唯利而行　　D. 重利轻义

3. 作为职业活动内在的道德准则，“审慎”要求从业人员要做到（　　）。

A. 凡事请示之后再做　　B. 少说多做

C. 以最佳手段实现最优绩效　　D. 避免职场陷阱

4.“敬业”概念包含的基本内容是（　　）。

A. 恪尽职守、勤奋努力、享受工作、精益求精

B. 守土有责、勤奋工作、按劳分配、自享其乐

C. 勤奋努力、用心工作、等价交换、劳有所得

D. 热爱岗位、敬畏工作、一心一意、不求回报

5. 在工作过程中，员工为求速度、不顾质量的做法违背了（　　）。

A. 深入了解、严加防范　　B. 公平公正的要求

C. 善于合作的要求　　D. 甘于奉献的要求

6. 倡导从业人员“换位思考”的道德意义在于（　　）。

A. 深入了解、严加防范　　B. 知己知彼、斗而不殆
C. 把握情况、有效利用　　D. 和谐相处、互利双赢

7. 在职业活动中，“诚信”的特征包括（　　）。
A. 通识性、智慧性、止损性、资质性
B. 目的性、前置性、合作性、功利性
C. 通识性、表象性、目的性、习惯性
D. 通识性、智慧型、目的性、经验型

8. 从业人员做到“平等待人”，最根本的要求是（　　）。
A. 无差别地均等　　B. 按照相同的程序服务
C. 热情、文明、礼貌　　D. 不歧视服务对象的人格

（二）多项选择题（第 9 ~ 16 题）

9. 坚持集体主义的要求是（　　）。
A. 把集体利益放在第一位
B. 集体利益高于个人利益
C. 为集体利益而放弃个人利益
D. 必要情况下为集体利益而牺牲个人利益

10. 从业人员践行“勤勉”这一职业活动内在的道德准则的基本要求是（　　）。
A. 按照计划展开工作　　B. 先易后难，将困苦留在后面
C. 经常加班工作　　D. 善始善终，不虎头蛇尾

11. 加强职业道德修养的基本要求是（　　）。
A. 端正职业态度　B. 强化职业情感　C. 历练职业意志　D. 提高转行能力

12. “坚守工作岗位”的要求是（　　）。
A. 遵守规定　B. 履行职责　C. 临危不惧　D. 机智灵活

13. 从业人员相互之间建立起信赖关系，做到（　　）。
A. 不说同事的坏话　　B. 开诚布公地与同事相处
C. 彼此看重对方　　D. 不随便批评同事的言行

14. 我国遏制和惩戒违反公平交易原则行为的法规有（　　）。
A.《反不正当竞争法》
B.《不当赠品及不当表示防止法》
C.《关于禁止商业贿赂行为的暂行规定》
D.《谢尔曼法》

请根据下述事例，回答 15、16 题

1995 年，比尔·盖茨宣布，微软不涉足互联网领域，不研发互联网产品。盖茨的这一决定招致一些同事的反对，几个员工写信给盖茨，批评他做出了一个错误的决定。

后来，技术和市场的发展使盖茨认识到自己的错误，于是，他修改决策，扭转了公司的发展方向，那些当时批评盖茨的人，不但没有受到处分，反而得到了重用。IBM公司的沃森与盖茨的见解相同。沃森也认为，能够提出不同见解的员工对公司的发展来说更为有利。他甚至说："最容易使人上当受骗的是言听计从、唯唯诺诺的人，我宁愿用那种敢于讲真话的人。作为领导，你身边这样的人越来越多，办成的事也越多。"

15. 根据上述事例，你认为（　　）。
    A. 作为员工，要勇于随时指出领导工作中存在的错误
    B. 作为领导，要虚心接受来自下属的批评
    C. 不怕犯错误，就怕不改正错误
    D. 敢于讲真话的人越多，越有助于公司发展

16. 根据上述案例，能够得出的结论是（　　）。
    A. 比较而言，著名公司的领导更喜欢用脾气不好的员工
    B. 善于听取不同意见是科学决策的重要保证
    C. 不怕犯错误，只怕不改正错误
    D. 对于公司而言，敢于讲真话的人越多，就越有助于公司发展。

二、职业道德个人表现部分（第17 ~25题）

答题指导：

◆该部分均为选择题，每题均有四个备选项，您只能根据自己的实际状况选择其中一个选项作为您的答案。

◆请在答题卡上将所选择答案的相应字母涂黑。

17. 你正在紧张地工作，邻单位施工现场不断传来巨大的嘈杂声，这时你会(　　)。
    A. 放下手头的工作，闭目养神
    B. 向主管领导反映，并说在这种环境下难以完成工作任务
    C. 尽管心烦，但工作还得继续干
    D. 这种声音不会对自己造成影响

18. 你在马路边摆了个货摊以贴家用，一个年老体衰的社区老太太前来劝阻，说你影响交通和市容，但她看起来不会硬要赶走你，你会（　　）。
    A. 不理会她，自己该怎样卖还怎样卖
    B. 敷衍她一下，说自己再卖一会就走
    C. 与老太太说明自己的难处
    D. 换一个地方继续叫卖

19. 某城市社区的居民大多"老死不相往来"，假如你新搬家到这里，你会（　　）。
    A. 入乡随俗，与其他居民一样不来往
    B. 试探着与周围的邻居说说话

C. 建议居委会组织几次活动，让社区的居民互相熟悉

D. 设想这个地方曾经出过事情，提醒自己要警惕

20. 一般情况下，你周末时间都有安排，不是去俱乐部练习健身操，就是参加书画训练班，要不就去周边旅游。但是，新近公司里的几个年轻人组织发起一个“创新与发展沙龙”搞得还不错，大家能畅所欲言，气氛热烈，彼此受到启发。他们邀请你参加这个沙龙，你会（　　）。

A. 因为自己已经有安排，不会参加沙龙活动

B. 调整或减少原来的活动安排，体验一下再说

C. 不去，但会留意沙龙的信息

D. 改变原来的安排，参加沙龙活动

21. 据报道，某个以前曾经获得过全国冠军的体育选手失去工作，无奈之下，只能摆街摊以维持生活。对下列说法，你赞同的是（　　）。

A. “他早年不该搞体育”　　B. “他应该多学点文化”

C. “他应该去找政府”　　D. “他应该找当年的队友帮帮忙”

22. 当年和你关系很好的同学找你，要你帮助他找工作，你会（　　）。

A. 如有可能，第一个想到的是把他介绍给自己所在的公司

B. 向其他单位推荐自己的同学

C. 先给他一点钱渡过难关，然后让他自己想办法找工作

D. 说明情况，要他自己想办法找工作

23. 在你的面前有下列几种工作，你会选择的是（　　）。

A. 工资低，但公司的成长性很强

B. 地理位置远，但能够给你安排一个不错的职务

C. 收入高，但工作十分辛苦

D. 所学知识用得上，但工作环境十分单调

24. 有消费者吃了某影视明星代言的美容保健品后，身体出现了不良反应，明星因此而受到社会非议。对此，明星大呼冤枉，辩称自己虽然没有使用过该产品，但产品的性能都经过了相关权威部门的检测。你的看法（　　）。

A. 明星是被冤枉的　　B. 消费者自身要增强理性

C. 国家应该禁止明星做广告　　D. 主要责任在明星

25. 过街天桥上，一个肢体残疾的人在向过往的行人磕头乞讨，但绝大多数人都是匆匆而过，并未给予关注。你会（　　）。

A. 因经常看报道，说有人装作残疾人行骗，所以很少理会

B. 这样的事情见多了，也关注不过来

C. 随意给他一点钱

D. 很同情他，但也会像其他行人一样匆匆而过

第二部分　理论知识

（26～125题，共100道题，满分为100分）

（一）单项选择题（26～85题，每题1分，共60分。每小题只有一个最恰当的答案，请在答题卡上将所选答案的相应字母涂黑）

26. 劳动力市场的基本功能是（　　）。

A. 实现劳动资源的配置　B. 解决就业量与工资

C. 解决生产什么的问题　D. 解决如何生产的问题

27. 按要素类别分配社会总产品或收入称为（　　）收入分配。

A. 要素性　B. 功能性　C. 结构性　D. 成本性

28. 劳动法的基本原则的特点不包括（　　）。

A. 指导性　B. 权威性　C. 稳定性　D. 合理性

29. 在劳动关系领域，工会不享有（　　）。

A. 参与权　B. 决定权　C. 知情权　D. 咨询权

30. 消费市场是指所有为了（　　）而购买商品或服务的个人和家庭所构成的市场。

A. 家庭消费　B. 个人消费　C. 政府购买　D. 产业消费

31. 影响产业购买者购买决定的主要因素不包括（　　）。

A. 组织因素　B. 个人因素　C. 社会因素　D. 人际因素

32. 阿伦和梅耶所进行的综合研究提出的承诺不包括（　　）。

A. 感情承诺　B. 继续承诺　C. 规范承诺　D. 口头承诺

33. 社会学习理论的创始人是（　　）。

A. 弗洛姆　B. 莱文泽尔　C. 班杜拉　D. 爱德华·桑代克

34. 费德勒认为，决定领导行为有效性的关键情境因素不包括（　　）。

A. 任务结构　B. 领导的职权

C. 领导与被领导的关系　D. 领导者的特质

35. 以下有关人力资本投资的表述错误的是（　　）。

A. 投资主体可以是国家或个人　B. 投资对象是人

C. 投资直接提高人的劳动生产能力　D. 是一种非生产性投资

36. 以下不属于人力资源特点的是（　　）。

A. 时间性　B. 创造性　C. 消费性　D. 规律性

37. （　　）是现代人力资源管理理论的基本前提和基础。

A. 人力资源管理目标　B. 人力资源对象

C. 人力资源管理活动　D. 人力资源管理概念

38. 以下关于工作岗位分析的作用说法错误的是（　　）。

A. 为岗位评价奠定了重要基础　　B. 为员工的素质测评提供依据

C. 使员工明确自己的工作职责　　D. 能揭示出工作中的薄弱环节

39. 以下关于岗位规范和工作说明书的说法错误的是（　　）。

A. 岗位规范的结构形式呈现多样化

B. 工作说明书不受标准化原则的限制

C. 岗位规范覆盖的范围比工作说明书广泛

D. 岗位规范与工作说明书的内容有所交叉

40. 工作岗位设计的影响因素不包括（　　）。

A. 管理信息系统　　B. 软环境条件

C. 劳动环境条件　　D. 职能性技术专家

41. 以下关于工作扩大化和工作丰富化的差异的说法不正确的是（　　）。

A. 前者增加任务

B. 后者扩大岗位任务结构

C. 后者更有利于促进员工综合素质的提高

D. 前者使员工完成任务的内容、形式和手段发生变更

42. 从企业整个生产过程来看，工作的设计无须满足（　　）的需要。

A. 企业劳动分工与协作

B. 提高生产率增加产出

C. 员工发挥自己的技术专长

D. 劳动者从事劳动活动在心理上

43. 以下关于企业定员的说法错误的是（　　）。

A. 编制包括机构编制和政府编制

B. 它与劳动定额的内涵完全一致

C. 企业定员亦称劳动定员或人员编制

D. 使用劳动力的一种数量界限

44. 下列关于定员标准总体编排的说法中错误的是（　　）。

A. 提示的附录是标准不可分割的组成部分

B. 劳动定员标准由概述、标准正文和补充组成

C. 提示的附录按国家标准 GB/T1. 1 的要求撰写

D. 标准名称通常含有引导词、主体词和补充词三个要素

45. 企业基本制度的内容不包括（　　）。

A. 企业章程　　B. 董事会组织　　C. 人事制度　　D. 高层管理组织规范

46. 在企业人力资源管理的基本职能中，录用的职能不包括（　　）。

A. 营造良好的企业文化氛围

B. 明确组织中工作岗位的需求

C. 对有资格的求职人员提供均等的就业机会

D. 采用科学方法确定符合岗位要求的最合适人选

47. (　　) 是新经济环境下组织发展至关重要的两个因素。

A. 稳定和创新　B. 冒险和创新　C. 冒险和进取　D. 稳定与改革

48. 对求职者的信息掌握较全面，招聘成功率高的员工招聘方式是 (　　)。

A. 校园招聘　B. 借助中介　C. 猎头公司　D. 熟人介绍

49. 在面试评价阶段，运用评语式评估的缺点是对应聘者之间不能进行 (　　) 比较。

A. 横向　B. 同一指标　C. 纵向　D. 多个指标

50. (　　) 提问是鼓励应聘者从不同角度思考问题的面试提问方式。

A. 开放式　B. 封闭式　C. 清单式　D. 假设式

51. (　　) 评估是鉴定招聘效率的一个重要指标。

A. 招聘预算　B. 招聘成本管理　C. 招聘费用　D. 招聘成本效益

52. 常用的信度评估系数不包括 (　　) 系数。

A. 稳定　B. 外在一致性　C. 等值　D. 内在一致性

53. (　　) 组是企业中最基本的协作关系和协作形式。

A. 作业　B. 管理　C. 执行　D. 操作

54. 以下关于劳动环境优化的说法错误的是 (　　)。

A. 色彩可以调节情绪　B. 照明亮度越高越好

C. 色彩可以降低疲劳度　D. 不同环境照明不同

55. 四班三运转轮休制的循环周期不可能为 (　　)。

A. 4 天　B. 6 天　C. 8 天　D. 12 天

56. 战略层次的培训需求分析一般由 (　　) 发起。

A. 咨询小组　B. 人力资源部　C. 部门主管　D. 高层管理者

57. 对于新员工的培训需求分析，通常使用 (　　) 来确定其在工作中需要的各种技能。

A. 行为分析法　B. 层次分析法　C. 任务分析法　D. 绩效分析法

58. 以下关于绩效差距分析模型的说法不正确的是 (　　)。

A. 绩效差距分析是一种全面分析方法

B. 需求分析阶段的任务是寻找绩效差距

C. 包括发现问题阶段、预先分析阶段以及需求分析阶段

D. 发现问题阶段是找出理想和现实绩效存在差距的地方

59. 在培训效果评估的指标中，技能转换指标通常通过 (　　) 来判断。

A. 笔试　　B. 问卷法　　C. 面试　　D. 观察法

60. 以下关于培训效率评估的说法不正确的是（　　）。

A. 要向高层管理人员汇报　　B. 有利于提高培训效率

C. 自省以前工作中的不足　　D. 获得领导支持的有效方式

61. 在培训方法中，（　　）主要适用于以掌握技能为目的的培训。

A. 实践法　　B. 讲授法　　C. 专题法　　D. 研讨法

62. 行为模仿法的操作步骤包括：①角色扮演与体验；②建立示范模型；③社会行为强化；④培训成果的转化与应用。其正确的排序是（　　）。

A. ①②③④　　B. ③①②④　　C. ①②④③　　D. ②①③④

63. 针对（　　）的培训与开发，应采用案例分析、文件筐和课题研究等培训方法。

A. 基础理论知识　　B. 创造能力

C. 解决问题能力　　D. 特殊能力

64. 培训激励制度的主要内容不包括（　　）。

A. 公平竞争的晋升规定　　B. 奖惩实施的方式方法

C. 完善的岗位任职资格　　D. 以能力和业绩为导向的分配原则

65. 宏观上看，企业强化绩效管理的目的是提高（　　）。

A. 员工个人素质　　B. 企业收益

C. 企业整体素质　　D. 劳动效率

66. 为了保证评估的公正和公平性，人力资源部门应当确立保障系统，即员工（　　）系统。

A. 绩效评审　　B. 绩效申诉和监察

C. 绩效监察　　D. 绩效申诉和评审

67. （　　）面谈是在一次面谈中，采取灵活变通的方式，从一种面谈形式转换过渡到另一种形式的面谈。

A. 单向劝导式　B. 综合式绩效　　C. 双向倾听式　　D. 解决问题式

68. （　　）导向型绩效评估，以评估员工的潜质为主，着眼于“他这个人怎么样”。

A. 品质　　B. 特征　　C. 行为　　D. 结果

69. （　　）是要求评估者根据某一工作行为发生的频率或者次数的多少，对被评估者打分的绩效评估方法。

A. 关键事件法　　B. 行为锚定量表法

C. 行为观察法　　D. 加权选择量表法

70. 成绩记录法的步骤包括：①由其上级主管来验证成绩的真实性；②由外部专家评估资料，决定个人绩效的大小；③被评估者把自己与工作职责有关的成绩写在一张成绩记录表上。其正确的排序是（　　）。

A. ③②①　　B. ①③②　　C. ②①③　　D. ③①②

71. 间接形式的薪酬不包括（　　）。

A. 利润分成　　B. 其他补贴　　C. 社会保险　　D. 员工福利

72. 薪酬水平高的企业应关注的市场薪酬点位为（　　）点处。

A. 25%　　B. 50%　　C. 75%　　D. 95%

73. 以下有关工作岗位评价的说法，不正确的是（　　）。

A. 评价中心是现有的人员　　B. 以岗位员工的工作活动为对象

C. 是工作岗位分析的延续　　D. 为岗位的分类分级提供了前提

74. （　　）是由于评定人员偏离标准和违反操作程序而带来的测评结果的偏高或偏低。

A. 登记误差　　B. 随机误差　　C. 系统误差　　D. 内部误差

75. 在工作岗位评价中，不适合采用平衡系数调整法对评价总分进行（　　）调整。

A. 事前　　B. 初始　　C. 中期　　D. 终结

76. 在岗位评价的方法中，（　　）最合适能随时掌握较为详细的薪酬调查资料的企业采用。

A. 排列法　　B. 分值法　　C. 因素比较法　　D. 评分法

77. （　　）是雇员与雇主在实现现实的劳动过程中所发生的权利义务关系。

A. 劳动关系　　B. 劳动法律关系

C. 劳动合同　　D. 劳动法律制度

78. 在劳动关系的调整方式中，（　　）的基本特点是体现国家意志。

A. 劳动合同　　B. 民主管理制度　　C. 集体合同　　D. 劳动法律法规

79. 集体合同由（　　）代表职工与企业签订。

A. 工会组织　　B. 企业人事部门　　C. 企业法人　　D. 职工所在部门负责人

80. 劳动行政部门在收到集体合同后的（　　）内将审核意见书送达。

A. 7 天　　B. 10 天　　C. 15 天　　D. 30 天

81. 以下关于用人单位内部劳动规则的说法不正确的是（　　）。

A. 劳动者单方的行为规范　　B. 企业规章制度的组成部分

C. 以用人单位为制定的主体　　D. 企业劳动关系调节的重要形式

82. （　　）是企业依据自身的实际情况确定企业机构的设置和配备各类人员的数量界限。

A. 编制定员规则　　B. 劳动纪律

C. 劳动定额规则　　D. 劳动岗位规范

83. 以下关于工作时间的说法错误的是（　　）。

A. 每月制度工作时间为 20.83 天

B. 用人单位延长工作时间每日可超过3个小时

C. 劳动者在法定节假日、公休日工作的称为加班

D. 劳动者超过日制度工作时间以外延长工作时间的称为加点

84. 在工伤事故分类中，按照事故类别可以划分为（　　）类别。

A. 10个　　B. 15个　　C. 20个　　D. 30个

85. 停工留薪期一般不超过（　　）月。

A. 6个　　B. 12个　　C. 18个　　D. 24个

二、多项选择题（86~125题，每题1分，共40分。每题有多个答案正确，请在答题卡上将所选答案的相应字母涂黑。错选、少选、多选，均不得分）

86. 规范研究方法的特点包括（　　）。

A. 目的在于认识客观事实　　B. 结论具有客观性

C. 以某种价值判断为基础　　D. 结论具有主观性

E. 目的在于为政府制定经济政策服务

87. 紧缩性财政政策包括（　　）。

A. 减少政府购买　　B. 提高税率

C. 增加公共工程开支　　D. 降低贴现率

E. 减少政府转移支付

88. 关于劳动法的基本原则的说法正确的是（　　）。

A. 具有指导性、纲领性的法律规范　　B. 其权威性高于劳动法的具体规定

C. 其稳定性低于劳动法的具体规定　　D. 其权威性低于劳动法的具体规定

E. 其稳定性高于劳动法的具体规定

89. 劳动标准制度包括（　　）。

A. 工资制度　　B. 工作时间制度

C. 劳动安全卫生制度　　D. 休息休假制度

E. 女职工和未成年工特殊保护制度

90. 按照在购买决策过程中的作用不同，消费者角色可分为（　　）。

A. 倡议者　　B. 需求者　　C. 供给者　　D. 购买者

E. 使用者

91. 成熟企业可以采取的营销策略有（　　）。

A. 市场改良　　B. 市场营销组合改良

C. 产品改良　　D. 增强销售渠道功效

E. 服务改良

92. 有领袖魅力的管理者的关键特征包括（　　）。

A. 是变革的代言人　　B. 自信和远见

C. 行为不循规蹈矩　　D. 对环境敏感
E. 有清楚表达目标的能力

93. 人本管理原则包括（　　）。
A. 人的管理第一　　B. 和谐人际关系
C. 员工和组织共同发展　　D. 满足社会需要
E. 构建以人为中心的组织形态

94. 在人力资源规划中，人员规划的内容包括（　　）。
A. 企业劳动定员　　B. 人力资源现状分析
C. 人员供需平衡　　D. 人力资源费用控制
E. 人员需求与供给预测

95. 根据岗位规范的具体内容，岗位规范的基本形式包括（　　）规范。
A. 管理岗位培训　　B. 生产岗位工作
C. 管理岗位考核　　D. 生产岗位考核
E. 生产岗位技能

96. 以下关于工作说明书的说法正确的是（　　）。
A. 内容可繁可简
B. 身体条件包括体格和体力两项要求
C. 资历是由工作经验和学历条件构成
D. 工作权限可以不必与工作责任相一致
E. 岗位职责主要包括职责概述和职责范围

97. 以下关于企业定员的说法正确的是（　　）。
A. 定员范围与用工形式有关
B. 定员的对象不包括一般员工
C. 合理的劳动定员能提高劳动生产效率
D. 劳动定员管理的核心是保持先进合理的定员水平
E. 合理的定员能使各工作岗位的任务量实现满负荷

98. 核定用人数量时，比例定员法适用于（　　）的定员。
A. 食堂工作人员　　B. 卫生保健人员
C. 工程技术人员　　D. 托幼工作人员
E. 政治思想工作人员

99. 政府有关部门发布的年度企业工资指导包括（　　）。
A. 基准线　　B. 控制下线　　C. 预警线　　D. 控制上线
E. 平均线

100. 外部招聘存在的不足包括（　　）。

A. 进入角色慢　　B. 筛选难度大、时间长
C. 招聘成本大　　D. 影响内部员工积极性
E. 决策风险小

101. 简历的内容大体上可以包括（　　）。
A. 主观内容　B. 客观内容　C. 学历背景　D. 身体状况
E. 心理素质

102. 面试考官的目标包括（　　）。
A. 使应聘者发挥实际水平　　B. 使应聘者了解单位状况
C. 了解应聘者的专业技能　　D. 了解应聘者的生活习惯
E. 决定应聘者是否通过面试

103. 最常用的情景模拟方法有（　　）。
A. 决策模拟竞赛法　　B. 角色扮演
C. 公文处理模拟法　　D. 案例分析
E. 无领导小组讨论

104. 人员录用的主要策略有（　　）。
A. 补偿式　B. 多重淘汰式　C. 结合式　D. 结合决定式
E. 推荐式

105. 优化劳动环境因素包括（　　）。
A. 照明　B. 绿化　C. 色彩　D. 噪声
E. 温度

106. 可运用观察法收集培训需求信息，以下关于观察法的说法正确的有（　　）。
A. 较适合生产作业和技术人员
B. 优点在于培训者与培训对象亲自接触
C. 观察者的主观偏见会影响调查的结论
D. 观察记录表可作为培训需求分析的依据
E. 观察的效果受培训者对工作熟悉程度的影响

107. 在制定培训规划时，陈述目标的结果包括（　　）。
A. 工作人员面临的情境　　B. 使用的辅助工具或工作助手
C. 每项行为所需的技能　　D. 对每种情境须做出的反应行为
E. 行为及其结果的标准

108. 企业允许、鼓励员工外出培训，外出培训的员工需做好的工作包括（　　）。
A. 员工自己提出申请
B. 签订员工培训合同
C. 工作日外出学习的要提供学习考勤单

D. 工作日外出学习的要提供成绩学习单

E. 提倡外出全脱产学习以尽快完成培训

109. 研讨法的优点（　　）。

A. 形式多样、适应性强　　B. 多向式信息交流

C. 有利于大面积培养人才　　D. 有利于培养学员综合能力

E. 加深学员对知识的理解

110. 敏感性训练法适用于（　　）。

A. 组织发展训练　　B. 晋升前的人际关系训练

C. 新进员工的集体组织训练　　D. 外派人员的异国文化训练

E. 中青年管理人员人格塑造训练

111. 学员构成这一参数通过学员的（　　）方面影响培训方法的选择。

A. 职务特征　　B. 技术心理成熟度

C. 个性特征　　D. 工作内容熟练度

E. 家庭背景

112. 以下关于下级评估的说法正确的是（　　）。

A. 所占比重约为10%　　B. 对评估者容易心存顾虑

C. 常受到人际关系的影响　　D. 评估结果缺乏客观公正性

E. 能充分调动被评估者的积极性

113. 导致绩效不佳的原因可能是（　　）。

A. 目标设置不科学　　B. 规章制度不健全

C. 工作流程不合理　　D. 组织领导不得力

E. 考核时间不足够

114. 正向激励的形式包括（　　）。

A. 物质性策略　　B. 货币形式策略

C. 精神性策略　　D. 非货币性策略

E. 荣誉性策略

115. 以下关于目标管理法的说法正确的有（　　）。

A. 能为晋升决策提供依据　　B. 很少出现评价失误

C. 能提高员工的工作积极性　　D. 可以进行横向比较

E. 适合对员工提供建议

116. 企业员工薪酬管理的基本目标包括（　　）。

A. 保证薪酬具有竞争性　　B. 吸引并留住优秀人才

C. 对员工贡献给予肯定　　D. 使员工及时得到回报

E. 合理控制企业人工成本

117. 在福利方面，国家和地方的政策法规涉及的内容主要有（　　）。

A. 最低工资　　B. 最长工作时间

C. 经济补偿金　　D. 超时工资支付

E. 企业代缴的各类保险

118. 劳动环境指标主要包括（　　）程度。

A. 粉尘危害　　B. 高温危害　　C. 劳动紧张　　D. 噪音危害

E. 操作复杂

119. 核算人工成本的基本指标包括（　　）。

A. 企业增加值　　B. 企业利润总额

C. 企业年缴税总额　　D. 企业销售收入

E. 企业从业人员年平均人数

120. 行为人做出意思表示是劳动法律关系成立的一般条件，应符合（　　）的要求。

A. 劳动关系主体明确

B. 包含追求一定法律效果的意图

C. 包含建立、变更和终止劳动法律关系的意图

D. 完整表达劳动法律关系建立、变更和终止的必须内容

E. 行为人将自己的内心意图表达出来，使他人客观地加以识别

121. 物质利益原则为建立利益协调型劳动关系奠定了基础，它包括物质利益（　　）机制。

A. 激励　　B. 平衡

C. 调节　　D. 约束

E. 监督

122. 下列关于劳动争议仲裁的说法正确的是（　　）。

A. 劳动争议仲裁兼有司法特征

B. 劳动争议仲裁委员会是群众组织

C. 劳动争议仲裁是劳动行政执法行为

D. 劳动争议仲裁的组织机构是劳动争议仲裁委员会

E. 劳动争议仲裁委员会是依法独立处理劳动争议案件的专门机构

123. 制定劳动纪律应当符合（　　）的要求。

A. 内容合法　　B. 结构完整

C. 严格履行定员制定程序　　D. 标准一致

E. 内容全面约束管理行为和劳动行为

124. 企业民主管理制度的基本形式包括（　　）。

A. 合理化建议　　B. 职工大会

C. 平等协商制度　　　　　　　　D. 质量小组

E. 职工代表大会制度

125. 劳动法规定，确定和调整最低工资标准应考虑因素有（　　）。

A. 就业状况　　　　　　　　　　B. 劳动生产率

C. 社会平均工资水平　　　　　　D. 地区之间经济发展水平的差异

E. 劳动者本人及平均赡养人口的最低生活费用

卷册二：专业能力

（一）简答题（本题共2题，每小题15分，共30分）

1. 请简要说明企业工资奖金调整方案的设计方法。

2. 简要说明签订集体合同的程序。

（二）计算题（本题18分。先根据题意进行计算，然后进行必要分析，只有计算结果没有计算过程的不得分）

某印刷集团公司下属的印刷厂购置了25台C型数字化印制设备。由于供货方提供的定员资料不够完整，厂方领导要求人力资源部在最短的时间内，提出该设备的定员方案。

于是人力资源部门组建了测评小组。首先，对已经试运行的五台设备进行了全面的测定，通过工作日写实，发现看管该种设备的岗位有三个工作点，甲点的工作时间为300工分，乙点工作时间为220工分，丙点工作时间为280工分，根据以往的经验，该种设备的个人需要与休息宽放时间为60工分。此外，根据2015年的计划任务量，该种设备每台需要开动2个班次，才能满足生产任务的需要。已知过去3年该厂员工的平均出勤率为96%。

请根据上述资料：

（1）核算出每台设备的看管定额（人/台）。（8分）

（2）核算出2015年该类设备的定员人数。（10分）

（三）综合题（共3题，第1题16分，第2题18分，第3题18分，共52分）

1. 宝洁公司在用人方面是外企最为独特的，它与其他外企不同，只接收刚从大学毕业的学生。由于我国只有每年的7月份才有毕业生，宝洁才不得不接收少量非应届毕业生。宝洁（中国）公司北京地区人力资源部经理介绍说，在宝洁（中国）公司，90%的管理人员是从各大学应届毕业生中招聘来的。20年来，宝洁公司已经聘用了几千名应届大学生。

请结合本案例回答下面的问题：

（1）宝洁公司为什么只招收应届大学毕业生？（8分）

（2）在招聘应届大学毕业生时，宝洁公司应该注意哪些问题？（8分）

2. 沃尔玛公司的飞跃发展，可以说离不开它的科学化管理体系，更离不开它所推动的世界上独一无二的交叉培训模式。所谓交叉培训就是一个部门的员工到其他部门学习，培训上岗，使这位员工在对自己从事的职务操作熟练的基础上，又获得了另外一种职业技能。零售业人员流动较大，造成这种现象的原因是员工对本身职务的厌烦。此外，还有人认为他们所从事的职务没有发展前途，不利于以后的发展，于是选择了离开。而沃尔玛正是利用这种交叉培训解决了这一问题。沃尔玛的交叉培训使上下级之间的关系变得随意亲切，没有隔阂，久而久之，大家形成了统一思想认识："我和总经理是同事，我就是这家店的一分子"，从而全心全意地投入经营，为沃尔玛更加茁壮地成长打下基础。经过交叉培训，员工以沃尔玛为家，为了沃尔玛的利益而努力奋斗，使之成为零售业的巨鳄，也使顾客对沃尔玛有了感情上的认同。

   请结合本案例回答以下问题：

   (1) 沃尔玛交叉培训的成功，对企业展开培训工作有哪些重要的启示？(8 分)

   (2) 沃尔玛应当从哪几个方面跟踪和反馈交叉培训的效果？(6 分)

   (3) 在撰写交叉培训效果监控总结报告时，其主要信息来源是什么？(4 分)

3. A 公司是一家具有独立生产能力的中等规模的医药股份公司，在国内拥有十几家分公司和办事处，经济效益较好，技术研发实力较强。虽然该公司发展较快，但它的绩效管理系统存在很大的问题，特别是在工作绩效的改进方面一直裹足不前，导致企业无法实现跨越式发展。

   结合本案例回答以下问题：

   (1) 该公司可以采取哪些具体的方法分析员工绩效的差距？(6 分)

   (2) 该公司为了改进并提高全体员工的工作绩效可以采取哪些策略？(12 分)

附录B　职业资格考试练习题二

卷册一：职业道德　理论知识

第一部分　职业道德

（第1~25题，共25道题）

一、职业道德基础理论与知识部分

答题指导：

◆该部分均为选择题，每题均有四个备选项，其中单项选择题只有一个选项是正确的，多项选择题有两个或两个以上选项是正确的。

◆请根据题意的内容和要求答题，并在答题卡上将所选答案的相应字母涂黑。

◆错选、少选、多选，则该题均不得分。

（一）单项选择题（第1~8题）

1. 根据《公民道德建设实施纲要》，从业人员应该遵循“五项要求”是（　　）。
   A. 爱国守法、明礼诚信、公道正派、服务群众、勇于奉献
   B. 爱岗敬业、诚实守信、办事公德、服务群众、奉献社会
   C. 爱岗敬业、诚实守信、办事公道、遵纪守法、奉献社会
   D. 创新进取、遵纪守法、办事公道、服务群众、与时俱进

2. 职业活动内在的道德准则是（　　）。
   A. 民主、审慎、法制　　B. 忠诚、谨慎、人本
   C. 忠诚、秩序、勤勉　　D. 忠诚、审慎、勤勉

3. 日本拉链大王吉田忠雄说：“不为别人的利益着想，就不会有自己的繁荣。”从职业道德的角度看，这句话的真正意思是（　　）。
   A. 别人要求怎么做，自己就要怎么做
   B. 知己知彼，百战不殆
   C. 企业经营要善于说“对不起”
   D. 诚信是企业立足社会的道德资本

4. 从业人员执行操作规程的步骤和要求是（　　）。
   A. 牢记操作规程、演练操作规程、坚持操作规程

B. 背诵操作规程、了解操作规程、坚持操作规程

C. 牢记操作规程、改进操作规程、坚持操作规程

D. 牢记操作规程、演练操作规程、创新操作规程

5. 日本丰田汽车公司长期奉行“少花钱多办事”的经营理念，节约成为丰田公司的文化、时尚和习惯。但近一个时期以来，丰田汽车公司却连续陷入了“召回门”泥潭，据分析，问题的产生或多或少与“节约”有关，这说明（　　）。

A. “少花钱”是不能够做到或者做好“多办事”的

B. 产品缺陷来源于把“节约”作为经营理念的战略

C. “节约”就是赚小便宜吃大亏

D. 把握节约有度的本质十分重要

6. 职业道德规范——“合作”的特征是（　　）。

A. 牟利性、行业性、平等性　　B. 社会性、互利性、平等性

C. 行业性、互利性、选择性　　D. 职业性、互利性、选择性

7. 职业道德规范——“奉献”的“可为性”是指（　　）。

A. 人人可为　　B. 有利可图

C. 只要想为，便可为　　D. 对他人的要求

8. 在职业道德修养中，从业人员应该遵循的基本要求是（　　）。

A. 己所不欲，勿施于人　　B. 害人之心不可有，防人之心不可无

C. 夹着尾巴做人　　D. 领导叫干啥就干啥

（二）多项选择题（第9~16题）

9. 职业道德的社会作用表现在（　　）。

A. 有利于调整职业利益关系，维护社会生产和生活秩序

B. 有助于提高人们的社会道德水平，促进社会良好风尚的形成

C. 有助于企业有效掌控员工的思想和行为

D. 有助于完善人格，促进人的全面发展

10. 我国社会主义职业道德的特点包括（　　）。

A. 以功利主义为价值取向　　B. 以集体主义为原则

C. 以“五爱”为基本要求　　D. 以为人民服务为核心

11. 职业道德对职业技能的作用表现为（　　）。

A. 统领作用　　B. 支撑作用　　C. 促进作用　　D. 决定作用

12. 关于敬业，正确的说法是（　　）。

A. 在职业规范中，敬业是对从业人员最根本的要求

B. 长期从事一项职业，必能产生感情进而促成敬业的局面

C. 是否敬业是许多著名企业选人用人的首要条件

D. 敬业的核心表现是文明礼貌

13. 职业道德规范——“诚信”的特征包括（　　）。

A. 模糊性　B. 智慧性　C. 止损性　D. 表象性

14. 从业人员坚持职业道德规范——“公道”的要求包括（　　）。

A. 立场要坚定　B. 方法要灵活　C. 要以德服人　D. 要超然物外

15. 从业人员若在工作中违背职业纪律，正确的态度是（　　）。

A. 坦诚接受处罚　B. 积极查找原因

C. 主动改进不足　D. 努力修改制度

16. 从业人员践行职业道德规范——“奉献”的要求包括（　　）。

A. 明确岗位职责 B. 培养职责情感　C. 全力以赴工作　D. 不计任何报酬

二、职业道德个人表现部分（第 17 ~ 25 题）

答题指导：

◆该部分均为选择题，每题均有四个备选项，您只能根据自己的实际状况选择其中一个选项作为您的答案。

◆请在答题卡上将所选择答案的相应字母涂黑

17. 如果你对自己目前所从事的工作很不满，想辞去现职，而所签订的聘用合同又未到期，你会采取的处理方式是（　　）。

A. 毅然辞职

B. 尽管无奈，但会坚持到合同期满

C. 提前告知单位，坚持辞职

D. 为了不使自己违约，会设法让公司主动辞退自己

18. 你在工作中结识的好朋友一般是那种（　　）。

A. 两肋插刀、在所不惜的人　B. 相互学习、相互激励和共同进步的人

C. 工作进步、富有生活情趣的人　D. 只要谈得来就行

19. 你的一个同事 Q 某总是喋喋不休地在你耳边讲 X 的坏话，而据你观察，X 并不像 Q 某描述的那样坏，你会（　　）。

A. 暂时相信 Q 某的话，对 X 进行仔细观察

B. 相信自己的判断，不会相信 Q 某的话

C. 给 Q 某讲清楚这样做的危害

D. 远离 Q 某，同时对 X 保持警惕

20. 公休日你最要好的几个朋友决定搞一次户外体育活动，邀请你参加，但你家务很忙而且对这项活动没有兴趣，你会（　　）。

A. 委婉拒绝　B. 积极参与，支持朋友们搞活动

C. 把自己的真实想法告诉大家　D. 提出别的运动方式

21. 员工N某原本是你最要好的同事，每天都会挤时间一起聚会聊天，但自从他最近晋升了职务，你们双方见面机会少了，你会（　　）。

A. 仿佛觉得N某的心变了

B. 估计过一段时间会好的

C. 只是觉得N某比较忙碌而已

D. 依稀感觉长此下去，N某不再和自己是朋友

22. 平常公司推选劳动模范或者业务标兵之类的，你会（　　）。

A. 按照领导的要求进行推选　　B. 按自己熟悉的状况来推选

C. 平时谁对自己好就推选谁　　D. 尽量推选离自己关系较远的人

23. 在上班路上，你因为交通拥堵而迟到。到了公司，你要做的第一件事情会是（　　）。

A. 向其他同事解释迟到原因

B. 马上进入工作状态

C. 一边工作，一边向别人解释交通拥堵的严重程度

D. 一边工作，一边盘算如何应对主管的批评

24. 公司领导令办公室秘书通知你，马上赶赴市内某地参加一项重要活动。你急忙联系一下，确认眼下只剩下两种交通方式：1. 乘坐公交车，在道路不堵、一切顺利的前提下，时间可能提前2分钟，费用4毛钱；2. 乘出租车，可以保证提前到达20分钟，费用40元钱，根据公司规定，市内交通费用均由个人自理，对此你会（　　）。

A. 乘坐公交车　B. 乘坐出租车　C. 请示领导　D. 请办公室秘书决定

25. 某地植树造林，栽植数量很大，但成活率很低，对植树造林的"数字"，很多人觉得水分很大，当地群众戏称"只见数字，不见树木"，对此，你的看法是（　　）。

A. 个别机构或者领导在数字上造假

B. 植树造林本来很困难，数字总会不准确

C. 这种现象在各地估计都存在，现在对数字已无感觉

D. 希望数字真的能够变成现实

第二部分　理论知识

（26～125题，共100道题，满分为100分）

（一）单项选择题（26～85题，每题1分，共60分。每小题只有一个最恰当的答案，请在答题卡上将所选答案的相应字母涂黑）

26. 短期企业唯一可变的生产要素是（　　）。

A. 生产资料　B. 劳动资料　C. 资本收入　D. 劳动收入

27. 下列公式错误的是（　　）。

A. 总供给 = 消费 + 收入　　　　　　B. 均衡国民收入 = 消费 + 储蓄
C. 总供给 = 消费 + 储蓄　　　　　　D. 均衡国民收入 = 消费 + 投资

28. 对劳动者而言，物质帮助权主要通过（　　）来实现。
A. 社会保险　　B. 社会保障　　C. 社会救济　　D. 薪酬福利

29. 以下不属于劳动保障法的是（　　）。
A. 促时就业法　　B. 社会保险法　　C. 工作时间法　　D. 劳动福利法

30. 顾客力量分析不包括（　　）。
A. 顾客消费承受能力　　　　　　B. 市场商品消费结构分析
C. 顾客购买动机分析　　　　　　D. 企业产品消费群体分析

31. 成熟期企业不适宜采取的营销策略是（　　）。
A. 市场改良　　　　　　B. 市场营销组合改良
C. 产品改良　　　　　　D. 增强销售渠道功效

32. 教师连续提问两个学生都不能回答某个问题，而第三个学生则对问题进行了分析和解释，尽管他的回答并不完全正确，可是教师还是会认为第三个学生更加出色些。这种现象属于（　　）。
A. 首因效应　　B. 光环效应　　C. 投射效应　　D. 对比效应

33. 组织公正与报酬分配的原则不包括（　　）。
A. 分配公平　　B. 程序公平　　C. 互动公平　　D. 法律公平

34. 费德勒认为，决定领导行为有效性的关键情境因素不包括（　　）。
A. 任务结构　　　　　　　　　　B. 领导者的职权
C. 领导者与被领导者的关系　　　D. 领导者的特质

35. 人力资本是经济资本中的核心资本，其原因在于人力资本的（　　）。
A. 时效性　　B. 创造性　　C. 收益性　　D. 累积性

36. 人力资本投资收益率变化规律不包括（　　）。
A. 人力资本投资的内生收益递减　　B. 投资和收益之间的替代与互补关系
C. 人力资本投资的预期收益递减　　D. 人力资本投资收益变动与最优投资决策

37. 以下不属于人力资源特点的是（　　）。
A. 时间性　　B. 能动性　　C. 消费性　　D. 规律性

38. 以下不属于人力资源管理基本原则的是（　　）。
A. 人尽其才　　B. 能位匹配　　C. 岗得其人　　D. 因人设岗

39. 以下关于方法研究技术的说法，正确的是（　　）。
A. 流线图分为单柱型和多栏型
B. 作业程序图是分析生产程序的工具
C. 操作程序图比流程图更详细更具体

D. 流程图用平面图或立体图来显示产品加工制作的全过程

40. 改进岗位设计中，横向扩大工作的手段不包括（　　）。

A. 采用包干负责制　　B. 生产工人参与制订计划

C. 用多项操作代替单项操作　　D. 在单调的作业中增加一些变动因素

41. 以下关于企业定员管理的说法不正确的是（　　）。

A. 合理的劳动定员能提高劳动生产率

B. 定员必须以生产效率最大化为依据

C. 劳动定员可以激发员工钻研业务技术的积极性

D. 合理的定员能使企业各工作岗位的任务量实现满负荷运转

42. 某工种生产产品的品种单一、变化较小而产量较大时，宜采用（　　）来计算定员人数。

A. 产量定额　　B. 单项定额　　C. 工时定额　　C. 综合定额

43. 企业定员标准的内容不包括（　　）。

A. 生产加工方法　　B. 工艺流程

C. 劳动组织条件　　D. 管理层次

44. 在制度化管理的模式中，（　　）不属于管理人员在实施管理时的特点。

A. 遵循因事设人的原则

B. 遵循人岗匹配的原则

C. 管理人员所拥有的权力受严格的限制

D. 每个管理者都拥有执行自己职能所必要的权力

45. 以下关于企业人力资源管理制度规划的表述不正确的是（　　）。

A. 必须与企业集体合同的精神一致

B. 保持企业人力资源制度规划的动态性

C. 与集体合同条款不一致时，修改集体合同

D. 必须在国家劳动法律、法规的大框架内进行

46. 以下关于人力资源费用预算的表述不正确的是（　　）。

A. 员工医疗费和失业保险费属于工资项目下的子项目

B. 非奖励基金的奖金不属于工资和基金项目下的费用

C. 在审核下一年度的人力成本预算时，首先要检查项目是否齐全

D. 员工权益资金的项目和标准涉及国家、企业和员工三者的利益

47. 在以下招聘方式中，成本最高的是（　　）。

A. 发布广告　　B. 网络招聘　　C. 校园招聘　　D. 猎头推荐

48.（　　）的优点是对候选人的了解比较准确。

A. 校园招聘　　B. 借助中介　　C. 猎头公司　　D. 熟人推荐

49. “如果我理解正确的话，你说的意思是……”，这属于（　　）。

A. 开放式提问　B. 封闭式提问　C. 重复式提问　D. 假设式提问

50. （　　）用于测定从事某项特殊工作所具备的某种潜质。

A. 人格测试　B. 能力测试　C. 兴趣测试　D. 道德测试

51. 招聘成本效用的计算公式为（　　）。

A. 招聘成本效用 = 录用人数/招聘总成本

B. 招聘成本效用 = 应聘人数/招聘期间的费用

C. 招聘成本费用 = 被选中人数/选拔期间的费用

D. 招聘成本费用 = 正式录用的人数/录用期间的费用

52. 不同测试的成绩可以互为补充的人员录用策略是（　　）。

A. 补偿式　B. 多重式淘汰　C. 结合式　D. 领导决定式

53. 将同一性质的作业，由纵向分工改为横向分工的劳动作业改进方式是（　　）。

A. 扩大作业法　B. 充实业务法　C. 工作连贯法　D. 轮换工作法

54. （　　）不仅能改善自然环境，还能为劳动环境中各种因素的优化起到辅助作用。

A. 音乐　B. 温度　C. 湿度　D. 绿化

55. 五班四运转的轮休制循环期为（　　）。

A. 6 天　B. 7 天　C. 8 天　D. 10 天

56. 对工作任务安排非常紧凑的员工进行培训需求分析时，不宜采用的调查方法是（　　）。

A. 观察法　B. 问卷调查法　C. 面谈法　D. 工作分析法

57. 培训规划的主要内容不包括（　　）。

A. 培训项目的确定　B. 培训需求的分析

C. 评估手段的选择　D. 培训成本的预算

58. 在制定培训规划时，有关实验的说法错误的是（　　）。

A. 是培训规划的最后一个机制

B. 结果是根据实验加以改进的培训规划

C. 试验和改进在制定规划后实行一轮即可

D. 对象要从将要参加培训的学员集体中选取

59. （　　）是了解受训人员组成需求的关键信息渠道。

A. 培训教师　B. 生产管理或计划部门

C. 受训人员　D. 管理部门和主管领导

60. 自学作为一种培训方式，其优点不包括（　　）。

A. 学习费用低　B. 学习者自主性很强

C. 不影响工作　D. 学习内容不受限制

61. 在案例分析法中，解决问题的过程包括以下7个环节，排序正确的是（　　）。
①找问题　②查原因　③分主次　④提方案　⑤细比较　⑥试运行　⑦做决策
A. ①②③④⑤⑥⑦　B. ①③②④⑤⑦⑥
C. ①②④⑤③⑦⑥　D. ①③②⑤④⑥⑦
62. 在态度性培训法中，行为模仿法不适宜于（　　）的培训。
A. 高层管理人员　B. 基层管理人员
C. 中层管理人员　D. 一般生产人员
63. 针对（　　）培训和开发，应采用工作传授、个人指导和模拟培训等训练方法。
A. 基础理论知识　B. 创造性
C. 解决问题能力　D. 技能性
64. 企业的培训风险不包括（　　）。
A. 人才流失带来的经济损失　B. 培训成本超出预算
C. 专业技术的保密难度增大　D. 送培人员选拔失当
65. 容易受到个人的多种因素的影响，有一定的局限性的绩效评估方式为（　　）。
A. 上级评估　B. 同级评估　C. 下级评估　D. 自我评估
66. 绩效管理的最终目标是（　　）。
A. 提高组织工作效率　B. 为员工的发展提供平台
C. 改善组织工作氛围　D. 促进企业与员工的共同发展
67. （　　）即在绩效管理末期，主管与下属就本期的绩效计划的贯彻执行情况，以及其工作表现和工作业绩等方面所进行的全面回顾、总结和评估。
A. 绩效计划面谈　B. 绩效指导面谈
C. 绩效评估面谈　D. 绩效总结面谈
68. （　　）的绩效评估着眼于评估“干什么”“如何去干的”等内容。
A. 品质导向型　B. 过程导向型　C. 行为导向型　D. 效果导向型
69. 以下关于行为锚定等级评价法的说法错误的是（　　）。
A. 设计和实施的费用比较低　B. 将关键事件和等级评价有效地结合
C. 绩效评价的等级是5～9级　D. 是关键事件法的进一步拓展和应用
70. 结果导向型的绩效评估方法的基础是（　　）。
A. 实际产出　B. 计划产出　C. 工作成效　D. 劳动成果
71. 奖励不包括（　　）。
A. 红利　B. 带薪年假　C. 佣金　D. 利润分享
72. （　　）以上的员工能够接受的薪酬制度才可能是科学合理有效的薪酬制度。
A. 50%　B. 60%　C. 70%　D. 90%
73. （　　）为企业岗位归级列等奠定了基础。

A. 岗位分析　　B. 岗位评价　　C. 绩效评估　　D. 培训开发

74. 在评价要素分值之前设定常数，将其乘积作为评定结果的岗位评价方法是（　　）。

A. 函数法　　B. 简单相加法　　C. 常数法　　D. 百分比系数法

75. （　　）是指岗位测评本身可能达到期望目标的程度，也就是测评结果反映被评估对象的真实程度。

A. 信度　　B. 效度　　C. 准度　　D. 精度

76. 需要经常做薪酬调查，成本比较高的岗位评价方法是（　　）。

A. 排列法　　B. 分值法　　C. 因素比较法　　D. 评分法

77. 下列不属于劳动法律关系特点的是（　　）。

A. 它是一种双务关系　　B. 具有国家强制性

C. 内容是权利和义务　　D. 平等性和隶属性

78. 不以当事人的主观意志为转移，能够引起一定劳动法律后果的客观现象是指（　　）。

A. 劳动法律行为　　B. 劳动法律关系

C. 劳动法律事件　　D. 劳动法律事实

79. 在劳动关系的调整范式中，（　　）的基本特点是体现劳动关系当事人双方的意志。

A. 劳动合同　　B. 民主管理制度

C. 集体合同　　D. 劳动法律法规

80. 以下关于集体合同的说法不正确的是（　　）。

A. 集体合同的法律效力等同于劳动合同

B. 集体合同不可以由劳动者个人与企业签订

C. 现实劳动关系的存在是集体合同存在的基础

D. 集体合同经政府劳动行政部门审核后才具有法律效力

81. 以下关于用人单位内部劳动规则的说法错误的是（　　）。

A. 以正式文件的形式公布　　B. 用人单位可不考虑职工的意见

C. 内容不合法的不具有法律效力　　D. 其制定程序是先职工参与后正式公布

82. 下列关于职工代表大会制度的说法错误的是（　　）。

A. 非国有企业实行民主协商制度

B. 职工代表大会主要在国有企业中实行

C. 职工大会和民主协商是并行不悖的制度

D. 职工代表大会制度是对企业管理的替代

83. 正式通报的优点不包括（　　）。

A. 信息不易受到歪曲　　B. 信息传递准确

C. 沟通内容易于保存　　D. 便于双向沟通

84. （　　）是由法律直接规定或由劳动合同约定的。

A. 标准工作时间　　B. 工作时间
C. 计件工作时间　　D. 综合计算工作时间

85. 非因劳动者本人造成用人单位停工、停业的，在一个工资支付周期内，用人单位（　　）支付劳动者工资。
A. 无须　B. 部分　C. 酌情　D. 按照正常提供劳动

（二）多项选择题（86～125 题，每题 1 分，共 40 分。每题有多个正确答案，请在答题卡上将所选答案的相应字母涂黑。错选、少选、多选，均不得分）

86. 年失业率取决于（　　）。
A. 失业周期　　B. 失业人数
C. 平均失业持续期　　D. 就业人数
E. 失业人数所占社会劳动力的比例

87. 在现代市场经济国家，政府实施财政政策的主要措施包括（　　）。
A. 变动税率　　B. 调整政府购买水平
C. 公开市场业务　　D. 调整政府转移水平
E. 调整货币供应量

88. 下面属于法律渊源的有（　　）。
A. 正式解释　　B. 劳动法律
C. 地方性劳动法规　　D. 劳动规章
E. 国务院劳动行政法规

89. 劳动法律关系包括（　　）。
A. 劳动关系　　B. 劳动行政法律关系
C. 劳务派遣关系　　D. 劳动服务法律关系
E. 劳动合同关系

90. 选择风险型决策的前提包括（　　）。
A. 有一个明确的决策目标
B. 存在两个以上可供选择的方案
C. 可预算出种种自然状态发生的客观概率
D. 可预算不同方案在不同自然状态下的损益值
E. 存在着不以决策人意志为转移的各种自然状态

91. 按照在购买决策过程中的作用不同，消费者的角色可分为（　　）。
A. 倡议者　B. 需求者　C. 供给者　D. 购买者
E. 使用者

92. 满足成就需要的行为可以是（　　）。
A. 对资源进行控制　　B. 比竞争者更出色

C. 发现和使用更好的方法完成工作　D. 实现或者超越一个难以达到的目标
E. 影响他人并改变他们的态度和行为

93. 创新能力的激励机制包括（　　）。
A. 团队激励机制　B. 个人激励机制
C. 市场激励机制　D. 社会激励机制
E. 企业激励机制

94. 岗位规范中，岗位劳动规则包括（　　）。
A. 组织规则　B. 岗位规则　C. 行为规则　D. 时间规则
E. 协助规则

95. 工作说明书的内容包括（　　）。
A. 资料　B. 岗位基本资料　C. 政治面貌　D. 心理品质要求
E. 工作内容和要求

96. 在进行岗位设计时，必须首先明确每一岗位的（　　）。
A. 责任　B. 监督　C. 权限　D. 任职者的资格
E. 利益

97. 按照社会实体单位的性质和特点，人员编制可分为（　　）。
A. 行政编制　B. 企业编制　C. 军事编制　D. 事业编制
E. 政府编制

98. 工作岗位定员主要根据（　　）等因素来确定定员人数。
A. 工作量　B. 工作任务　C. 岗位区域　D. 工作效率
E. 实行兼职作业的可能性

99. 现代大型企业组织由于（　　）更需要高度的统一，需要有准确、连续、稳定的秩序来保证各机构之间的协调一致。
A. 规模大　B. 内部分工细　C. 层次多　D. 遍布地区广
E. 等级多

100. 内部选拔的缺点包括（　　）。
A. 选拔费用高　B. 抑制个体创新
C. 产生“团体思维”　D. 不利于组织的内部团结
E. 导致部门之间“挖人才”的现象

101. 以下属于一般知识和能力的是（　　）。
A. 智商　B. 记忆能力　C. 理解速度　D. 数字能力
E. 财务会计知识

102. 提高笔试的有效性应注意的问题包括（　　）。
A. 命题是否恰当　B. 确定命题记分规则

C. 学历水平相当　　　　　　　　D. 阅卷以及成绩复核
E. 经历大致相同

103. 面试能够使用人单位全面了解应聘者的（　　）。
A. 外貌风度　　B. 业务知识水平　　C. 工作经验　　D. 道德品质水平
E. 求职动机

104. 结构化面试的优点包括（　　）。
A. 对面试考官的要求较低　　　　B. 所收集信息范围不受限
C. 有利于提高面试的效率　　　　D. 对所有应聘者均按同一个标准进行
E. 便于进行分析、比较，减少主观性

105. 成功的效度评估类型包括（　　）。
A. 预测效度　　B. 费用效度　　C. 内容效度　　D. 人员效度
E. 同侧效度

106. 战略层次的培训需求分析的主要内容包括（　　）。
A. 预测企业未来的人事变动
B. 找出对培训不利的影响因素
C. 考虑各种可能改变组织优先权的因素
D. 调查并了解员工的工作态度和满意度
E. 找出可能对企业目标产生影响的因素

107. 运用重点团队分析法收集培训需求信息的优点包括（　　）。
A. 能够发挥头脑风暴法的作用　　B. 时间费用较少
C. 得到的培训需求信息有价值　　D. 结论可信度高
E. 员工都会说出真实想法，反映真实情况

108. 培训课程开始前应做好后勤准备工作，确认（　　）。
A. 培训师　　B. 培训时间　　C. 公司政策　　D. 培训设备
E. 培训场地

109. 讲授法的局限性在于（　　）。
A. 不能满足学员的个性需求　　　B. 传授的方式较为枯燥单一
C. 内容不具备较好的系统性　　　D. 教师水平直接影响培训的效果
E. 单向传授不利于教学双方互动

110. 个别指导法的优点包括（　　）。
A. 可以避免新员工的盲目摸索　　B. 有利于企业传统优良作风的传递
C. 有利于新员工尽快融入团队　　D. 使受训者找到适合于自己的位置
E. 消除刚毕业员工开始工作的紧张感

111. 影响企业培训活动的因素包括（　　）。

A. 培训领域理论与培训实践的发展
B. 国家的劳动法律法规
C. 企业人力资源供给与需求的变化
D. 企业人事计划的变更
E. 企业生产经营方针的变革及技术

112. 由于涉及的对象和内容不同，绩效管理程序的设计可以分为（　　）。
A. 绩效管理制度设计　　B. 具体考评标准设计
C. 管理的总流程设计　　D. 具体考评程序设计
E. 考评信息系统设计

113. 原始记录的登记制度能保证绩效管理信息的有效性和可靠性，它要求（　　）。
A. 说明材料的来源
B. 以图像记录为依据
C. 应包括有利和不利的记录
D. 详细记录事件的时间、地点和参与者
E. 尽可能对行为的过程、环境和结果做出说明

114. 绩效受多方面因素的影响，其中个人行为和工作的影响因素包括（　　）。
A. 企业外部环境　　B. 个人生理条件
C. 企业内部因素　　D. 个人心理条件
E. 国内政治局势

115. 采用目标管理法来考评绩效，在制定目标时应注意（　　）。
A. 目标的具体性　　B. 目标数量不宜过多
C. 目标要可测量　　D. 员工参与目标设定
E. 应制定达到目标的详细步骤和时间

116. 影响员工个人薪酬水平的因素包括（　　）。
A. 年龄与工龄　　B. 劳动绩效
C. 产品的需求　　D. 工作条件
E. 工会的力量

117. 制定企业薪酬管理制度应该明确企业的战略发展规划，即明确（　　）。
A. 企业的战略目标　　B. 关键成功因素
C. 实现战略的计划　　D. 核心的竞争力
E. 实现战略的措施

118. 确定工作岗位评价要素和指标的基本原则包括（　　）。
A. 少而精原则　　B. 综合性原则
C. 可比性原则　　D. 重要性原则

E. 界限清晰便于测量的原则

119. 福利费用包括（　　）。

A. 生活困难补助　　B. 医疗卫生费

C. 计划生育补贴　　D. 住房公积金

E. 冬季取暖补贴费

120. 十一届三中全会后，我国劳动关系发生了深刻的变化，主要表现在（　　）。

A. 劳动关系多元化　　B. 劳动关系主题明确化

C. 劳动关系内容复杂化　　D. 劳动关系客体多变化

E. 劳动关系的利益协调机制趋向法制化

121. 劳动争议贯彻自愿原则，具体包括（　　）。

A. 申请调解自愿　　B. 接受调解自愿

C. 调解过程自愿　　D. 达成协议自愿

E. 履行协议自愿

122. 集体合同与一般协议一样，也具有（　　）等特征。

A. 合法性　　B. 主体平等性　　C. 内容一致性　　D. 客体平等性

E. 法律约束性

123. 政府劳动行政部门审核集体合同时需报送的材料包括（　　）。

A. 企业的营业执照　　B. 工会的社团法人证明材料

C. 双方代表的身份证　　D. 集体合同条款的必要说明

E. 职工代表的劳动合同书

124. 劳动纪律的内容包括（　　）。

A. 作息时间　　B. 考勤办法　　C. 考核制度　　D. 劳动任务

E. 薪酬结构

125. 在（　　）情况下，劳动者应当被认定为工伤。

A. 患职业病

B. 受到机动车事故伤害

C. 因工外出期间受到伤害

D. 在工作时间和工作场所内工作原因受到事故伤害

E. 在工作时间和工作场所内履行工作职责受到暴力伤害

卷册二：专业能力

(一) 简答题（本大题共2小题，每小题10分，共20分）

1. 简要说明岗位规范的定义和主要内容。
2. 简要说明绩效面谈的种类。

（二）计算题（本题1题，20分。先根据题意进行计算，然后进行必要分析，只有计算结果没有计算过程不得分）

某公司拟招聘两名工作人员，表1是人力资源部通过笔试进行初选之后，对所挑选出来的甲、乙、丙、丁四名候选人进行综合素质测评的得分，以及A和B两个岗位素质测评指标的权重（w1）。

请根据表1的数据，分别为A和B两个岗位各提出1名最终候选人。

表1

项目		知识水平	事业心	表达能力	适应能力	沟通能力	协调能力	决策能力
甲		0.9	0.5	1	1	0.8	0.9	1
乙		0.7	1	0.5	0.6	1	0.8	0.9
丙		0.8	0.8	0.7	0.8	0.8	1	0.8
丁		1	0.9	1	0.9	0.7	0.7	0.9
权重	A岗位	0.8	0.9	0.7	0.8	1	0.6	0.7
	B岗位	0.9	1	0.8	0.9	0.9	1	1

（三）综合分析题（本大题共3小题，每小题20分，共60分）

1. 某公司成立于1999年，主要业务是生产销售各式服装，目前公司有员工300余人，大多数为生产工人，企业的发展策略是以过硬的质量占领市场，因此企业的价值观强调质量第一。

　　公司在人力资源管理方面起步较晚，原有的基础比较薄弱，尚未形成科学的体系，尤其是薪酬福利方面的问题比较突出，而且企业支付能力不是很高。在早期，公司人员较少，领导单凭一双眼、一支笔就可以分清楚给谁多少工资，但随着人员数量的增加，现在靠过去的老办法显然不行了，这样做带有很大的个人色彩，公平性、公正性、对外的竞争性就更谈不上。

　　请结合本案例说明应当掌握哪些基本依据，才能制定出合理的薪酬管理制度？（20分）

2. 2013年6月，19岁的李某从东北农村来到北京，经亲戚介绍到一家印刷厂当了一名印刷工。2014年8月，已有两年多工作经验的李某，在工作中不慎将左手卷进机器，虽经医院紧急抢救，仍没有保留住李某的左手。在医院治疗期间，劳动社会保障部门认定了李某的工伤。2015年3月李某治疗终结后，被指定的工伤鉴定机构确定为工伤致残四级。身为农民工的李某失去了劳动能力，给其今后生活带来了许多困难。在其家人的陪同下，他向印刷厂提出按国家规定支付一次性伤残补助金、异地安家费，按社会平均寿命70岁计算，一次性支付他抚恤金共58万元。

　　请回答下列问题：

(1) 李某的要求是否有法律依据?(8 分)

(2) 根据法律规定,李某应享受什么样的工伤致残待遇?(12 分)

3. 某电信公司 2015 年 3 月份从各大专院校招收了一批本科生和硕士研究生,这些人员将填补公司市场营销、财务人事、技术研发等各部门 120 多个工作岗位的空缺。

请您为该公司设计一个适合于对这些大学生进行入职教育的培训方案。(20 分)

参 考 文 献

[1] 萧鸣政．工作分析的方法与技术：第四版［M］. 北京：中国人民大学出版社，2014.
[2] 程延园．劳动关系：第三版［M］．北京：中国人民大学出版社，2011.
[3] 郭爱英，张立峰．人力资源管理：第二版［M］．北京：科学出版社，2011.
[4] 罗辉，孙宗虎．人力资源管理操作全案：第二版［M］．北京：人民邮电出版社，2012.
[5] 中国就业培训技术指导中心．企业人力资源管理师（四级）：第三版［M］．北京：中国劳动社会保障出版社，2014.
[6] 中国就业培训技术指导中心．企业人力资源管理师（三级）：第三版［M］．北京：中国劳动社会保障出版社，2014.